山下太郎 著

Basic Language Learning Series

しっかり身につく ラテン語 トレーニングブック
Training Book

文法の知識を定着させる練習問題

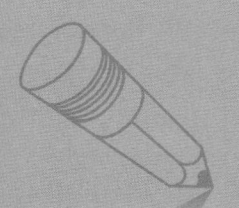

(原典講読への橋渡し)

(原典から選んだ
1300の例文を
深く読み解く)

(この一冊で読解の
基礎固めには十分)

ベレ出版

はじめに

　この問題集は『しっかり学ぶ初級ラテン語』（教科書）の続編です。章立ては同じで、目次も共通しているので、問題を解きながら不明な点があればすぐに教科書で確認できます。このため文法の解説は最小限にとどめ、その分扱うラテン語の量を多くしました。
　現代語と異なり、本書にCDは付属しません。ラテン語は「会話」でなく、古典作家との「対話」に意味があります。「対話」とは原典講読を意味しますが、その基本は作家の言葉の一字一句を正確に読み解く力です。この力を伸ばすには、文法に照らし正確に「直訳」する練習が欠かせません。
　本書には確認問題と練習問題を合わせ、1300あまりのラテン文が収録されています。そのほとんどが原典から選りすぐったものばかりで、質量ともにこれだけのラテン語を精読すれば、読解の基礎を固めるには十分でしょう（ただし初学者用に手を入れた箇所が一部ある点はお含みおきください）。日本語訳は学習者の便宜を図るため、可能な限り直訳調にしてあります。確認問題はすぐ下に注と解答がついています。練習問題にはレベルの高いもの（未習事項のものなど）も含まれますが、教科書と注をヒントにすれば自力で解決できるでしょう。わかりにくい時は、該当箇所を復習してください。
　本書は問題集の体裁を取りますが、一方で原典講読への橋渡しになるように、それぞれの問題文には出典を明記してあります。古典作家の誰がどのような言葉を残したのか。個々の名前を確認しながら和訳を通読するだけでも得るところはあるでしょう。本書は「精読」のトレーニング・ブックとなることを目指しつつ、一方ではラテン語の魅力的な例文集として使える側面を持っています。練習問題を解きながら「この言葉の背景を読んでみたい」という気持ちが湧いてくれば何よりです。翻訳でそれを読まれてもよし、原典講読に挑戦されればなおよし、です。
　巻末には単語集を用意しました（母音の長短は研究社の『羅和辞典』に準拠）。収録語は約2000あります。本書における訳語をすべて掲載していますので、一般の辞書を使うより使い勝手はよいでしょう。羅文和訳の問

題を解く時はもちろん、文法問題を解く際にも大いに活用してください。余力のある人は、市販されている辞書を併用するのもよいアイデアです。一般の辞書を使うメリットは、それぞれの単語の持つ意味の広がりが体得できる点にあります。

　ラテン語は時間に追われて学ぶ言語ではありません。私は「人生は一度きり」という言葉を胸に刻んでラテン語を学び始めました。学ぶ理由は人それぞれでも、本書を通じラテン語に親しみ、ラテン語の世界に分け入る楽しさを一人でも多くの人に発見してもらえたら、著者にとってそれに勝る喜びはありません。

　本書が成るにあたっては多くの方々のお世話になりました。とりわけ原稿の校正のかたわら貴重な助言を惜しまなかった畏友山下大吾氏に心から感謝します。

山下太郎

しっかり身につくラテン語トレーニングブック・目次

はじめに 3

第1章 発音とアクセント ……………………………………………… 8

1 発 音 8
2 アクセント 13

第2章 名詞と形容詞1 …………………………………………………… 18

1 第1変化名詞 18
2 第2変化名詞 25
3 第1・第2変化形容詞 31

第3章 動詞1 ……………………………………………………………… 39

1 直説法・能動態・現在 39
2 不規則動詞 sum の直説法・能動態・現在 47
3 命令法・能動態 50

第4章 名詞と形容詞2 …………………………………………………… 55

1 第3変化名詞 55
2 第4変化名詞 64
3 第5変化名詞 69
4 第3変化形容詞 74

5

第5章 動詞2 ……… 82

1 直説法・能動態・未完了過去　82
2 直説法・能動態・未来　88
3 不規則動詞　94

第6章 代名詞1 ……… 105

1 人称代名詞、指示代名詞（**1**）、再帰代名詞　105
2 指示代名詞（**2**）、強意代名詞、疑問代名詞　115
3 代名詞的形容詞　128
4 不定代名詞　143

第7章 動詞3 ……… 153

1 直説法・能動態・完了　153
2 直説法・能動態・未来完了　160
3 直説法・能動態・過去完了　164

第8章 分詞・動名詞・動形容詞 ……… 169

1 分詞（現在分詞・完了分詞・目的分詞・未来分詞）　169
2 動名詞　180
3 動形容詞　184

第9章 動詞4 ……… 189

1 直説法・受動態（**1**）現在、未完了過去、未来　189
2 直説法・受動態（**2**）完了、未来完了、過去完了　198
3 形式受動態動詞　203
4 不定法　208

第10章　代名詞2・その他　　213

1　関係代名詞　213
2　副　　詞　221
3　前置詞　224
4　比　　較　228
5　数　　詞　237

第11章　動詞5　　247

1　接続法の活用と単文での用法　247
2　接続法の複文での用法（1）名詞節、形容詞節での用法　258
3　接続法の複文での用法（2）副詞節での用法　274

第12章　様々な構文　　284

1　非人称構文　284
2　絶対的奪格　292
3　疑問文　296

練習問題の解答　302
単語集　325
出典一覧　357

第 1 章 発音とアクセント

1 発音

大文字	小文字	名称		音価
A	a	ā	アー	a, ā
B	b	bē	ベー	b
C	c	kē	ケー	k
D	d	dē	デー	d
E	e	ē	エー	e, ē
F	f	ef	エフ	f
G	g	gē	ゲー	g
H	h	hā	ハー	h
I (J)	i (j)	ī	イー	i, ī, j
K	k	kā	カー	k
L	l	el	エル	l
M	m	em	エム	m
N	n	en	エヌ	n
O	o	ō	オー	o, ō
P	p	pē	ペー	p
Q	q	kū	クー	kw
R	r	er	エル	r
S	s	es	エス	s
T	t	tē	テー	t
V (U)	v (u)	ū	ウー	u, ū, w
X	x	iks	イクス	ks
Y	y	ȳ	ユー	y, ȳ
Z	z	zēta	ゼータ	z

確認問題 空所に適語を入れ、説明文を完成しなさい。

文字と発音

1文字につき1発音、発音は「ローマ字読み」が基本です。例えば、campus（平地、野原）は（　1　）、magnus（大きい）は（　2　）、audiō（私は聞く）は（　3　）と読みます。

母音の種類

a, i, u, e, o の5つが基本母音で、ラテン語ではy も母音に数えます。symbolus（印）は（　4　）、typus（典型）は（　5　）と読みます。

母音は長母音と短母音を表すことができます。a は「ア」、ā は「アー」と読むので、pater（父）は（　6　）、māter（母）は（　7　）と読みます。

母音にはさまれた j の前の母音に長母音がつく時、発音は［短母音＋i＋j＋母音］になります。mājor（より大きい）はマイヨル、pējor（より悪い）は（　8　）と読みます。

二重母音

au, ae, ui, ei, eu, oe の6つを二重母音（複母音）と呼びます。aura（そよ風）は（　9　）、poena（罰）は（　10　）と読みます。

子音の発音

前ページの表の音価に従います。honor（名誉）は（　11　）、laetitia（喜び）は（　12　）と読みます。

発音の諸注意

j は半母音［j］、v は半母音［w］の音を表します。jūs（法）は（　13　）、jocus（冗談）は（　14　）、via（道）は（　15　）、vīnum（酒）は（　16　）と読みます。

q は必ず qu の形で現れ、［kw］の音を表します。quō（どこに）は（　17　）、aliquis（誰か）は（　18　）と読みます。

ch, ph, rh, th は qu と同じく2文字で1つの子音を表します。chorus（輪舞、合唱隊）はコルス、philosophia（哲学）は（　19　）、rhētorica（弁論術）は（　20　）、thermae（温泉）は（　21　）と読みます。

　b は s と t を従える場合［ps］と［pt］と発音します。urbs（都市）は（　22　）、obtineō（保つ）は（　23　）と読みます。

　ngu, su に母音が続く時、ngu と su の u は半母音［w］の音を表します。lingua（舌）はリングゥァ、sanguis（血）は（　24　）と読み、suāvis（甘い）はスゥァーウィス、persuādeō（説得する）は（　25　）と読みます。

解　答

1. カンプス 　　2. マグヌス 　　3. アウディオー
4. シュンボルス 　5. テュプス 　　6. パテル
7. マーテル 　　8. ペイヨル 　　9. アウラ
10. ポエナ 　　11. ホノル 　　12. ラエティティア
13. ユース 　　14. ヨクス 　　15. ウィア
16. ウィーヌム 　17. クゥォー 　18. アリクウィス
19. ピロソピア 　20. レートリカ 　21. テルマエ
22. ウルプス 　　23. オプティネオー
24. サングウィス 　25. ペルスウァーデオー

確認問題　次のラテン語の読み方を答えなさい。

1. deus（神）
2. facilis（容易な）
3. rosa（バラ）
4. vulgus（大衆）
5. pax（平和）
6. eurus（東風）
7. verbum（言葉）
8. vox（声）
9. jānua（戸）

10. monēmus（我々は注意する）

> **解　答**

1．デウス　　　2．ファキリス　　3．ロサ　　　　4．ウルグス
5．パクス　　　6．エウルス　　　7．ウェルブム　8．ウォクス
9．ヤーヌア　　10．モネームス

練習問題 1

解答 p.302

次のラテン語の読み方を答えなさい。意味も調べて答えなさい。

1. laudō
2. zephyrus
3. exerceō
4. līber
5. amīcus
6. homō
7. proximus
8. puella
9. pecūnia
10. justitia

練習問題 2

解答 p.302

次のラテン語の読み方を答えなさい。ただし長母音の印は省いてある。

1. periculum（危険）
2. sapientia（知恵）
3. malus（悪い）
4. malus（リンゴの木）
5. jus（法）
6. os（口）
7. vita（生活、命）
8. mos（習慣）
9. maximus（最大の）
10. video（私は見る）

2　アクセント

　ラテン語の場合アクセントのルールは明確です。原則は、音節に分けて判断するということです。音節の数とは、単語に含まれている母音（a, i, u, e, o, y）ならびに二重母音（au, ae, ui, ei, eu, oe）の数のことです。

確認問題　空所に適語を入れ、説明文を完成しなさい。

アクセントの位置について

　1音節の場合、その音節にアクセントがあります。pēs（足）を例に取ると、ēにアクセントがあり、ペースと読みます（下線部にアクセント）。

　2音節の場合、後ろから数えて2番目の音節（パエヌルティマ）にアクセントがあります。de-a（女神）は de に、ro-sa（バラ）は（　1　）にアクセントがあり、それぞれデア、ロサと読みます。

　3音節以上の場合、語の後ろから数えて2音節目が「長い」場合、そこにアクセントがあります。a-mī-cus（友）は（　2　）に、thē-sau-rus（宝物）は（　3　）にアクセントがあり、それぞれアミークス、テーサウルスと読みます。

　この音節（パエヌルティマ）が「短い」場合、後ろから数えて3音節目（アンテパエヌルティマ）にアクセントがあります。va-ri-us（多様な）は ri が「短い」ため（　4　）に、po-pu-lus（国民）も pu が「短い」ため同様に（　5　）にアクセントがあります。それぞれ、ウァリウス、ポプルスと読みます。

　母音を「長い」と判断するケースは次の2つです。

　1　「本質的に長い」時＝長母音、または二重母音の時。例えば、Rō-ma（ローマ）の Rō は長母音を含むので長く、Cae-sar（カエサル）の（　6　）も二重母音のため長いとみなします。

　2　「位置によって長い」時＝短母音の後に子音が連続する時。ae-ter-nus のパエヌルティマ（数えて2番目の音節）（　7　）は、短母音 e を含みますが、子音 r と n が続くため「位置によって長い」とみなします。同様に、pu-el-la（少女）のパエヌルティマ（　8　）は、その後ろに2つの子音

13

ll を伴うため「位置によって長い」とみなします。従って、ae-ter-nus のアクセントは（　9　）に、pu-el-la のアクセントは（　10　）にあります。

解　答

1．ro　　2．mī　　3．sau　　4．va　　5．po
6．ae　　7．ter　　8．el　　9．ter　　10．el

音節の分け方の注意点

子音が2つ以上続く時、最後の1子音は後続する母音に、残りは前の母音につきます。

　例）　sen-sus（感覚）　　cunc-tus（全部の）

〈黙音 p, b, t, d, c, g ＋ 流音 l, r〉は切り離されず1子音と数え、後続する母音につきます。

　例）　um-bra（影）　　com-ple-ō（満たす）

確認問題　発音を片仮名で答え、アクセントの位置を下線で示しなさい。

1．lae-ti-ti-a（喜び）
2．ē-bri-e-tās（酩酊）
3．sen-sus（感覚）
4．cunc-tus（すべての）
5．um-bra（影）
6．com-ple-ō（満たす）

解　答

1．ラエティティア　　2．エーブリエタース
3．センスス　　　　　4．クンクトゥス
5．ウンブラ　　　　　6．コンプレオー

確認問題 発音を片仮名で答え、アクセントの位置を下線で示しなさい。
1. Rō-mā-nī（ローマ人たちは）
2. a-mī-cō-rum（友人たちの）
3. sa-pi-en-ti-a（知恵）
4. pe-cū-ni-a（金銭）
5. ca-the-dra（椅子）

注
1. mā は本質的に長い。
2. cō は本質的に長い。
3. ti は短い。
4. ni は短い。
5. 黙音 d と流音 r は1子音と数えるため、the は短い。

解 答
1. ロー<u>マー</u>ニー
2. アミー<u>コー</u>ルム
3. サピ<u>エ</u>ンティア
4. ペ<u>クー</u>ニア
5. <u>カ</u>テドラ

確認問題 次の動詞の発音を片仮名で答え、アクセントの位置を下線で示しなさい。
1. lau-dās（あなたはほめる）
2. mo-nē-tis（あなたたちは注意する）
3. a-gi-mus（我々は行う）
4. fa-ci-tis（あなたたちは作る）
5. au-di-unt（彼らは聞く）

解 答
1. <u>ラウ</u>ダース
2. モ<u>ネー</u>ティス
3. <u>ア</u>ギムス
4. <u>ファ</u>キティス
5. <u>アウ</u>ディウント

[確認問題] 発音を片仮名で答え、アクセントの位置を下線で示しなさい。ただし長母音の印は省いてある。

1. patria　祖国
2. gloria　栄光
3. architectus　建築家
4. justitia　正義
5. tenebrae　暗闇

注

1. tri は短い。
2. ri は短い。
3. tec は位置によって長い。
4. パエヌルティマ（後ろから2番目の音節）の ti は短い。
5. パエヌルティマの ne は短い（位置によって長いと判断しない）。ne に続く br は1子音と数えるため。

[解　答]

1. パトリア（pa-tri-a）
2. グローリア（glō-ri-a）
3. アルキテクトゥス（arc-hi-tec-tus）
4. ユスティティア（jus-ti-ti-a）
5. テネブラエ（te-ne-brae）

練習問題 3　　　　　　　　　　　　　　　　　　　　　解答 p.302

次の人名を片仮名で答え、アクセントの位置を下線で示しなさい。

1. Caesar
2. Cicerō
3. Horātius
4. Līvius
5. Martiālis
6. Ovidius
7. Petrōnius
8. Plautus
9. Terentius
10. Vergilius

練習問題 4　　　　　　　　　　　　　　　　　　　　　解答 p.302

次の地名を片仮名で答え、アクセントの位置を下線で示しなさい。ただし長母音の印は省いてある。

1. Sicilia
2. Carthago
3. Athenae
4. Graecia
5. Syria
6. Germania
7. Hispania
8. Latium
9. Tarentum
10. Thebae

第2章 名詞と形容詞1

1　第1変化名詞

ラテン語の名詞には「性・数・格」の区別があります。性は、男性（m.）、女性（f.）、中性（n.）の3種類、数は単数と複数の2種類があります。男・女両性で用いられる名詞は通性（c.）と呼ばれます。名詞は文中の役割に応じて語尾を変化させます。これを格変化と呼びます。主格（〜は）、呼格（〜よ）、属格（〜の）、与格（〜に）、対格（〜を）、奪格（〜によって）の6つが基本です。

ラテン語の名詞は、単数・属格の形によって5つに分類できます。

第1変化名詞は単数・主格が -a で終わり、単数・属格が -ae で終わります。そのほとんどは puella（少女）、rosa（バラ）のような女性名詞ですが、poēta（詩人）や nauta（船乗り）など、一部男性名詞もあります。

● rosa, -ae f.　バラ

	単数	複数
主格（呼格）	ros-**a**	ros-**ae**
属格	ros-**ae**	ros-**ārum**
与格	ros-**ae**	ros-**īs**
対格	ros-**am**	ros-**ās**
奪格	ros-**ā**	ros-**īs**

確認問題　rosa, -ae f.（バラ）について、次の日本語に合う形を答えなさい。

1．バラを（単数）
2．バラの（複数）
3．バラの（単数）

4．バラに（複数）
5．バラによって（単数）
6．バラよ（単数）

【解　答】
1．rosam（単数・対格）　　2．rosārum（複数・属格）
3．rosae（単数・属格）　　4．rosīs（複数・与格）
5．rosā（単数・奪格）　　　6．rosa（単数・呼格）

【確認問題】　次の各語を指示された形に直しなさい。
1．causa（原因）の複数・対格
2．lūna（月）の単数・与格
3．glōria（栄光）の単数・奪格
4．poēta（詩人）の複数・奪格
5．mensa（机）の複数・対格
6．stella（星）の複数・属格
7．justitia（正義）の単数・対格

【解　答】
1．causās　　2．lūnae　　3．glōriā　　4．poētīs
5．mensās　　6．stellārum　　7．justitiam

【確認問題】　日本文に合うよう空所に適語を入れなさい。
1．（　　　　）cantat.　詩人（単数）は歌う。
2．Vīta（　　　　）．　少女（単数）の人生。
3．Poēta cum（　　　　）cantat.　詩人は少女たちと一緒に歌う。
4．Puella（　　　　）rosam dōnat.　少女は一人の詩人にバラを贈る。
5．Puella mensam（　　　　）ornat.　少女は机を一輪のバラで飾る。

注
1．空所には主格が入る。cantat は cantō の直説法・能動態・現在、3人称単数。

2．空所には属格が入る。
3．前置詞 cum は次に奪格を伴う。
4．空所には与格が入る。dōnat は dōnō の直説法・能動態・現在、3人称単数。
5．空所には奪格が入る。

解　答
1．Poēta（単数・主格）　　2．puellae（単数・属格）
3．puellīs（複数・奪格）　　4．poētae（単数・与格）
5．rosā（単数・奪格）

確認問題　ラテン語に訳しなさい。
1．女王（rēgīna）は月と星々を見る（videt）。
2．少女たちは（複数の）バラを愛する（amant）。
3．詩人は女王の知恵（sapientia）を賞賛する（laudat）。
4．少女は月と（単数の）バラを愛する（amat）。
5．正義は栄光の原因である（est）。

注
1．lūna は単数・対格、stella は複数・対格にする。videt は videō の直説法・能動態・現在、3人称単数。
2．主語は puella の複数・主格。rosa は複数・対格にする。amant は amō の直説法・能動態・現在、3人称複数。
3．rēgīna は単数・属格にする。sapientia は単数・対格にする。laudat は laudō の直説法・能動態・現在、3人称単数。
4．lūna と rosa は単数・対格にする。amat は amō の直説法・能動態・現在、3人称単数。
5．glōria は単数・属格にする。est は sum の直説法・能動態・現在、3人称単数。

解　答
1．Rēgīna lūnam et stellās videt.　　2．Puellae rosās amant.

3．Poēta sapientiam rēgīnae laudat.　　4．Puella lūnam et rosam amat.
5．Justitia causa glōriae est.

練習問題 5
解答 p. 302

日本文に合うよう括弧内の語を適切な形に直しなさい。

1．Lūnam et (stella) amō.
　私は月と星々を愛する。
2．Poēta glōriam (Rōma) cantat.
　詩人はローマの栄光を歌う。
3．Amat victōria (cūra).
　勝利は注意深さ（単数）を愛する。
4．Concordia causa (victōria) est.
　調和は勝利（単数）の原因である。
5．Victōria (concordia) crescit.
　勝利は調和（単数）によって成長する。
6．(Stella) micant et (poēta) cantant.
　星々は輝き、詩人たちは歌う。
7．Bestiae in (silva) habitant.
　獣たちは森（単数）の中に住む。
8．Asinus in (tēgulae). Petr.63
　屋根（複数）の上のろば（＝珍しい出来事）。
9．Dīvitiae pariunt (cūra).
　富は不安（複数）を生む。
10．Immodica īra gignit (insānia). Sen.Ep.18.14
　　過度の怒りは狂気を生む。

注

1．括弧内は amō の目的語。複数・対格にする。
2．括弧内は単数・属格にする。cantat は cantō の直説法・能動態・現在、3人称単数。
3．括弧内は Amat の目的語。単数・対格にする。
4．括弧内は causa にかかる。単数・属格にする。

5．括弧内は単数・奪格にする。crescit は crescō の直説法・能動態・現在、3人称単数。
6．括弧内はどちらも複数・主格にする。micant は micō の直説法・能動態・現在、3人称複数。cantant は cantō の直説法・能動態・現在、3人称複数。
7．括弧内は単数・奪格にする。habitant は habitō の直説法・能動態・現在、3人称複数。
8．括弧内は複数・奪格にする。
9．括弧内は pariunt の目的語。複数・対格にする。pariunt は pariō の直説法・能動態・現在、3人称複数。
10．Immodica は第1・第2変化形容詞 immodicus, -a, -um の女性・単数・主格。īra（怒り）を修飾する。gignit は gignō の直説法・能動態・現在、3人称単数。括弧内は gignit の目的語。単数・対格にする。

練習問題 6

解答 p.303

和訳しなさい。

1. Animae dīmidium meae. Hor.Carm.1.3.8
2. Poēta causam glōriae cantat.
3. Justitia saepe causa glōriae est.
4. Aquila nōn captat muscam.
5. Nōn pecūnia sed conscientia viam vītae monstrat.
6. Nōn scholae sed vītae discimus. Sen.Ep.106.12
7. Experientia docet.
8. Cicāda cicādae cāra, formīcae formīca.
9. Aurōra Mūsīs amīca est.
10. Lupus in fābulā. Ter.Ad.537

注

1. 無二の友人を意味する語句。meae は Animae にかかる所有形容詞 meus, -a, -um の女性・単数・属格。dīmidium は第2変化中性名詞、単数・主格。
2. cantat は「歌う」を意味する第1変化動詞 cantō の直説法・能動態・現在、3人称単数。主語は Poēta、causam は目的語、glōriae は causam にかかる。
3. 主語は Justitia、causa は補語。
4. captat は captō（捕まえる）の直説法・能動態・現在、3人称単数。主語は Aquila、目的語は muscam。
5. Nōn A sed B は英語の Not A but B に相当。monstrat は monstrō の直説法・能動態・現在、3人称単数。目的語は viam、vītae は viam にかかる。
6. discimus（我々は学ぶ）は discō（学ぶ）の直説法・能動態・現在、1人称複数。scholae, vītae はともに単数・与格。「～のために」と訳す。
7. docet は doceō（教える）の直説法・能動態・現在、3人称単数。
8. 動詞 est が省略。前半の主語は Cicāda、後半の主語は formīca。cicādae と formīcae は「判断者の与格」。「～にとって」と訳す。cāra は「親しい」を意味する第1・第2変化形容詞 cārus, -a, -um の女性・

単数・主格。文の補語になる。
9. 主語は Aurōra、Mūsīs は複数・与格（判断者の与格）。amīca（女の友）は文の補語。これを第1・第2変化形容詞 amīcus, -a, -um の女性・単数・主格ととり、「親しい」と訳すことも可能。「早起きは三文の得」を意味する言葉。
10. Lupus（オオカミ）は第2変化男性名詞、単数・主格。fābulā は単数・奪格。「噂をすれば影」を意味する言葉。

2　第2変化名詞

　第2変化名詞は、-us で終わる男性名詞（amīcus 等）と -um で終わる中性名詞（verbum 等）に大別できます（Corinthus など一部女性名詞あり）。前者の別形として単数・主格が -er で終わるものが若干ありますが（puer 等）、これらのいずれも、単数・属格は -ī で終わるので、全部をひとまとめにして「第2変化名詞」と呼びます。

● amīcus, m.　友

	単数	複数
主格	amīc-**us**	amīc-**ī**
呼格	amīc-**e**	amīc-**ī**
属格	amīc-**ī**	amīc-**ōrum**
与格	amīc-**ō**	amīc-**īs**
対格	amīc-**um**	amīc-**ōs**
奪格	amīc-**ō**	amīc-**īs**

確認問題　次の日本語に合う形を答えなさい。

1．友よ（単数）
2．友に（複数）
3．友の（複数）
4．友を（単数）
5．友の（単数）
6．友によって（単数）

解　答

1．amīce（単数・呼格）　　2．amīcīs（複数・与格）
3．amīcōrum（複数・属格）　4．amīcum（単数・対格）
5．amīcī（単数・属格）　　6．amīcō（単数・奪格）

確認問題 各々の単語について指示された形を答えなさい。
1. animus（m. 心）の単数・属格
2. campus（m. 野原）の単数・与格
3. medicus（m. 医者）の複数・主格
4. morbus（m. 病気）の複数・属格
5. locus（m. 場所）の複数・奪格

解答
1. animī 2. campō 3. medicī 4. morbōrum 5. locīs

● verbum, n.　言葉

	単数	複数
主格（呼格）	verb-**um**	verb-**a**
属格	verb-ī	verb-**ōrum**
与格	verb-ō	verb-**īs**
対格	verb-**um**	verb-**a**
奪格	verb-ō	verb-**īs**

確認問題 空所に適語を入れて説明文を完成しなさい。

　ラテン語の中性名詞は主格（呼格）と（　1　）格が同形で、これらの格の複数の語尾はともに（　2　）で終わります。そのうち verbum（言葉）のように単数・（　3　）格が ī で終わるものを第2変化中性名詞と呼びます。verbum の単数・対格は（　4　）、複数の主格（呼格）と対格は（　5　）です。

解答
1. 対 2. a 3. 属 4. verbum 5. verba

確認問題 各々の単語について指示された形を答えなさい。
1. aurum（n. 黄金）の単数・対格
2. bellum（n. 戦争）の単数・奪格

3. dōnum（n. 贈り物）の複数・対格
4. perīculum（n. 危険）の複数・主格
5. oppidum（n. 町）の複数・与格

解　答
1. aurum　　2. bellō　　3. dōna　　4. perīcula　　5. oppidīs

確認問題　次の語を訳し、辞書の見出しの形と格変化（単数・属格等）を答えなさい。

1. puerum
2. librōrum
3. agrōs
4. magistrum
5. deōs

解　答
1. 少年を　puer の単数・対格　　2. 本の　liber の複数・属格
3. 畑を　ager の複数・対格　　4. 先生を　magister の単数・対格
5. 神々を　deus の複数・対格

練習問題 7
解答 p.303

括弧内の語彙を適切な形に直しなさい。

1. Ōtia dant (vitium).
   暇は悪徳（複数）を与える。
2. Barba nōn facit (philosophus).
   ひげは哲学者（単数）を作らない。
3. (Exemplum) docent, nōn jubent.
   模範（複数）は教える、命令しない。
4. Cultūra autem (animus) philosophia est. Cic.Tusc.2.13
   ところで、哲学は心（単数）の修養である。
5. Et arma et (verbum) vulnerant.
   武器も言葉（複数）も傷つける。

6．Imāgō（animus）sermō est.
言葉は心（単数）の似姿である。
7．Per（angustum）ad augusta.
苦難（複数）を通じ荘厳なもの（栄光）へ。
8．Vox（populus）vox（deus）.
民衆（単数）の声は神（単数）の声。
9．（Fātum）obstant. Verg.Aen.4.440
運命（複数）が邪魔をする。
10．Lupus（pilus）mūtat, nōn mentem.
狼は毛（単数）を変えても心は変えない。

注

1．Ōtia は ōtium の複数・主格で文の主語。動詞 dant は dō（与える）の直説法・能動態・現在、3人称複数。vitia（複数・対格）を目的語に取る。
2．Barba は文の主語。facit は faciō（作る）の直説法・能動態・現在、3人称単数。philosophum（単数・対格）を目的語に取る。
3．Exempla（複数・主格）は文の主語。docent は doceō（教える）の直説法・能動態・現在、3人称複数。jubent は jubeō（命じる）の直説法・能動態・現在、3人称複数。
4．cultūra は動詞 colō（耕す）の名詞で、本来の意味は「耕すこと」。この訳語を当てはめると「心の耕すこと」となるが、animī（animus の単数・属格）を「目的語的属格」と解釈し、「心を耕すこと」と訳すことができる。
5．Et A et B の構文。「A も B も」と訳せる。vulnerant は vulnerō（傷つける）の直説法・能動態・現在、3人称複数。
6．Imāgō と sermō はともに第3変化名詞、単数・主格。sermō を主語、Imāgō を補語とみなす。括弧内の語は Imāgō にかかる単数・属格。
7．Per（〜を通じて）は対格を取る前置詞。augusta は第1・第2変化形容詞 augustus, -a, -um（荘厳な）の中性・複数・対格（「形容詞の名詞的用法」）。
8．Vox は第3変化名詞、単数・主格。括弧内の語はそれぞれ直前の vox

にかかる（単数・属格）。
9. obstant は obstō（邪魔をする）の直説法・能動態・現在、3人称複数。
10. mūtat は mūtō（変える）の直説法・能動態・現在、3人称単数。

練習問題 8
解答 p.303

和訳しなさい。
1. Medicus cūrat, nātūra sānat.
2. Librī mūtī magistrī sunt.
3. Dīvitiae sunt causa malōrum.
4. Impedit īra animum.
5. Fortūna amīcōs conciliat, inopia amīcōs probat.
6. Studium generat studium.
7. In oculīs animus habitat. Plin.N.H.11.37.54
8. Mortuī nōn dolent.
9. Cum ventīs lītigō. Petr.83
10. Ascraeumque canō Rōmāna per oppida carmen. Verg.Geo.2.176

注

1. cūrat は cūrō（治療する）の直説法・能動態・現在、3人称単数。sānat は sānō（癒やす）の同形、3人称単数。
2. Librī（liber の複数・主格）は sunt（sum の直説法・能動態・現在、3人称複数）の主語。mūtī（mūtus, -a, -um の男性・複数・主格）は magistrī（男性名詞 magister の複数・主格）にかかり、mūtī magistrī で文の補語になる。
3. Dīvitiae（複数・主格）は主語、causa（単数・主格）は補語。sunt は sum の直説法・能動態・現在、3人称複数。malōrum は malum の複数・属格で causa にかかる。
4. Impedit（impediō の直説法・能動態・現在、3人称単数）の目的語は animum（単数・対格）、īra（単数・主格）は文の主語。
5. Fortūna（単数・主格）は前半の主語、amīcōs（複数・対格）は conciliat（conciliō の直説法・能動態・現在、3人称単数）の目的語。inopia（単数・主格）は後半の主語、amīcōs は probat（probō の直説法・能動態・

現在、3人称単数）の目的語。

6. 1つ目の Studium（単数・主格）を文の主語、2つ目の studium（単数・対格）を generat（generō の直説法・能動態・現在、3人称単数）の目的語とみなす。中性名詞は主格と対格が同じ形になる。

7. oculīs は oculus の複数・奪格。animus（単数・主格）は habitat（habitō の直説法・能動態・現在、3人称単数）の主語。

8. Mortuī（複数・主格）は dolent（doleō の直説法・能動態・現在、3人称複数）の主語。否定辞 nōn を動詞の前に置くと否定文になる。

9. 前置詞 Cum（〜とともに）は奪格（ventīs は ventus の複数・奪格）を伴い副詞句を作る。動詞の形が1人称単数ゆえ主語は ego（私は）と判断する。

10. Ascraeumque の -que は「そして」を意味する。Ascraeum（中性・単数・対格）は carmen（中性・単数・対格）を修飾。carmen は第3変化名詞だが中性名詞ゆえ主格と対格が同形（辞書の見出しは carmen, -minis n. となっているが、見出しの右横の単数・属格の形が is で終わっていることから第3変化名詞とわかる。また n. は中性名詞を意味する）。Ascraeum carmen（アスクラの歌）は canō（1人称単数形＝私は歌う）の目的語。前置詞 per は対格（Rōmāna oppida はともに中性・複数・対格）を伴い副詞句を作る。Ascraeum は Ascra（アスクラ）の形容詞（第1・第2変化形容詞 Ascraeus, -a, -um の中性・単数・対格）。アスクラはギリシャの詩人ヘーシオドスの生地。canō（私は歌う）の示す1人称単数の主語「私」は、ヘーシオドスのような詩（carmen）を歌う意欲を述べている。出典情報の Verg. が示す通り、この「私」とはローマの詩人ウェルギリウス。

3　第1・第2変化形容詞

　下の表の女性変化は第1変化名詞と語尾が同じ、男性変化は第2変化の男性名詞（語尾が -us で終わるもの）、中性変化は第2変化の中性名詞（語尾が -um で終わるもの）と語尾が同じになります。

● bonus, -a, -um　（よい）

	男性	女性	中性
単数・主格	bon-us	bon-a	bon-um
単数・呼格	bon-e	bon-a	bon-um
単数・属格	bon-ī	bon-ae	bon-ī
単数・与格	bon-ō	bon-ae	bon-ō
単数・対格	bon-um	bon-am	bon-um
単数・奪格	bon-ō	bon-ā	bon-ō
複数・主格(呼格)	bon-ī	bon-ae	bon-a
複数・属格	bon-ōrum	bon-ārum	bon-ōrum
複数・与格	bon-īs	bon-īs	bon-īs
複数・対格	bon-ōs	bon-ās	bon-a
複数・奪格	bon-īs	bon-īs	bon-īs

(確認問題)　各々の単語について指示された形を答えなさい。
1．avārus（貪欲な）の男性・単数・奪格
2．inīquus（不正な）の中性・単数・属格
3．stultus（愚かな）の男性・単数・対格
4．perpetuus（永遠の）の女性・複数・属格
5．proximus（最も近い）の男性・複数・奪格

(解　答)
1．avārō　　2．inīquī　　3．stultum　　4．perpetuārum　　5．proximīs

第 1・第 2 変化形容詞の別形

（イ）-er に終わる形容詞 līber, -era, -erum （自由な）

	男性	女性	中性
単数・主格(呼格)	līber	līber-a	līber-um
属格	līber-ī	līber-ae	līber-ī
与格	līber-ō	līber-ae	līber-ō
対格	līber-um	līber-am	līber-um
奪格	līber-ō	līber-ā	līber-ō
複数・主格(呼格)	līber-ī	līber-ae	līber-a
属格	līber-ōrum	līber-ārum	līber-ōrum
与格	līber-īs	līber-īs	līber-īs
対格	līber-ōs	līber-ās	līber-a
奪格	līber-īs	līber-īs	līber-īs

（ロ）-er に終わる形容詞 niger, -gra, -grum （黒い）

	男性	女性	中性
単数・主格(呼格)	niger	nigr-a	nigr-um
属格	nigr-ī	nigr-ae	nigr-ī
与格	nigr-ō	nigr-ae	nigr-ō
対格	nigr-um	nigr-am	nigr-um
奪格	nigr-ō	nigr-ā	nigr-ō
複数・主格(呼格)	nigr-ī	nigr-ae	nigr-a
属格	nigr-ōrum	nigr-ārum	nigr-ōrum
与格	nigr-īs	nigr-īs	nigr-īs
対格	nigr-ōs	nigr-ās	nigr-a
奪格	nigr-īs	nigr-īs	nigr-īs

確認問題　各々の単語について指示された形を答えなさい。

1. pulcher（美しい）の中性・複数・対格
2. tener（柔らかい）の女性・単数・属格

3．sacer（神聖な）の男性・複数・奪格
4．aeger（病気の）の男性・複数・与格
5．asper（困難な）の女性・単数・主格

解 答
1．pulchra　　2．tenerae　　3．sacrīs　　4．aegrīs　　5．aspera

形容詞の4用法
1．名詞を修飾するはたらき（形容詞の属性的用法）
　Pax **Rōmāna**　ローマの平和
2．述語としてのはたらき（形容詞の述語的用法）
　Vērī amīcī **rārī**.　真実の友はまれ（である）。
3．名詞としてのはたらき（形容詞の名詞的用法）
　Bonī amant **bonum**.　善人は善を愛す。
4．副詞としてのはたらき（形容詞の副詞的用法）
　Līberī cantant.　彼らは自由に歌う。

練習問題 9　　　　　　　　　　　　　　　　　解答 p.304
括弧内の語彙を適切な形に直しなさい。
1．Insānus (medius) flūmine quaeris aquam. Prop.1.9.16
　あなたは川の真ん中で狂ったように水を求める。
2．(Inīquus) numquam regna perpetuō manent. Sen.Med.196
　不正な王国が永遠にとどまることはない。
3．In angustīs amīcī (bonus) appārent.
　困難の中でよい友人が現れる。
4．Quintia (formōsus) est (multus). Catul.86.1
　クィンティアは多くの者にとって美しい。
5．(Jūcundus) memoria est praeteritōrum malōrum. Cic.Fin.2.105
　過ぎ去った苦しみの思い出は快い。

注
1．Insānus は主語（省略された Tū）を修飾するが、「狂ったあなたは」と

せず「あなたは狂ったように」と訳す（副詞的用法）。flūmine は第3変化中性名詞 flūmen の単数・奪格。括弧内の語は flūmine と性・数・格を一致させる。quaeris は quaerō（求める）の直説法・能動態・現在、2人称単数。
2. 括弧内の語は regna（中性・複数・主格）と性・数・格が一致。manent は maneō（とどまる）の直説法・能動態・現在、3人称複数。
3. 括弧内の語は amīcī（男性・複数・主格）を修飾（属性的用法）。appārent は appāreō（現れる）の直説法・能動態・現在、3人称複数。
4. 形容詞 formōsus は主語 Quintia（女性・単数・主格）と性・数・格を一致させる。multus は複数・与格にする（判断者の与格）。
5. memoria が主語で Jūcunda は補語、動詞は est（〜である）。形容詞 praeteritōrum（praeteritus, -a, um の中性・複数・属格）は malōrum（malum の複数・属格）を修飾し（属性的用法）、ともに memoria にかかる。

● 所有形容詞

	単数	複数
1人称	meus, -a, -um	noster, -tra, -trum
2人称	tuus, -a, -um	vester, -tra, -trum
3人称	suus, -a, -um（再帰的）	

確認問題 太字に注意し、空所に所有形容詞の適切な形を入れなさい。

1. (　　　　) filius aeger est.
   私の息子は病気です。
2. (　　　　) filia pulchra est.
   あなたの娘は美しい。
3. Sapientiam magistrī (　　　　) laudō.
   私は**あなたがたの**先生の知恵を賞賛する。
4. (　　　　) fīliam amat.
   彼は**自分の**（主語自身の）娘を愛する。
5. (　　　　) fīliam amat.

彼は**彼の**（主語以外の）娘を愛する。
6. (　　　　　) fīliam amant.
彼らは**自分たちの**（主語自身の）娘を愛する。
7. (　　　　　) fīliam amant.
彼らは**彼らの**（主語以外の）娘を愛する。

解　答
1. Meus　　2. Tua　　3. vestrī　　4. Suam
5. Ējus　　6. Suam　　7. Eōrum

練習問題 10　　　　　　　　　　　　　　解答 p.304
空所に所有形容詞の適切な形を入れなさい。
1. Antōnius umbram (　　　　　) metuit. Cic.C.P.2
アントーニウスは自分の影に脅えている。
2. Sōlus (　　　　　) miseriārum est remedium. Ter.Ad.294
彼一人が私の苦悩の救済である。
3. Avārus ipse miseriae causa est (　　　　　). Syr.14
貪欲な者は自らが自分の不幸の原因である。
4. Tē (　　　　　), mē (　　　　　) dēlectant.
あなたをあなたのものが、私を私のものが喜ばせる。
5. Caesar (　　　　　) cōpiās in proximum collem subdūcit. Caes.B.G. 1.22
カエサルは自軍を最寄りの丘に撤退させる。

注
1. umbram は女性・単数・対格。空所には所有形容詞の3人称が入る（性・数・格は umbram と一致）。metuit は metuō（脅える）の直説法・能動態・現在、3人称単数。
2. Sōlus（ただ一人の）は代名詞的形容詞の1つ。主語として想定される Ille あるいは Is（彼は）を修飾（男性・単数・主格）。空所には「私の」に当たる語が入るが、miseriārum（女性・複数・属格）と性・数・格を一致させる。ともに remedium にかかる。est は sum の直説法・能

動態・現在、3人称単数。
3. Avārus（貪欲な者）は「形容詞の名詞的用法」（形容詞だが名詞として使われる例）。ipse（自ら）は強意代名詞、男性・単数・主格で Avārus にかかる。空所には「自分の」に当たる語が入る。miseriae（女性・単数・属格）と性・数・格を一致させる。
4. 1つ目の空所には「あなたのもの」、2つ目の空所には「私のもの」に当たる語が入る。いずれも所有形容詞の中性・複数・主格にする。動詞 dēlectant は dēlectō（喜ばせる）の直説法・能動態・現在、3人称複数。Tē は人称代名詞 tū（あなた）の対格、mē は ego（私）の対格。
5. 空所に入る所有形容詞は cōpiās（cōpia の複数・対格）と性・数・格が一致する。proximum は第1・第2変化形容詞 proximus, -a, -um の男性・単数・対格で collem にかかる。collem は第3変化男性名詞 collis（丘）の単数・対格。

練習問題 11

解答 p.304

和訳しなさい。

1. Fuge magna. Hor.Ep.1.10.32
2. Miserōs prūdentia prīma relinquit. Ov.Pont.4.12.47
3. Tranquillās etiam naufragus horret aquās. Ov.Pont.2.7.8
4. Rāra juvant. Mart.4.29.3
5. Sua multī āmittunt, cupidē dum aliēna appetunt.
6. Aqua profunda est quiēta.
7. Optima medicīna temperantia est.
8. Dīvitiārum et formae glōria fluxa atque fragilis est. Sall.Cat.1
9. Saevit amor ferrī et scelerāta insānia bellī. Verg.Aen.7.461
10. Dum vītant stultī vitia, in contrāria currunt. Hor.Sat.1.2.24

注

1. Fuge は fugiō（避ける）の命令法・能動態・現在、2人称単数。magna は magnus, -a, -um の中性・複数・対格（名詞的用法）。「～なものを」と訳す。
2. Miserōs は miser, -era, -erum（惨めな）の男性・複数・対格。「～な者

たちを」と訳す（名詞的用法）。prīma は prīmus, -a, -um（最初の）の女性・単数・主格で prūdentia を修飾。「真っ先に」と副詞的に訳す（副詞的用法）。relinquit は relinquō（見捨てる）の直説法・能動態・現在、3人称単数。

3. Tranquillās は tranquillus, -a, -um の女性・複数・対格で、aquās を修飾（属性的用法）。etiam は「～さえ」。horret は horreō（脅える）の直説法・能動態・現在、3人称単数。

4. Rāra は rārus, -a, -um（珍しい）の中性・複数・主格で文の主語。「～なものは」と訳す（名詞的用法）。juvant は juvō（喜ばせる）の直説法・能動態・現在、3人称複数。

5. Sua は3人称の所有形容詞 suus, -a, -um（自分の）の中性・複数・対格。文の目的語。multī（多くの者たちは）は multus, -a, -um（多くの）の男性・複数・主格で文の主語（名詞的用法）。āmittunt は āmittō（失う）の直説法・能動態・現在、3人称複数。dum（～する間）は従属文（副詞節）を導く。aliēna は aliēnus, -a, -um（他人の）の中性・複数・対格で従属文の目的語（名詞的用法）。appetunt は appetō（熱心に求める）の直説法・能動態・現在、3人称複数。

6. profunda は profundus, -a, -um（深い）の女性・単数・主格で Aqua にかかる（属性的用法）。quiēta は文の補語で Aqua と性・数・格が一致。est は不規則動詞 sum の直説法・能動態・現在、3人称単数。

7. Optima は bonus（よい）の最上級 optimus, -a, -um の女性・単数・主格で medicīna にかかる（属性的用法）。主語は medicīna とも temperantia とも解せる（どちらでも訳せる）。

8. Dīvitiārum は dīvitiae（財産）の複数・属格（この語は複数形のみ存在する）。formae は forma（容姿）の単数・属格。いずれも glōria（栄光）にかかる。fluxa は fluxus, -a, -um（流動的な）の女性・単数・主格。fragilis は第3変化形容詞 fragilis, -e（もろい）の同形。いずれも文の補語で主語 glōria と性・数・格が一致する。

9. Saevit は saeviō（荒れ狂う）の直説法・能動態・現在、3人称単数。第3変化名詞 amor（愛）は単数・主格で文の主語。ferrī と bellī は「目的語的属格」。amor ferrī は「剣への愛」、insānia bellī は「戦争への狂気」。前者は「剣を求める愛（強い欲求）」、後者は「戦争を求める狂気」

と言い換えられる。scelerāta は scelerātus, -a, -um の女性・単数・主格で insānia を修飾（属性的用法）。
10. Dum は接続詞として従属文を導く。vītant は vītō（避ける）の直説法・能動態・現在、3 人称複数。stultī は stultus, -a, -um（愚かな）の男性・複数・主格。vītant の主語として用いられている（名詞的用法）。主文の in は対格を伴い「～に向かって」を意味する。contrāria の次に従属文の vitia を補う。contrāria は contrārius, -a, -um（反対の）の中性・複数・対格で vitia と性・数・格は一致。currunt は currō（走る）の直説法・能動態・現在、3 人称複数。主語は従属文の主語と共通。

第3章 動詞1

1　直説法・能動態・現在

● 第1変化動詞 amō 愛する

人称・数	単数	複数
1人称	am-ō	am-āmus
2人称	am-ās	am-ātis
3人称	am-at	am-ant

確認問題　次の日本語をラテン語に直しなさい。
1．あなたは星（stella, -ae f.）を愛する。
2．彼はバラ（rosa, -ae f.）を愛する。
3．あなたたちは少女（puella, -ae f.）を愛する。
4．私たちは正義（justitia, -ae f.）を愛する。
5．彼らは善（bonum, -ī n.）を愛する。

注
1〜3の「星」「バラ」「少女」は単数でも複数でもよい。4の「正義」、5の「善」は単数で答えること（複数にすると意味が変わるため）。

解答
1．Stellam（または Stellās）amās. / Amās stellam（または stellās）.
2．Rosam（または Rosās）amat. / Amat rosam（または rosās）.
3．Puellam（または Puellās）amātis. / Amātis puellam（または puellās）.
4．Justitiam amāmus. / Amāmus justitiam.
5．Bonum amant. / Amant bonum.

確認問題 直説法・能動態・現在の指示された形を答えなさい。
1. laudō（ほめる）の1人称複数
2. obstō（邪魔する）の2人称複数
3. volō（飛ぶ）の3人称複数
4. clāmō（叫ぶ）の3人称単数
5. narrō（物語る）の2人称単数

解答
1. laudāmus　2. obstātis　3. volant　4. clāmat　5. narrās

確認問題 空所に適語を入れて説明文を完成しなさい。

　ラテン語の動詞は不定法（能動態・現在）の形で4つのタイプに分かれます。不定法の語尾が -āre で終わる動詞を第1変化動詞、（　1　）で終わる動詞を第2変化動詞、（　2　）で終わる動詞を第3変化動詞、（　3　）で終わる動詞を第4変化動詞と呼びます。

　ラテン語の動詞を辞書で引くと、「amō, -āre 愛する」と書かれています。見出しの右横に不定法の語尾を載せるのが慣例です。これによって amō の不定法は amāre であること、すなわち第1変化動詞であることがわかります。同様に、「videō,（　4　）見る」から、videō は第2変化動詞であり、また「agō,（　5　）行う」から、agō は第3変化動詞であり、また、「audiō,（　6　）聞く」から、audiō は第4変化動詞であるとわかります。

　第3変化動詞の中には活用の仕方が第4変化動詞に似たものがあり、これを第3変化動詞 B と名付けます。「capiō, -ere つかむ」は不定法が -ere で終わるので第3変化動詞ですが、3人称複数が（　7　）になる点で第4変化動詞 audiō と語尾が同じになります。

解答
1. -ēre　2. -ere　3. -īre　4. -ēre
5. -ere　6. -īre　7. capiunt

確認問題 空所に適語を入れて変化表を完成しなさい。

第1変化動詞　　amō, amās, amat
　　　　　　　　amāmus, amātis, amant
第2変化動詞　　videō, (　1　), (　2　)
　　　　　　　　vidēmus, (　3　), vident
第3変化動詞　　agō, agis, (　4　)
　　　　　　　　(　5　), agitis, (　6　)
第3変化動詞B　capiō, (　7　), capit
　　　　　　　　capimus, capitis, (　8　)
第4変化動詞　　audiō, (　9　), audit
　　　　　　　　audīmus, audītis, (　10　)

解答

1. vidēs　2. videt　3. vidētis　4. agit　5. agimus
6. agunt　7. capis　8. capiunt　9. audīs　10. audiunt

確認問題 和訳し、辞書の見出しの形を答えなさい。

1. Manet.
2. Errās.
3. Discimus.
4. Faciunt.
5. Venītis.

解答

1. 彼はとどまる。
2. あなたは誤る。
3. 私たちは学ぶ。
4. 彼らは作る。
5. あなたたちは来る。

● 不規則動詞 dō 与える
　※不定法は dare

	単数	複数
1人称	dō	damus
2人称	dās	datis
3人称	dat	dant

確認問題　空所に適語を入れて説明文を完成しなさい。

　dō（与える）の活用は amō（愛する）に似ていますが、いくつかの点で異なります。まず、不定法の語尾は dō の場合 -are ですが、amō は（　1　）です。次に1人称複数は dō が damus となるのに対し、amō は（　2　）、また、2人称複数は dō が datis で amō は（　3　）です。いずれも母音の長短が異なる点に注意します。

解　答
1. -āre　　2. amāmus　　3. amātis

確認問題　指示された形を答えなさい（いずれも直説法・能動態・現在）。
1. sciō（知る）の1人称複数
2. lateō（隠れる）の2人称単数
3. faciō（行う）の1人称複数
4. cupiō（欲する）の3人称単数
5. maneō（とどまる）の3人称単数
6. taceō（沈黙する）の2人称複数
7. dīcō（言う）の3人称複数
8. discō（学ぶ）の1人称複数
9. vīvō（生きる）の2人称単数
10. fugiō（逃げる）の2人称複数

解 答

1. scīmus　2. latēs　3. facimus　4. cupit　5. manet
6. tacētis　7. dīcunt　8. discimus　9. vīvis　10. fugitis

確認問題　日本語をラテン語に直しなさい。

1. 私は聞くが、黙っている（taceō, -ēre）。
2. 彼らは教える（doceō, -ēre）時、学んでいる（discō, -ere）。
3. 時（hōra, -ae f.）は逃げる（fugiō, -ere）。
4. 我々は学校（schola, -ae f.）のためでなく、人生（vīta, -ae f.）のために学ぶ。
5. 貪欲な者（Avārus, -a, -um）は常に（semper）欠乏する（egeō, -ēre）。

注
1. 逆接の接続詞として sed を用いる。
2. 「〜する時」を意味する接続詞として dum を用いる。
3. 主語は単数にする。
4. schola と vīta はともに単数・与格にする。「A でなく B」は Nōn A sed B で表す。
5. 主語は形容詞の男性・単数・主格にする（形容詞の名詞的用法）。

解 答

1. Audiō sed taceō.
2. Dum docent discunt. / Discunt dum docent.
3. Hōra fugit. / Fugit hōra.
4. Nōn scholae sed vītae discimus.
5. Semper avārus eget. / Avārus semper eget.

練習問題 12

括弧内の語彙を適切な形に直しなさい。

1. Īra odium (generō).
   怒りは憎しみを生む。
2. Ōtia (dō) vitia.
   暇は悪徳を与える。
3. Fāma (volō). Verg.Aen.8.554
   噂は飛ぶ。
4. Hominēs dum docent, (discō). Sen.Ep.7.8
   人間は教える時、学んでいる。
5. Causa (lateō). Verg.Aen.5.5
   原因は隠れている。
6. (Amō) bonus ōtia Daphnis. Verg.Ecl.5.61
   立派なダプニスは閑暇を愛する。
7. Exempla docent, nōn (jubeō).
   模範は教える。（模範は）命令しない。
8. Verba volant, scripta (maneō).
   言葉は飛び、文字は残る。
9. Cum tacent, (clāmō). Cic.Cat.1.21
   彼らは沈黙する時、叫んでいる。
10. In marī aquam (quaerō).
    あなたは海に真水を求めている。

注

1. 主語は Īra（女性・単数・主格）。
2. 主語は Ōtia（中性・複数・主格）。
3. 主語 Fāma は 3 人称単数。volō の不定法は volāre で第 1 変化動詞とわかる。
4. Hominēs は第 3 変化名詞 homō（人間）の複数・主格。
5. Causa は 3 人称単数。lateō の不定法は latēre で第 2 変化動詞とわかる。
6. 主語は Daphnis で bonus がこれを修飾（属性的用法）。ōtia（複数・対格）は動詞の目的語。

7. 主語は Exempla（中性・複数・主格）。jubeō の不定法は jubēre で第2変化動詞とわかる。
8. 前半の主語は Verba、後半の主語は scripta。ともに中性・複数・主格。
9. Cum は「〜する時」を意味する接続詞。括弧内の主語は tacent の主語と同じ。
10. marī は第3変化名詞 mare の単数・奪格。

練習問題 13

解答 p. 304

和訳しなさい。
1. Aquila nōn capit muscās.
2. Assidua stilla saxum excavat.
3. Ignōrantia nocet.
4. Certa mittimus dum incerta petimus. Pl.Ps.685
5. Studium generat studium, ignāvia ignāviam.
6. Dīvitiae pariunt cūrās.
7. Nūdum latrō transmittit. Sen.Ep.14.9
8. Nec habeō, nec careō, nec cūrō.
9. Cūr nōn mittō meōs tibi, Pontiliāne, libellōs? Mart.7.3.1
10. Īlicet infandum cunctī contrā ōmina bellum
    contrā fāta deum perversō nūmine poscunt. Verg.Aen.7.583-584

注

1. capit は capiō, -ere（捕まえる）の直説法・能動態・現在、3人称単数。
2. Assidua は assiduus, -a, -um（絶え間ない）の女性・単数・主格で stilla を修飾（属性的用法）。
3. nocet は noceō, -ēre（害を与える）の3人称単数。
4. certa と incerta は各々 certus, -a, -um（確かな）と incertus, -a, -um（不確かな）の中性・複数・対格（名詞的用法）。
5. 後半の文に動詞 generat を補う。主語は ignāvia で ignāviam は目的語。
6. pariunt は pariō, -rere（生む）の直説法・能動態・現在、3人称複数。
7. Nūdum は「裸の」を意味する形容詞 nūdus, -a, -um の男性・単数・対格。この文では名詞として用いられ、「裸の者」を意味する。latrō は第

3変化名詞単数・主格で、文の主語。
8. Nec A nec B nec C の構文は、A～C の3つの動詞を否定する。
9. meōs は所有形容詞 meus, -a, -um の男性・複数・対格。libellōs にかかる。tibi は人称代名詞 tū（あなた）の与格。
10. Īlicet（ただちに）は副詞。infandum は bellum にかかる第1・第2変化形容詞 infandus, -a, -um の中性・単数・対格。cunctī は cunctus, -a, -um の男性・複数・主格。「すべての者たちは」を意味する（名詞的用法）。contrā（～に逆らい）は対格を取る前置詞。ōmina は ōmen の複数・対格。bellum は動詞 poscunt の目的語。deum は deus の複数・属格（deōrum の別形）で fāta（複数・対格）にかかる。perversō は pervertō（歪める）の完了分詞、中性・単数・奪格。nūmine は nūmen（神意）の単数・奪格。perversō nūmine は「絶対的奪格」と呼ばれる表現で、「神意が歪められて」（神意を歪めた形で）と訳す。

2　不規則動詞 sum の直説法・能動態・現在

● sum の現在変化
※不定法は esse

	単数	複数
1人称	sum	sumus
2人称	es	estis
3人称	est	sunt

確認問題　日本語をラテン語に直しなさい。
1. 私は生徒（discipulus, -ī m.）です。
2. あなたは先生（magister, -trī m.）です。
3. ローマはイタリアにある。
4. イタリアとギリシャ（Graecia, -ae f.）はヨーロッパ（Eurōpa, -ae f.）にある。
5. 見ること（vidēre）は信じること（crēdere）である。

注
1. sum だけで「私は〜です」を意味する。
2. es だけで「あなたは〜です」を意味する。
3. A in B est. の構文で、「A は B にある」を意味する。ただし A は主格、B は奪格。
4. A et B で「A と B は」を意味する。問3の構文において主語が複数の時、動詞は sunt になる。
5. 「A は B である」は A est B. とする。

解 答
1. Discipulus sum. / Sum discipulus.
2. Magister es. / Es magister.
3. Rōma in Italiā est. / In Italiā Rōma est.

4. Italia et Graecia in Eurōpā sunt.
5. Vidēre est crēdere.

練習問題 14
解答 p.305

空所に sum の適切な形を入れなさい。
1. Vīvere (　　　　) cōgitāre. Cic.Tusc.5.111
  生きることは考えることである。
2. Rōmānī (　　　　)? / Rōmānī (　　　　).
  あなたがたはローマ人ですか。／私たちはローマ人です。
3. Librī mūtī magistrī (　　　　).
  書物は無口な教師である。
4. Rusticus (　　　　), Corydōn. Verg.Ecl.2.56
  コリュドーン、おまえは田舎者だ。
5. Mors nec bonum nec malum (　　　　). Sen.Marc.19.5
  死は善でも悪でもない。

注
1. Vīvere は vīvō の不定法・能動態・現在。cōgitāre は cōgitō の同形。
2. 1つ目の空所には sum の2人称・複数、2つ目の空所には sum の1人称・複数が入る。
3. Librī は liber の複数・主格。mūtī は mūtus, -a, -um の男性・複数・主格。magistrī は magister の複数・主格で文の補語。空所には sum の3人称複数が入る。
4. 空所には sum の2人称単数が入る。主語 tū は省略。Corydōn は単数・呼格。
5. nec A nec B で「AでもBでもない」を意味する。主語 Mors は第3変化名詞、単数・主格。bonum と malum はともに名詞として使われている（文の補語）。

練習問題 15
解答 p.305

和訳しなさい。
1. Homō sum. Ter.Heaut.77

2. Italia est in Eurōpā. Graecia quoque in Eurōpā est.
3. Ignāvīs semper fēriae sunt.
4. Ubi sunt?
5. Scientia est potentia.
6. Vērī amīcī rārī sunt.
7. Historia est vītae magistra.
8. Īra initium insāniae est. Cic.Tusc.4.23
9. Pulvis et umbra sumus. Hor.Carm.4.7.16
10. Hūmānum amāre est, hūmānum autem ignoscere est. Pl.Merc.319

注

1. Homō は第3変化名詞、単数・主格。文の補語になる。主語は sum の形から「私は」を補う。
2. quoque は「～もまた」を意味する接続詞。
3. Ignāvīs は ignāvus, -a, -um の男性・複数・与格（名詞的用法）。この与格は「判断者の与格」。「～にとって」と訳す。
4. 主語は sunt の形から「彼らは」を補う。この表現が使われる時、「彼ら」とは「死者」を意味する。
5. Scientia と potentia はともに単数・主格。前者を主語とし、後者を補語とする。
6. Vērī と rārī はともに主語 amīcī と性・数・格が一致（男性・複数・主格）。Vērī は amīcī にかかり（属性的用法）、rārī は文の補語となる。
7. vītae（単数・属格）は magistra にかかる。
8. insāniae は initium にかかる。
9. Pulvis は第3変化名詞、単数・主格。Pulvis と umbra は文の補語。sumus の形から「私たちは」を主語として補う。
10. Hūmānum は hūmānus, -a, -um の中性・単数・主格。amāre は amō の不定法・能動態・現在で、この文の主語。中性の単数名詞として扱われ、「愛することは」と訳す。ignoscere は ignoscō の不定法・能動態・現在で、後半の文の主語。autem は「一方」を意味し、前半と後半の文が対比されていることを示す。

3　命令法・能動態

確認問題　空所に適語を入れて説明文を完成しなさい。

　命令法・能動態・現在（2人称単数）は、動詞の不定法（・能動態・現在）の語尾から -re を取った形です。amō の不定法は amāre なので、この語尾から -re を取ると、（　1　）になります。同様に、第2変化動詞 rīdeō（笑う）の命令法（・能動態・現在）は（　2　）、第3変化動詞 discō（学ぶ）の命令法は（　3　）、第3変化動詞 B の capiō（つかむ）は（　4　）、第4変化動詞 audiō の命令法は（　5　）になります。

　ただし、dīcō, -ere（言う）の命令法は dīce でなく dīc となります。同様に dūcō, -ere（導く）の命令法は（　6　）、faciō, -ere（作る）のそれは（　7　）となります。

解　答

1. amā　　2. rīdē　　3. disce　　4. cape
5. audī　　6. dūc　　7. fac

確認問題　各々について、命令法・能動態・現在、2人称単数の形に直しなさい。

1. colligō（集める）
2. sentiō（感じる）
3. dīvidō（分ける）
4. imperō（命じる）
5. dō（与える）

解　答

1. collige　　2. sentī　　3. dīvide　　4. imperā　　5. dā
※5. dō（与える）は不規則動詞。不定法は dare であるが、命令法は da でなく dā。

命令法・能動態の種類

命令法・能動態には現在と未来の時称があります。現在の場合、2人称単数と複数があります。未来には2人称に加え、3人称の単数と複数があります。

		2人称単数	2人称複数	3人称単数	3人称複数
amō	現在	amā	amā-te	—	—
	未来	amā-tō	amā-tōte	amā-tō	ama-ntō
videō	現在	vidē	vidē-te	—	—
	未来	vidē-tō	vidē-tōte	vidē-tō	vide-ntō
agō	現在	age	agi-te	—	—
	未来	agi-tō	agi-tōte	agi-tō	agu-ntō
capiō	現在	cape	capi-te	—	—
	未来	capi-tō	capi-tōte	capi-tō	capiu-ntō
audiō	現在	audī	audī-te	—	—
	未来	audī-tō	audī-tōte	audī-tō	audiu-ntō

確認問題 各々について、命令法・能動態の指示された形に直しなさい。

1．valeō（元気である）の現在、2人称単数
2．revocō（呼び戻す）の現在、2人称複数
3．colligō（集める）の現在、2人称複数
4．labōrō（働く）の未来、2人称単数
5．cupiō（欲する）の未来、3人称複数

解　答

1．valē　　2．revocāte　　3．colligite　　4．labōrātō　　5．cupiuntō

禁止の命令文

確認問題 空所に適語を入れて説明文を完成しなさい。

「～するな」という禁止を表す場合、nōlō（望まない）の命令法を使うことができます。2人称単数の禁止は（　　1　　）＋不定法、2人称複数

は（　2　）＋不定法の構文を用います。

　例えば、（　3　）mē tangere. は、「あなたは私に触れるな」という意味になりますが、（　4　）mē tangere. は「あなたたちは私に触れるな」という意味になります（tangere は tangō の不定法・能動態・現在）。

　法律文には、nē＋命令法・能動態・未来で禁止を表す表現が見られます。次の例文の空所には audeō, -ēre（大胆にも〈不定法〉を行う）の命令法・能動態・未来、3人称単数が入ります。

　Impius nē（　5　）plācāre dōnīs īram deōrum. Cic.Leg.2.22
　不敬な者が、大胆にも神々の怒りを捧げ物で宥めようとしてはならない。

解　答
1．nōlī（nōlō の命令法・能動態・現在、2人称単数）
2．nōlīte（nōlō の命令法・能動態・現在、2人称複数）
3．Nōlī
4．Nōlīte
5．audētō

練習問題 16　　　　　　　　　　　　　　　　　　　解答 p.305
　括弧内の語を命令法・能動態・現在の適切な形に直しなさい。
1．（Ōrō) et labōrā.　（あなたは）祈れ、働け。
2．（Audiō) alteram partem.　（あなたは）もう一方の側（の声）も聞け。
3．（Rīdeō) sī sapis. Mart.2.41.1　（あなたは）分別があれば、笑え。
4．Dīvide et (imperō).　（あなたは）分割して統治せよ。
5．Expertō (crēdō). Verg.Aen.11.283　（あなたたちは）経験者を信じよ。
6．Dum fāta sinunt (vīvō) laetī.
　　運命が許す間、（あなたたちは）喜々として生きよ。
7．（Nōlō) huīc tranquillitātī confīdere. Sen.Ep.4.7
　　（あなたは）この静寂を信用してはいけない。
8．（Nōlō) jūdicāre.　（あなたたちは）裁くな。Ev.Luc.6.37
9．（Colligō), virgō, rosās. Aus.Idy.14.49　乙女よ、バラを集めよ。
10．（Discō) aut (discēdō).　（あなたは）学べ、さもなくば去れ。

注
1. Ōrō の不定法・能動態・現在は ōrāre。
2. Audiō の不定法・能動態・現在は audīre。
3. Rīdeō の不定法・能動態・現在は Rīdēre。
4. Dīvide は dīvidō, -ere の命令法・能動態・現在、2人称単数。imperō の不定法・能動態・現在は imperāre。
5. Expertō は expertus, -a, -um（経験のある）の男性・単数・与格。この文では「経験者」を意味する名詞として使われている。crēdō は「〈与格〉を信じる」を意味する第3変化動詞（不定法は crēdere）。
6. laetī は laetus, -a, -um の男性・複数・主格。副詞的に訳す。
7. huīc は指示代名詞 hic の女性・単数・与格。tranquillitātī は第3変化名詞 tranquillitās の単数・与格。confīdere（不定法・能動態・現在）は「〈与格〉を信用すること」。
8. 括弧内の語は2人称複数に直す。
9. virgō は第3変化名詞 virgō の単数・呼格。
10. この文の aut は命令文に続けて用いられ、「そうでなければ」を意味する。

練習問題 17
解答 p.305

和訳しなさい。
1. Animum rege. Hor.Ep.1.2.62
2. Mūsa, mihī causās memorā. Verg.Aen.1.8
3. Probātōs librōs semper lege. Sen.Ep.2.4
4. Fuge magna. Hor.Ep.1.10.32
5. Aequam mementō rēbus in arduīs servāre mentem. Hor.Carm.2.3.1-2
6. Dā dextram miserō. Verg.Aen.6.370
7. Hoc ante omnia fac, mī Lūcīlī: disce gaudēre. Sen.Ep.23.3
8. Revocāte animōs, maestumque timōrem mittite. Verg.Aen.1.202-203
9. Dum aurōra fulget, adulescentēs, flōrēs colligite.
10. Īte, ferte citī flammās, date tēla, impellite rēmōs! Verg.Aen.4.593-594

注

1. rege は regō の命令法・能動態・現在、2人称単数。
2. Mūsa は単数・呼格。mihī は人称代名詞 ego の与格（私に）。mihī の語尾が長母音となるのは韻律の都合による。
3. Probātōs は probātus, -a, -um の男性・複数・対格。librōs にかかる（属性的用法）。
4. magna は magnus の中性・複数・対格（名詞的用法）。
5. Aequam は aequus, -a, -um の女性・単数・対格で mentem を修飾（属性的用法）。mementō は不完全動詞 meminī の命令法・能動態・未来、2人称単数（形は未来だが意味は現在）。rēbus は第5変化名詞 rēs の複数・奪格。arduīs は arduus, -a, -um（困難な）の女性・複数・奪格で rēbus にかかる。「困難な状況で」と訳す。mentem は第3変化名詞 mens の単数・対格。servāre の目的語。
6. Dā は dō の命令法・能動態・現在、2人称単数。miserō は miser, -era, -erum の男性・単数・与格（名詞的用法）。「惨めな者に」と訳す。
7. Hoc は指示代名詞 hic の中性・単数・対格。ante omnia は「すべての前に」。fac は faciō の命令法・能動態・現在、2人称単数。mī は meus（私の）の男性・単数・呼格。Lūcīlī は Lūcīlius の単数・呼格（-ius で終わる第2変化名詞の単数・呼格は -ie でなく -ī となる）。disce は discō の命令法・能動態・現在、2人称単数。gaudeō の不定法・能動態・現在 gaudēre を目的語に取る。
8. Revocāte は revocō の命令法・能動態・現在、2人称複数。maestumque の que は「そして」を意味する。timōrem は第3変化名詞 timor の単数・対格。mittite は mittō の命令法・能動態・現在、2人称複数。
9. adulescentēs は第3変化名詞 adulescens の複数・呼格。「若者たちよ」と訳す。flōrēs は第3変化名詞 flōs（花）の複数・対格。
10. Īte は eō（行く）、ferte は ferō（持ってくる）、date は dō（与える）、impellite は impellō（動かす）のそれぞれ命令法・能動態・現在、2人称複数。citī は citus, -a, -um（急な）の男性・複数・主格（副詞的用法）。「急いで」と訳す。

第4章 名詞と形容詞2

1 第3変化名詞

● 第3変化名詞(子音幹名詞) homō 人間

	単数	複数
主格(呼格)	homō	homin-**ēs**
属格	homin-**is**	homin-**um**
与格	homin-**ī**	homin-**ibus**
対格	homin-**em**	homin-**ēs**
奪格	homin-**e**	homin-**ibus**

確認問題 次の名詞を格変化させなさい。

1. rex, rēgis m. 王
2. pēs, pedis m. 足
3. victor, -ōris m. 勝者
4. flōs, -ōris m. 花
5. dolor, -ōris m. 悲しみ

解 答

1. rex, rēgis, rēgī, rēgem, rēge
   rēgēs, rēgum, rēgibus, rēgēs, rēgibus
2. pēs, pedis, pedī, pedem, pede
   pedēs, pedum, pedibus, pedēs, pedibus
3. victor, victōris, victōrī, victōrem, victōre
   victōrēs, victōrum, victōribus, victōrēs, victōribus
4. flōs, flōris, flōrī, flōrem, flōre
   flōrēs, flōrum, flōribus, flōrēs, flōribus

5. dolor, dolōris, dolōrī, dolōrem, dolōre
dolōrēs, dolōrum, dolōribus, dolōrēs, dolōribus

● 第3変化中性名詞（子音幹名詞）genus 種類

	単数	複数
主格（呼格）	genus	gener-**a**
属格	gener-**is**	gener-**um**
与格	gener-**ī**	gener-**ibus**
対格	genus	gener-**a**
奪格	gener-**e**	gener-**ibus**

確認問題　次の名詞を格変化させなさい。
1. caput, capitis n. 頭
2. corpus, -oris n. 体
3. nōmen, nōminis n. 名前

解答
1. caput, capitis, capitī, caput, capite
capita, capitum, capitibus, capita, capitibus
2. corpus, corporis, corporī, corpus, corpore
corpora, corporum, corporibus, corpora, corporibus
3. nōmen, nōminis, nōminī, nōmen, nōmine
nōmina, nōminum, nōminibus, nōmina, nōminibus

● 第3変化名詞（i 幹名詞）ignis 火

	単数	複数
主格（呼格）	ignis	ign-ēs
属格	ign-is	ign-ium
与格	ign-ī	ign-ibus
対格	ign-em	ign-ēs(-īs)
奪格	ign-e(-ī)	ign-ibus

確認問題　次の名詞を格変化させなさい。
1．cīvis, -is m.f. 市民
2．vallēs, -is f. 谷
3．fīnis, -is m. 終わり

解　答
1．cīvis, cīvis, cīvī, cīvem, cīve(-ī)
　　cīvēs, cīvium, cīvibus, cīvēs, cīvibus
2．vallēs, vallis, vallī, vallem, valle(-ī)
　　vallēs, vallium, vallibus, vallēs, vallibus
3．fīnis, fīnis, fīnī, fīnem, fīne(-ī)
　　fīnēs, fīnium, fīnibus, fīnēs, fīnibus

● 第3変化中性名詞（i 幹名詞）animal 生き物

	単数	複数
主格（呼格）	animal	animāl-ia
属格	animāl-is	animāl-ium
与格	animāl-ī	animāl-ibus
対格	animal	animāl-ia
奪格	animāl-ī	animāl-ibus

確認問題　次の名詞を格変化させなさい。

1. capital, -ālis n. 死罪
2. vectīgal, -ālis n. 税
3. mare, -is n. 海

解　答

1. capital, capitālis, capitālī, capital, capitālī
   capitālia, capitālium, capitālibus, capitālia, capitālibus
2. vectīgal, vectīgālis, vectīgālī, vectīgal, vectīgālī
   vectīgālia, vectīgālium, vectīgālibus, vectīgālia, vectīgālibus
3. mare, maris, marī, mare, marī（mare）
   maria, marium, maribus, maria, maribus

確認問題　括弧内の語を適切な形に直しなさい。

1. Fraus est cēlāre (fraus).
   欺瞞とは欺瞞（単数）を隠すことである。
2. Lacrimae (pondus) vōcis habent. Ov.Her.3.4
   涙は声の重さ（複数）を持つ。
3. Māter (ars) necessitās.
   必要は技術（複数）の母。
4. In (mare) aquam quaeris.
   あなたは海に真水を求めている。
5. Contemnite (paupertās). Sen.Prov.6.6
   貧困（単数）を軽視せよ。
6. Trājicit et fātī (lītus) magnus amor. Prop.1.19.12
   大いなる愛は運命の岸（複数）さえ乗り越える。
7. Carmina nōn dant (pānis).
   歌はパン（単数）を与えない。
8. Honōs alit (ars). Cic.Tusc.1.4
   名誉は芸術（複数）を養う。
9. Pietās fundāmentum est omnium (virtūs). Cic.Plan.12.29
   敬虔はすべての美徳の基礎である。

10. Nīl (homō) certum est. Ov.Tr.5.5.27
    人間（単数）にとって確かなものは何もない。

注

1. fraus の単数・属格は fraudis。
2. pondus は中性名詞。単数・属格は ponderis。
3. ars の単数・属格は artis。
4. mare の単数・属格は maris。
5. paupertās の単数・属格は paupertātis。
6. et は「〜さえ」を意味する。lītus（中性名詞）の単数・属格は lītoris。
7. Carmina は carmen, -minis n.（歌）の複数・主格。pānis の単数・属格は pānis。
8. alit は alō, -ere（養う）の直説法・能動態・現在、3人称単数。
9. omnium は第3変化形容詞 omnis（すべての）の女性・複数・属格。virtūs の単数・属格は virtūtis。
10. Nīl（単数・主格）は英語の nothing に相当。homō の単数・属格は hominis。

解答

1. fraudem（単数・対格）   2. pondera（複数・対格）
3. artium（複数・属格）   4. marī (mare)（単数・奪格）
5. paupertātem（単数・対格）   6. lītora（複数・対格）
7. pānem（単数・対格）   8. artēs（複数・対格）
9. virtūtum（複数・属格）   10. hominī（単数・与格）

練習問題 18
解答 p.306

括弧内の語を適切な形に直しなさい。

1. Diēs (dolor) minuit.
   月日は苦悩を和らげる。
2. (Labor) pariunt honōrēs.
   労苦は誉れを生む。
3. Necessitās nōn habet (lex).

必要は法を持たない。
4. Ūna hirundō nōn facit (vēr).
   1羽のツバメが春を作るのではない。
5. Juppiter ex altō perjūria rīdet (amans). Ov.A.A.1.633
   ユッピテルは天の高みから恋人たちの偽りの誓いを笑っている。
6. Ut vēr dat flōrem, studium sīc reddit (honor).
   春が花を与えるように、学問は名誉（単数）を生む。
7. Beneficium accipere (lībertās) est vendere. Syr.61
   恩恵を受けることは自由（単数）を売り渡すことである。
8. Mens agitat (mōlēs). Verg.Aen.6.727
   精神は大塊（単数）を動かす。
9. Sapientia perfectum bonum est (mens) hūmānae. Sen.Ep.89.4
   知は人間の心の完全な善である。
10. Bēlua multōrum es (caput). Hor.Ep.1.1.76
    あなたは多くの頭を持つ怪物である。

注

1. Diēs は第5変化名詞 diēs の単数・主格。dolor の単数・属格は dolōris。
2. 括弧内の語は動詞の形から判断し、複数・主格に直す。
3. 括弧内の語は habet の目的語。単数・対格にする。
4. hirundō は第3変化女性名詞。vēr は中性名詞（主格と対格は同じ）。
5. amans の単数・属格は amantis。この文において amans は子音幹名詞として扱われている（作家によって i 幹名詞として扱われる場合もある）。
6. Ut A B で、「A が B するように」。flōrem は flōs の単数・対格。honor の単数・属格は honōris。
7. 括弧内は vendere の目的語。単数・対格にする。
8. 括弧内は agitat の目的語。単数・対格にする。mōlēs の単数・属格は mōlis。
9. 括弧内の語は bonum にかかる単数・属格。これを hūmānae（女性・単数・属格）が修飾。
10. 子音幹名詞 caput の単数・属格は capitis。

練習問題 19

選択肢から適語を選び空所を埋めなさい。

1. Aequat omnēs (　　　　). Sen.Ep.91.16
   灰はすべての人間を等しくする。
2. Latet (　　　　) in herbā. Verg.Ecl.3.93
   蛇が草むらに隠れている。
3. Frūgālitās autem (　　　　) voluntāria est. Sen.Ep.17.5
   ところで、倹約とは自発的な貧乏である。
4. (　　　　) mollis frangit īram.
   穏やかな言葉は怒りを打ち砕く。
5. (　　　　) praecepta nōn audit. Sen.Ep.21.11
   胃は忠告を聞かない。
6. (　　　　) virtūtis occāsiō est. Sen.Prov.4.6
   災難は勇気の機会である。
7. Multa docet (　　　　).
   飢えは多くのことを教える。
8. (　　　　) dēlectat.
   簡潔さは喜ばせる。
9. (　　　　) habet onus.
   名誉は重荷を持つ。
10. (　　　　) animī sermō est.
    言葉は心の似姿である。

選択肢

| anguis | brevitās | calamitās | cinis | famēs |
| honōs | imāgō | paupertās | sermō | venter |

注

1. Omnēs は第3変化形容詞 omnis の男性・複数・対格。この文では名詞として用いられている。
2. Latet は lateō の直説法・能動態・現在、3人称単数。
3. voluntāria は voluntārius, -a, -um の女性・単数・主格で、括弧内の語

を修飾する（属性的用法）。
4．第3変化形容詞 mollis（男性・単数・主格）は括弧内の語を修飾。
5．praecepta は praeceptum の複数・対格。audit の目的語。
6．virtūtis は virtūs の単数・属格。occāsiō にかかる。
7．Multa は multus, -a, -um の中性・複数・対格。docet の目的語。
8．dēlectat は dēlectō の直説法・能動態・現在、3人称単数。
9．onus は第3変化中性名詞で habet の目的語（中性は主格と対格が同じ）。
10．sermō が主語、括弧内の語は補語（単数・主格）。animī（単数・属格）は括弧内の語にかかる。

練習問題 20
解答 p.306

和訳しなさい。
1．Fīnis corōnat opus.
2．Sēditiō cīvium hostium est occāsiō. Syr.680
3．Māter omnium bonārum artium sapientia est.
4．Hominēs dum docent discunt. Sen.Ep.7.8
5．Amantium īrae amōris integrātiō est. Ter.And.555
6．Ut pānis ventrem, sīc pascit lectiō mentem.
7．Ars est cēlāre artem.
8．Consuētūdinis magna vīs est. Cic.Tusc.2.40
9．Dīvidimus mūrōs et moenia pandimus urbis. Verg.Aen.2.234
10．Sōla virtūs praestat gaudium perpetuum, secūrum. Sen.Ep.27.3

注
1．opus は第3変化中性名詞、単数・対格（中性名詞は主格と対格が同じ）。
2．cīvium は i 幹名詞 cīvis の複数・属格。Sēditiō にかかる。hostium は i 幹名詞 hostis の複数・属格。occāsiō にかかる。
3．omnium は第3変化形容詞 omnis の女性・複数・属格。artium は ars の複数・属格で Māter にかかる。Māter を主語と取ると sapientia は補語。sapientia を主語と取ると Māter は補語。どちらで訳してもよい。
4．Hominēs は homō の複数・主格。
5．Amantium は Amans の複数・属格。この文で Amans は i 幹名詞とし

て扱われている。
6. Ut A, sīc B →「A のように、(そのように) B」。ventrem の次に pascit を補う。
7. Ars を主語とみなすと補語は cēlāre（不定法）。cēlāre を主語、Ars を補語とみなして訳してもよい。
8. Consuētūdinis は主語 vīs にかかる。magna は magnus, -a, -um の女性・単数・主格で文の補語。
9. moenia, -ium n.pl. は複数でのみ用いられる名詞。中性なので主格と対格は同じ形。
10. Sōla は代名詞的形容詞 sōlus, -a, -um の女性・単数・主格。Sōla virtūs は「ただ一つの美徳が」とせず、「美徳ただ一つが」と訳す（形容詞の副詞的用法）。perpetuum と sēcūrum はともに中性・単数・対格。gaudium を修飾。

2　第4変化名詞

● 第4変化名詞 fructus, -ūs m.　果実

	単数	複数
主格(呼格)	fruct-**us**	fruct-**ūs**
属格	fruct-**ūs**	fruct-**uum**
与格	fruct-**uī** (fruct-**ū**)	fruct-**ibus**
対格	fruct-**um**	fruct-**ūs**
奪格	fruct-**ū**	fruct-**ibus**

確認問題　次の名詞について指示された形を答えなさい。

1. cultus, -ūs m.（崇拝、世話）の単数・属格
2. exitus, -ūs m.（結果）の単数・対格
3. exercitus, -ūs m.（軍隊）の複数・属格
4. gradus, -ūs m.（歩み）の単数・奪格
5. saltus, -ūs m.（飛躍）の複数・主格
6. successus, -ūs m.（連続、成功）の複数・対格
7. senātus, -ūs m.（元老院）の複数・与格
8. ūsus, -ūs m.（経験、習慣）の複数・与格
9. fructus, -ūs m.（果物）の複数・奪格
10. passus, -ūs m.（歩み）の単数・対格

解　答

1. cultūs　　2. exitum　　3. exercituum　　4. gradū
5. saltūs　　6. successūs　　7. senātibus　　8. ūsibus
9. fructibus　　10. passum

● 第4変化名詞 cornū, -ūs n. 角

	単数	複数
主格(呼格)	corn-**ū**	corn-**ua**
属格	corn-**ūs**	corn-**uum**
与格	corn-**ū**	corn-**ibus**
対格	corn-**ū**	corn-**ua**
奪格	corn-**ū**	corn-**ibus**

(確認問題) genū, -ūs n.（膝）を格変化させなさい。

[解 答]
単数　genū, genūs, genū, genū, genū
複数　genua, genuum, genibus, genua, genibus

(確認問題) 括弧内の語を適切な形に直しなさい。

1．Nātūra nōn facit（saltus）.
　自然は飛躍（単数）を作らない（飛躍しない）。
2．Ex（fructus）arbor agnoscitur.
　樹木は果実（単数）から識別される。
3．Vāde certō（gradus）. Sen.Ep.37.4
　確かな足取りで進め。
4．Manus（manus）lavat.
　手は手（単数）を洗う（相互扶助）。
5．Solve（metus）. Verg.Aen.1.463
　恐れ（複数）を解け。

注
1．括弧内は単数・対格が入る。
2．Ex の次には奪格が来る。agnoscitur は agnoscō（識別する）の直説法・受動態・現在、3人称単数。
3．Vāde は vādō の命令法・能動態・現在、2人称単数。括弧内は単数・

65

奪格が入る。certō (certus, -a, -um の男性・単数・奪格) がこれを修飾。
4．括弧内は単数・対格が入る。
5．括弧内は複数・対格が入る。

解 答
1．saltum　　2．fructū　3．gradū　　4．manum　　5．metūs

練習問題 21
解答 p.306

括弧内の語を適切な形に直しなさい。

1. Multōs fortūna līberat poenā, (metus) nēminem. Sen.Ep.97.16
   運命は多くの者を罰から解放するが、恐怖（単数）からは誰も解放しない。
2. Subitō timor omnem (exercitus) occupāvit. Caes.B.G.1.39
   突然恐怖が軍全体をとらえた。
3. Magnum numerum (equitātus) suō (sumptus) semper alit. Caes.B.G.1.18
   彼は騎兵隊（単数）の大きな数を（多くの騎兵隊を）自分の支払いで（私費で）いつも養っている。
4. Sapiens nōn in animum dīvitiās sed in (domus) recipit.
   賢者は富を心の中にではなく、家（単数）の中に受け入れる。
5. Daphnī, quid antīquōs signōrum suspicis (ortus)? Verg.Ecl.9.46
   ダプニスよ、なぜおまえは古い星座の昇り（複数）（昇るところ）を見上げているのだ。
6. Nōn ūnō (ictus) arbor cadit.
   1つの打撃で木は倒れない。
7. Ignōrantī quem (portus) petat, nullus suus ventus est. Sen.Ep.71.3
   どの港を目指すかわからない者に順風は吹かない。
8. Facit indignātiō (versus). Juv.1.79
   怒りが詩（単数）を作る。
9. Jam ego ūnō (saltus) lepidē aprōs capiam dūos. Pl.Cas.476
   今こそ私は、1つの森で2頭のイノシシを見事に捕まえてみせよう。
10. (Cornū) bōs capitur, vōce ligātur homō.

牛は角（単数）によってとらえられ、人間は言葉によって縛られる。

注
1. poenā と括弧内の語はともに「起源の奪格」。「〜から」と訳す。nēminem は nēmō（誰も〜ない）の対格。
2. 括弧内の語は omnem（omnis の男性・単数・対格）と性・数・格が一致。occupāvit は occupō（とらえる）の直説法・能動態・完了、3人称単数。
3. 1つ目の括弧内は単数・属格が入る。2つ目の括弧内には suō（suus, -a, -um の男性・単数・奪格）と性・数・格の一致した語が入る。
4. 括弧内には直前の animum（単数・対格）同様単数・対格が入る。いずれも in の次に対格が来る例で「〜の中に」と訳す。
5. 括弧内には複数・対格が入る。
6. 括弧内には単数・奪格が入る。
7. Ignōrantī は ignōrō（わからない）の現在分詞、男性・単数・与格。quem は疑問形容詞 quī の男性・単数・対格。括弧内の語にかかる（両者の性・数・格は一致）。petat（petō の接続法・能動態・現在、3人称単数）は間接疑問文中の動詞ゆえ接続法になる。
8. 括弧内には単数・対格が入る。
9. 括弧内には単数・奪格が入る。capiam は capiō の接続法・能動態・現在、1人称単数。意志を表す。
10. 括弧内には単数・奪格が入る。capitur は capiō の直説法・受動態・現在、3人称単数。ligātur も ligō の同形。

練習問題 22

解答 p.307

和訳しなさい。
1. Exitus acta probat. Ov.Her.2.85
2. Nōn fert ullum ictum illaesa fēlīcitās. Sen.Prov.2.6
3. Imāgō est animī vultus. Cic.Or.60
4. Juvenīle vitium est regere nōn posse impetum. Sen.Tr.250
5. Lāmentīs gemitūque et fēmineō ululātū tecta fremunt. Verg.Aen.4.667-668

6. Ōtiī fructus est nōn contentiō animī, sed relaxātiō. Cic.D.O.2.22
7. In virtūte sunt multī ascensūs.
8. Dat gemitum tellūs; tum crēbrōs ensibus ictūs congeminant. Verg. Aen.12.713-714
9. Est in conspectū Tenedos, nōtissima fāmā insula. Verg.Aen.2.21-22
10. Nec vērō segetibus sōlum et prātīs et vīneīs et arbustīs rēs rusticae laetae sunt, sed hortīs etiam et pōmāriīs, tum pecudum pastū, apium exāminibus, flōrum omnium varietāte. Cic.Sen.54

注

1. S（Exitus）V（probat）O（acta）の構文。
2. fert は ferō（耐える）の直説法・能動態・現在、3人称単数。
3. Imāgō は主語と見ても補語と見てもよい。
4. Juvenīle は第3変化形容詞 juvenīlis,-e の中性・単数・主格。posse は possum の不定法・能動態・現在で中性・単数の名詞扱い。
5. Lāmentīs, gemitū（que）, ululātū はいずれも「随伴の奪格」（前置詞 cum を伴わない例）。主語は tecta。
6. nōn A sed B の構文。「A でなく B」と訳す。
7. ascensūs が主語、動詞は sunt（〜がある）。
8. ensibus は ensis の複数・奪格（手段の奪格）。
9. nōtissima は nōtus の最上級、女性・単数・主格（絶対的用法）。fāmā は「噂によって」（手段の奪格）。
10. Nec sōlum..., sed etiam... の構文は英語の Not only...but also... に相当する。rēs rusticae（田舎の生活）の rēs は多様な意味を持つ第5変化名詞 rēs の複数・主格。

3　第5変化名詞

● 第5変化名詞 rēs f.（もの、こと）

	単数	複数
主格（呼格）	r-ēs	r-ēs
属格	r-eī	r-ērum
与格	r-eī	r-ēbus
対格	r-em	r-ēs
奪格	r-ē	r-ēbus

確認問題　次の空所に適語を入れて説明文を完成しなさい。

　第5変化名詞の単数・属格は -eī と -ēī の2種類があります。rēs の単数・属格は（　1　）で、diēs（日）のそれは（　2　）です。前者は子音 r に続くので e は短く、後者は母音 i に続くため ē と長くなります。例えば、spēs（希望）の単数・属格は（　3　）となり、speciēs（外観）の単数・属格は、母音 i に続くので（　4　）になります。第5変化名詞は（　5　）以外はすべて女性名詞です。

解答

1. reī　2. diēī　3. speī　4. speciēī　5. diēs

※ diēs は詩の中で女性名詞扱いされる例がある。

確認問題　次の第5変化名詞を変化させなさい。

1. diēs（日）
2. fidēs（信頼）

解答

1. 単数　diēs, diēī, diēī, diem, diē
   複数　diēs, diērum, diēbus, diēs, diēbus
2. 単数　fidēs, fideī, fideī, fidem, fidē

複数　fidēs, fidērum, fidēbus, fidēs, fidēbus

[確認問題] 空所に適切な語を選びなさい。

1. Est（　　　　　）pūblica（　　　　　）populī. Cic.Rep.1.39
   国家は国民のものである。
2. Omnis habet sua dōna（　　　　　）. Mart.8.78.7
   どの一日もその日の贈り物を持っている。
3. Vulgāre amīcī nōmen, sed rāra est（　　　　　）. Phaed.3.9.1
   友という名はありふれているが、信義はまれである。
4. （　　　　　）et hūmānitātis et probitātis.
   教養と高潔の象徴。
5. （　　　　　）, vultus, sonus. Cic.D.O.1.127
   容貌と表情と声。

[選択肢]

diēs　　effigiēs　　faciēs　　fidēs　　rēs

注

1. pūblica は pūblicus, -a, -um の女性・単数・主格で直前の空所の語を修飾。2つ目の空所にも同じ語が入る。populī（単数・属格）がこれにかかる。
2. Omnis（男性・単数・主格）は空所の語を修飾（両者の性・数・格は一致）。
3. Vulgāre は第3変化形容詞 vulgāris, -e の中性・単数・主格。amīcī は「説明の属格」。
4. et A et B で「A と B の」を意味する。
5. 空所の名詞を含め、3つの名詞の単数・主格が並んでいる。

[解　答]

1. rēs / rēs　　2. diēs　　3. fidēs　　4. Effigiēs　　5. Faciēs

練習問題 23

括弧内の語を適切な形に直しなさい。

1. Fidēs facit（fidēs）.
   信頼が信頼（単数）を生む。
2. Fallācēs sunt（rēs）speciēs.
   事物（複数）の外観は偽りに満ちている。
3. （Spēs）successus alit.
   成功は希望（単数）を育てる。
4. Est modus in（rēs）. Hor.Sat.1.1.106
   物事（複数）には程がある。
5. Carpe（diēs）. Hor.Carm.1.11.8
   その日（単数）を摘め。
6. Dē（rēs）nātūrā.
   事物（複数）の本性について。（ルクレーティウスの作品名）
7. Rōma（diēs）ūnō nōn aedificāta est.
   ローマは一日にしてならず。
8. Sōl（glaciēs）dissolvit. Lucr.6.962-963
   太陽は氷（単数）を溶かす。
9. Sunt lacrimae（rēs）et mentem mortālia tangunt. Verg.Aen.1.462
   人の世の営み（複数）への涙がある。人間に関わることは心に触れる。
10. Posterō（diēs）castra ex eō locō movent. Caes.B.G.1.15
    翌日彼らはその場所から陣営を移動する。

注

1. 括弧内は単数・対格にする。
2. Fallācēs は第3変化形容詞 fallāx の女性・複数・主格。括弧内は複数・属格にする。
3. 括弧内は単数・対格にする。
4. 括弧内は複数・奪格にする。
5. 括弧内は単数・対格にする。
6. 括弧内は複数・属格にする。
7. 括弧内は単数・奪格にする。aedificāta est は aedificō（建設する）の

直説法・受動態・完了、3人称単数。
8. 括弧内は単数・対格にする。
9. 括弧内は複数・属格にする（目的語的属格）。mortālia（人間に関わること）は第3変化形容詞 mortālis, -e の中性・複数・主格（名詞的用法）。
10. 括弧内は単数・奪格にする（時の奪格）。eō は指示代名詞 is の男性・単数・奪格。

練習問題 24
解答 p.307

和訳しなさい。
1. Dum vīta est, spēs est.
2. Ēbrietās mōrēs aufert tibi, rēs et honōrēs.
3. Concordiā rēs parvae crescunt. Sall.Jug.10
4. Vēr nōn ūna diēs, nōn ūna redūcit hirundō.
5. Omnium rērum principia parva sunt. Cic.Fin.5.58
6. Verte omnēs tēte in faciēs. Verg.Aen.12.891
7. In puerīs ēlūcet spēs plūrimōrum. Quint.1.1.2
8. Spem vultū simulat, premit altum corde dolōrem. Verg.Aen.1.209
9. Caesar suās cōpiās in proximum collem subdūcit, aciem instruit. Caes.B.G.1.22
10. Sex. Pedūcaeus relīquit effigiem et hūmānitātis et probitātis suae fīlium. Cic.Fin.2.58

注
1. Dum は「〜するかぎり」を意味する。est は「〜がある」。
2. aufert は「〈対格〉を〈与格〉から奪う」。tibi は人称代名詞 tū の与格。
3. Concordiā は「手段の奪格」。「調和によって」と訳す。
4. Vēr は中性名詞 vēr の単数・対格。redūcit の目的語。この文で diēs は女性名詞として使われている。
5. principia が主語、parva が述語。
6. tēte は tūte（あなた自身）の対格。Verte（vertō の命令法・能動態・現在、2人称単数）の目的語。omnēs は faciēs を修飾（女性・複数・対格）。

7. plūrimōrum は「目的語的属格」。「きわめて多くのことへの」と訳す。
8. vultū と corde は「場所の奪格」。それぞれ「表情では」「心では」と訳す。
9. suās は3人称の所有形容詞 suus, -a, -um（自分の）の女性・複数・対格。
10. relīquit は relinquō の直説法・能動態・完了、3人称単数。「残した」と訳す。et A et B は「A と B の」。2つの名詞の対格 effigiem と filium はどちらも relīquit の目的語。この文では「filium を effigiem として（残した）」と訳す。

4 第3変化形容詞

i 幹形容詞の3種類
(1) 見出しが1種類のタイプ

🔹 sapiens, -entis　賢明な

	男性・女性	中性
単数・主格（呼格）	sapiens	sapiens
属格	sapient-**is**	sapient-**is**
与格	sapient-**ī**	sapient-**ī**
対格	sapient-**em**	sapiens
奪格	sapient-**ī(e)**	sapient-**ī(e)**
複数・主格（呼格）	sapient-**ēs**	sapient-**ia**
属格	sapient-**ium**	sapient-**ium**
与格	sapient-**ibus**	sapient-**ibus**
対格	sapient-**ēs(-īs)**	sapient-**ia**
奪格	sapient-**ibus**	sapient-**ibus**

確認問題　次の語を格変化させなさい。
1．audax, -ācis　大胆な
2．fēlix, -īcis　幸福な

解　答

1．m.f.　audax, audācis, audācī, audācem, audācī(e)
　　　　audācēs, audācium, audācibus, audācēs(-īs), audācibus
　n.　　audax, audācis, audācī, audax, audācī(e)
　　　　audācia, audācium, audācibus, audācia, audācibus
2．m.f.　fēlix, fēlīcis, fēlīcī, fēlīcem, fēlīcī(e)
　　　　fēlīcēs, fēlīcium, fēlīcibus, fēlīcēs(-īs), fēlīcibus
　n.　　fēlix, fēlīcis, fēlīcī, fēlix, fēlīcī(e)
　　　　fēlīcia, fēlīcium, fēlīcibus, fēlīcia, fēlīcibus

(2) 見出しが2種類のタイプ

● omnis, -e　すべての

	男性・女性	中性
単数・主格（呼格）	omn-is	omn-e
属格	omn-is	omn-is
与格	omn-ī	omn-ī
対格	omn-em	omn-e
奪格	omn-ī	omn-ī
複数・主格（呼格）	omn-ēs	omn-ia
属格	omn-ium	omn-ium
与格	omn-ibus	omn-ibus
対格	omn-ēs(-īs)	omn-ia
奪格	omn-ibus	omn-ibus

確認問題　次の語を格変化させなさい。

1．brevis, -e　短い
2．fortis, -e　強い

解　答

1．m.f.　　brevis, brevis, brevī, brevem, brevī
　　　　　　brevēs, brevium, brevibus, brevēs(īs), brevibus
　　n.　　　breve, brevis, brevī, breve, brevī
　　　　　　brevia, brevium, brevibus, brevia, brevibus
2．m.f.　　fortis, fortis, fortī, fortem, fortī
　　　　　　fortēs, fortium, fortibus, fortēs(īs), fortibus
　　n.　　　forte, fortis, fortī, forte, fortī
　　　　　　fortia, fortium, fortibus, fortia, fortibus

(3) 見出しが3種類のタイプ

🔊 ācer, -cris, -cre　鋭い

	男性	女性	中性
単数・主格(呼格)	ācer	ācr-is	ācr-e
属格	ācr-is	ācr-is	ācr-is
与格	ācr-ī	ācr-ī	ācr-ī
対格	ācr-em	ācr-em	ācr-e
奪格	ācr-ī	ācr-ī	ācr-ī
複数・主格(呼格)	ācr-ēs	ācr-ēs	ācr-ia
属格	ācr-ium	ācr-ium	ācr-ium
与格	ācr-ibus	ācr-ibus	ācr-ibus
対格	ācr-ēs(-īs)	ācr-ēs(-īs)	ācr-ia
奪格	ācr-ibus	ācr-ibus	ācr-ibus

【確認問題】　次の語を格変化させなさい。

celer, celeris, celere　早い

【解 答】

m.　celer, celeris, celerī, celerem, celerī
　　celerēs, celerium, celeribus, celerēs(-īs), celeribus
f.　celeris, celeris, celerī, celerem, celerī
　　celerēs, celerium, celeribus, celerēs(-īs), celeribus
n.　celere, celeris, celerī, celere, celerī
　　celeria, celerium, celeribus, celeria, celeribus

子音幹形容詞

● vetus, -eris 古い

	男性・女性	中性
単数・主格(呼格)	vetus	vetus
属格	veter-**is**	veter-**is**
与格	veter-**ī**	veter-**ī**
対格	veter-**em**	vetus
奪格	veter-**e**	veter-**e**
複数・主格(呼格)	veter-**ēs**	veter-**a**
属格	veter-**um**	veter-**um**
与格	veter-**ibus**	veter-**ibus**
対格	veter-**ēs**	veter-**a**
奪格	veter-**ibus**	veter-**ibus**

確認問題 次の語を格変化させなさい。ただしどちらも中性形を欠いている。

1. memor, -oris 記憶している
2. pauper, -eris 貧しい

解 答

1. 単数　memor, memoris, memorī, memorem, memore
   複数　memorēs, memorum, memoribus, memorēs, memoribus
2. 単数　pauper, pauperis, pauperī, pauperem, paupere
   複数　pauperēs, pauperum, pauperibus, pauperēs, pauperibus

確認問題 括弧内の語を適切な形に直しなさい。

1. (Fortis) et fidēlī nihil difficile est.
   強く誠実な者にとって、困難なものは何もない。
2. Omne initium est (difficilis).
   始まりはみな難しい。
3. Ōtium multa mala (adulescens) docet.

暇は若者（複数）に多くの悪を教える。
4．Difficile est modum tenēre in（omnis）.
　　万事において慎みを保つことは困難である。
5．Homō est（sociālis）animal.
　　人間は社会的動物である。
6．（Vīlis）dōnum, vīlis grātia.
　　安い贈り物、安い感謝。
7．Variat（omnis）tempus.
　　時は万物を（複数）変える。
8．（Fortis）fortūna adjuvat. Ter.Ph.203
　　運命は強い者たちを助ける。
9．Rādix（omnis）malōrum est cupīditās.
　　欲望はすべての悪の根である。
10．（Commūnis）perīculum concordiam parit.
　　　共通の危機は協調を生む。

注
1．括弧内は男性・単数・与格（判断者の与格）。
2．括弧内は中性・単数・主格。
3．括弧内は男性・複数・対格。docet は 2 つの対格 A、B を取り、「A に B を教える」と訳す。
4．括弧内は中性・複数・奪格（形容詞の名詞的用法）。
5．括弧内は中性・単数・主格。animal と性・数・格が一致。
6．括弧内は中性・単数・主格。dōnum と性・数・格が一致。
7．括弧内は中性・複数・対格（形容詞の名詞的用法）。
8．括弧内は男性・複数・対格（形容詞の名詞的用法）。
9．括弧内は中性・複数・属格。malōrum と性・数・格が一致。
10．括弧内は中性・単数・主格。perīculum と性・数・格が一致。

解　答
1．Fortī　　2．difficile　　3．adulescentēs　　4．omnibus
5．sociāle　　6．Vīle　　7．omnia　　8．Fortēs（Fortīs）

9. omnium　　10. Commūne

練習問題 25

解答 p.307

括弧内の語を適切な形に直しなさい。

1. Aequat（omnis）cinis. Sen.Ep.91.16
   灰はすべての人間を（複数）同じにする。
2. In（tenuis）labor est. Verg.Geo.4.6
   細部に（単数）労苦がある。
3. （Praesens）que virīs intentant omnia mortem. Verg.Aen.1.91
   そしてすべて（の事象）が男たちに目の前の死をつきつけていた。
4. （Vulgāris）amīcī nōmen, sed rāra est fidēs. Phaed.3.9.1
   友という名はありふれているが、信義はまれである。
5. Tempus（omnis）monstrat.
   時はすべてを（複数）明らかにする。
6. Ō vīta miserō longa,（fēlix）brevis!　Syr.485
   おお、惨めな者には長く、幸福な者には（単数）短い人生よ！
7. Dictum（sapiens）sat est.　Pl.Pers.729
   賢者には（単数）ひと言で十分である。
8. Bellum（omnis）contrā omnēs.
   万人の（複数）万人に対する戦い。
9. Acta deōs numquam（mortālis）fallunt. Ov.Tr.1.2.95
   人間の行為は神々を決して欺かない。
10. Dīvitiae apud（sapiens）virum in servitūte sunt, apud stultum in imperiō. Sen.Beat.26.1
    財産は賢い人（単数）のもとでは隷属状態にあるが、愚かな者のもとでは支配権の中にある（人間に対して支配権をふるう）。

注

1. 男性・複数・対格。
2. 中性・単数・奪格。原文では韻律に合わせる形で語尾は -ī となる。
3. 女性・単数・対格。-que は「そして」を意味する。
4. 中性・単数・主格。

5．中性・複数・対格。
6．男性・単数・与格。
7．男性・単数・与格。
8．男性・複数・属格。
9．中性・複数・主格。
10．男性・単数・対格。

練習問題 26
解答 p.307

和訳しなさい。

1．Nōn omnia possumus omnēs. Verg.Ecl.8.63
2．Agnoscō veteris vestīgia flammae. Verg.Aen.4.23
3．Īra furor brevis est. Hor.Ep.1.2.62
4．Labor omnia vīcit. Verg.Geo.1.145
5．Omnēs ūna manet nox. Hor.Carm.1.28.15
6．Sōl omnibus lūcet. Petr.100
7．Moderātī et nec difficilēs nec inhūmānī senēs tolerābilem senectūtem agunt. Cic.Sen.7
8．Ignis aurum probat; miseria fortēs virōs. Sen.Prov.5.9
9．Nōn quia difficilia sunt, nōn audēmus; sed quia nōn audēmus, difficilia sunt. Sen.Ep.104.26
10．Miscē stultitiam consiliīs brevem, dulce est dēsipere in locō. Hor.Carm.4.12.27-28

注

1．omnia（中性・複数・対格）、omnēs（男性・複数・主格）は形容詞の名詞的用法。
2．veteris は flammae を修飾。
3．brevis は furor を修飾。
4．vīcit は vincō（克服する）の直説法・能動態・完了、3人称単数。「克服した」と訳す。
5．Omnēs（男性・複数・対格）は名詞として使われている。「すべての者たちを」と訳す。

6. omnibus は「利害関係の与格」（名詞的用法）。男性・複数・与格と取ると、「万人のために」、中性・複数・与格と取ると、「万物のために」。文法的にはどちらの解釈も可能。
7. nec difficilēs nec inhūmānī は「difficilēs でなく inhūmānī でもない」と訳す。これらの形容詞は Moderātī とともに主語 senēs を修飾（属性的用法）。
8. fortēs（複数・対格）は virōs を修飾する（属性的用法）。「強い人間たちを」と訳す。後半に動詞 probat を補う。
9. Nōn A sed B の構文は「A でなく B」を表す。quia は理由を表す従属文を導く。1つ目の理由文における補語は difficilia、主語は省略。「取り組む対象が」と言葉を補って訳すとよい。sed 以下の主文の主語も省略（補うものは同じ）。
10. consiliīs は consilium（思慮）の複数・与格（Miscē の間接目的語）。

第5章　動詞2

1　直説法・能動態・未完了過去

　未完了過去は、動作が過去において継続されていた、ないしは反復されていた事実を表します。

● 未完了過去の活用

	第1変化	第2変化	第3変化	第4変化
単数1人称	amā-**ba-m**	vidē-**ba-m**	agē-**ba-m**	audiē-**ba-m**
2人称	amā-**bā-s**	vidē-**bā-s**	agē-**bā-s**	audiē-**bā-s**
3人称	amā-**ba-t**	vidē-**ba-t**	agē-**ba-t**	audiē-**ba-t**
複数1人称	amā-**bā-mus**	vidē-**bā-mus**	agē-**bā-mus**	audiē-**bā-mus**
2人称	amā-**bā-tis**	vidē-**bā-tis**	agē-**bā-tis**	audiē-**bā-tis**
3人称	amā-**ba-nt**	vidē-**ba-nt**	agē-**ba-nt**	audiē-**ba-nt**

【確認問題】　ラテン語に直しなさい。
1．私は愛していた。
2．あなたは見ていた。
3．彼は行っていた。
4．私たちは聞いていた。
5．あなたたちは愛していた。
6．彼らは見ていた。

【解　答】
1．Amābam.　　2．Vidēbās.　　3．Agēbat.
4．Audiēbāmus.　　5．Amābātis.　　6．Vidēbant.

> [確認問題] 和訳しなさい。

1. Stābat.
2. Errābant.
3. Sciēbāmus.
4. Narrābam.
5. Habēbant.

> [解答]

1. 彼（彼女、それ）は立っていた。
2. 彼らは間違っていた（さまよっていた）。
3. 私たちは知っていた。
4. 私は語っていた。
5. 彼らは持っていた。

不規則動詞の直説法・能動態・未完了過去

sum（〜である）：eram, erās, erat, erāmus, erātis, erant
dō（与える）：　　dabam, dabās, dabat, dabāmus, dabātis, dabant
eō（行く）：　　　ībam, ībās, ībat, ībāmus, ībātis, ībant
ferō（運ぶ）：　　ferēbam, ferēbās, ferēbat, ferēbāmus, ferēbātis, ferēbant

> [確認問題] 括弧内の語を直説法・能動態・未完了過去の適切な形に直しなさい。

1. In principiō（sum）verbum. Ev.Jo.1.1
   初めに言葉があった。
2. （Dō）omnia tellūs. Ov.Met.1.102
   大地はすべてを与えていた。
3. Flūmina nectaris（eō）. Ov.Met.1.111
   ネクタル（神酒）の川が流れていた。
4. Sacra Diōnaeae mātrī dīvīsque（ferō）. Verg.Aen.3.19
   私はディオーネーの母（ウェヌス）と（他の）神々に捧げものをしていた。
5. Ipsa tellūs omnia līberius（ferō）. Verg.Geo.1.127-128

大地は自らすべてのものを（今）より気前よく生み出していた。

注
1．verbum が主語。動詞は3人称単数にする。
2．omnia は omnis の中性・複数・対格（名詞的用法）。
3．主語は Flūmina（flūmen の複数・主格）。
4．dīvīs は dīvus または dīva の複数・与格。後者と解する場合、「神々に」の訳語は「女神たちに」とする。-que は「そして」を意味する。
5．līberius は副詞 līberē（気前よく）の比較級。

解答
1．erat　　2．Dabat　　3．ībant　　4．ferēbam　　5．ferēbat

練習問題 27
解答 p.308

括弧内の語を直説法・能動態・未完了過去の適切な形に直しなさい。

1. Ferās（agitō）Jūlus. Verg.Aen.7.478
   ユールスは獣を追いかけていた。
2. Hannibal（sum）ad portās. Cic.Phil.1.11
   ハンニバルは門の所にいた（危険が間近に迫っていた）。
3. Tantōs illa suō（rumpō）pectore questūs. Verg.Aen.4.553
   彼女はこれだけ大きな不満を自らの胸の内から噴出させていた。
4. Ōh, tē（quaerō）ipsum: salvē, Dēmea. Ter.Ad.461
   おや、これはデーメア。今君を探していたところだ。
5. Tālia（fundō）lacrimans longōsque（cieō）incassum flētūs. Verg.Aen. 3.344
   彼女はこのようなこと（言葉）を涙ながらに口にし、長い嘆きの声を甲斐なく上げた。
6. Stellārum autem globī terrae magnitūdinem facile（vincō）. Cic.Rep. 6.16
   一方星々の球体は地球の大きさを容易に凌駕していた。
7. （Stō）māter dolōrōsa.
   母は悲しげに立っていた。

8. Id Helvētiī ratibus ac lintribus junctīs (transeō). Caes.B.G.1.12
   それ（アラル川）をヘルウェーティイー族はいかだやつなぎ合わせた小舟によって渡っていた。
9. Ante Jovem nullī (subigō) arva colōnī. Verg.Geo.1.125
   ユピテル（が支配する）以前は、いかなる農夫も田畑を耕さなかった。
10. Infēlix Dīdō longumque (bibō) amōrem. Verg.Aen.1.749
    不幸なディードーは長い愛をのみ込むこともしていた（長い時間をかけて心の中に愛をのみ込んでもいた）。

注
1. Ferās は fera の複数・対格。
2. 前置詞 ad は対格を取り「～のところに」を意味する。
3. Tantōs は questūs（男性・複数・対格）を修飾（属性的用法）。
4. 主語は ego（省略されている）。ipsum は強意代名詞 ipse の男性・単数・対格で tē にかかる。直訳は、「おお私は君を探していた。こんにちは、デーメア」。
5. lacrimans は lacrimō（涙を流す）の現在分詞、女性・単数・主格。原文におけるこの文の主語はアンドロマケー（ヘクトルの妻）。
6. 主語は globī（複数・主格）。
7. 主語は māter、dolōrōsa は形容詞の副詞的用法。
8. Id は指示代名詞 is の中性・単数・対格。原文では flūmen（文脈からアラル川）を受ける。ratibus（複数・奪格）と lintribus（複数・奪格）は「手段の奪格」。
9. Jovem は Juppiter の単数・対格。nullī は colōnī を修飾する代名詞的形容詞 nullus, -a, -um の男性・複数・主格。
10. longum は amōrem を修飾（男性・単数・対格）。

練習問題 28　　　　　　　　　　　　　　解答 p.308
和訳しなさい。

1. Tantae mōlis erat Rōmānam condere gentem. Verg.Aen.1.33
2. Ostendēbat autem Carthāginem dē excelsō et plēnō stellārum, illustrī et clārō quōdam locō. Cic.Rep.6.11

3. Omnia memoriā tenēbat, nōn domestica sōlum, sed etiam externa bella. Cic.Sen.12
4. Sīc pater Aenēās ūnus fāta renarrābat dīvum cursūsque docēbat. Verg. Aen.3.716-717
5. Doctrīnā Graecia nōs et omnī litterārum genere superābat. Cic.Tusc. 1.3
6. Appium metuēbant servī, verēbantur līberī, cārum omnēs habēbant; vigēbat in illā domō mōs patrius et disciplīna. Cic.Sen.37
7. Tecta Latīnōrum ardua cernēbant juvenēs mūrōque subībant. Verg. Aen.7.160-161
8. Q. Mūcius augur multa narrāre dē C. Laeliō socerō suō memoriter et jūcundē solēbat nec dubitāre illum in omnī sermōne appellāre sapientem. Cic.Amic.1.1
9. Sacerdōs insignis longē Phrygiīs fulgēbat in armīs. Verg.Aen.11.768-769
10. Quod in conspectū omnium rēs gerēbātur, eōs et laudis cupiditās et timor ignōminiae ad virtūtem excitābant. Caes.B.G.7.80

注
1. mōlis は「性質の属格」。Tantae mōlis erat で「(主語は) これほど大きな困難を伴うものであった」と訳す。
2. 4つの形容詞 excelsō (高い)、plēnō (〜に満ちた)、illustrī (明るい)、clārō (明るい、輝く) は quōdam とともに locō を修飾。quōdam は quīdam (ある) の男性・単数・奪格。
3. nōn sōlum A sed etiam B は英語の not only A but also B に相当する。
4. ūnus は代名詞的形容詞の副詞的用法。「1人で」と訳す。dīvum (deus の複数・属格) は fāta にかかる。
5. Doctrīnā と genere は「限定の奪格」。「〜の点で、〜に関して」と訳す。
6. verēbantur は形式受動態動詞 vereor の直説法・受動態・未完了過去、3人称複数。cārum は目的語 Appium の補語。「すべての者たちが (omnēs) アッピウスを (Appium) 大切な人 (cārum) と受け止めていた (habēbant)」と訳す。illā は指示形容詞 ille の女性・単数・奪格

で domō にかかる。domō は domū の別形。
7. 主語は juvenēs（若者たち）。
8. illum は指示代名詞 ille の男性・単数・対格。動詞 solēbat は２つの不定法 narrāre と dubitāre を目的語とする（後者は nec で否定される）。さらに dubitāre は不定法 appellāre を目的語とする。
9. 主語は Sacerdōs、動詞は fulgēbat。insignis は形容詞の副詞的用法。Phrygiīs は armīs にかかる。
10. Quod は理由を表す従属文を導く。omnium（男性・複数・属格）は形容詞の名詞的用法。gerēbātur は gerō の直説法・受動態・未完了過去、3人称単数。eōs は指示代名詞 is の男性・複数・対格。laudis と ignōminiae はともに単数・属格。前者は cupiditās、後者は timor にかかる（目的語的属格）。

2　直説法・能動態・未来

直説法・能動態・未来の活用

	第1変化	第2変化	第3変化	第4変化
単数1人称	amā-**bō**	vidē-**bō**	ag-**am**	audi-**am**
2人称	amā-**bis**	vidē-**bis**	ag-**ēs**	audi-**ēs**
3人称	amā-**bit**	vidē-**bit**	ag-**et**	audi-**et**
複数1人称	amā-**bimus**	vidē-**bimus**	ag-**ēmus**	audi-**ēmus**
2人称	amā-**bitis**	vidē-**bitis**	ag-**ētis**	audi-**ētis**
3人称	amā-**bunt**	vidē-**bunt**	ag-**ent**	audi-**ent**

確認問題　ラテン語に直しなさい。

1．彼は愛すだろう。
2．あなたたちは見るだろう。
3．あなたは行うだろう。
4．彼らは聞くだろう。
5．私たちは愛すだろう。
6．私は行うだろう。
7．あなたは聞くだろう。
8．彼らは愛すだろう。

解　答

1．Amābit.　　2．Vidēbitis.　　3．Agēs.　　4．Audient.
5．Amābimus.　6．Agam.　　　7．Audiēs.　　8．Amābunt.

確認問題　和訳しなさい。

1．Carpēmus.
2．Invenient.
3．Vincētis.
4．Dūcēmus.

5. Exspectābis.
6. Monēbō.

解 答
1. 私たちは摘み取るだろう。　2. 彼らは見出すであろう。
3. あなたたちは打ち勝つだろう。　4. 私たちは導くだろう。
5. あなたは待ち望むだろう。　6. 私は注意するだろう。

確認問題　括弧内の語を直説法・能動態・未来の適切な形に直しなさい。
1. (Servō) fidem.
   私は信義を守るだろう。
2. Labōre (vincō).
   あなたは努力によって打ち勝つだろう。
3. Magna est virtūs et (praevaleō).
   美徳の力は偉大であり、強い力を持ち続けるだろう。
4. (Vincō) amor patriae. Verg.Aen.6.823
   祖国への愛が打ち勝つだろう。
5. Ratiō mē (dūcō), nōn fortūna.
   理性が私を導くだろう、運命ではなく。

注
1. fidem は第5変化名詞 fidēs の単数・対格。
2. Labōre は第3変化名詞 labor の単数・奪格（手段の奪格）。
3. 主語は virtūs（女性・単数・主格）。
4. patriae は「目的語的属格」。
5. mē は人称代名詞 ego の対格。

解 答
1. Servābō　2. vincēs　3. praevalēbit　4. Vincet　5. dūcet

不規則動詞の直説法・能動態・未来

sum（～である）：　erō, eris, erit, erimus, eritis, erunt

dō（与える）：	dabō, dabis, dabit, dabimus, dabitis, dabunt
eō（行く）　：	ībō, ībis, ībit, ībimus, ībitis, ībunt
ferō（運ぶ）：	feram, ferēs, feret, ferēmus, ferētis, ferent

[確認問題] 括弧内の語を直説法・能動態・未来の適切な形に直しなさい。

1．Tū fuī, ego (sum).
　　私はあなたであった。あなたは私になるだろう。
2．(Dō) deus hīs quoque fīnem. Verg.Aen.1.199
　　神はこれら（の不幸）にも終わりを与えるだろう。
3．Mediō tūtissimus (eō). Ov.Met.2.137
　　あなたは真ん中を（通れば）最も安全に行けるでしょう。
4．Omnis (ferō) omnia tellūs. Verg.Ecl.4.39
　　すべての土地がすべてを生むだろう。
5．Quod hodiē nōn est, crās (sum). Petr.45
　　今日ないものが、明日ある（生まれる）だろう。

注
1．fuī は sum の直説法・能動態・完了、1 人称単数。
2．hīs は指示代名詞 hic の中性・複数・与格。原文では mala（不幸）を指す。
3．Mediō は形容詞の名詞的用法（場所の奪格）。tūtissimus は tūtus の最上級、男性・単数・主格（副詞的用法）。
4．omnia（中性・複数・対格）は形容詞の名詞的用法。
5．Quod は関係代名詞、中性・単数・主格。

[解答]
1．eris　　2．Dabit　　3．ībis　　4．feret　　5．erit

練習問題 29

括弧内の語を直説法・能動態・未来の適切な形に直しなさい。

1. Animō (imperō) sapiens, stultus (serviō). Syr.40
   賢者は心に命じ、愚者は心に従うだろう。
2. (Carpō) tua pōma nepōtēs. Verg.Ecl.9.50
   あなたの果実は孫たちが摘み取るだろう。
3. Frangere dum metuis, (frangō) crystallina. Mart.14.111
   壊すことを恐れるかぎり、あなたは水晶の器を壊すであろう。
4. Fit via vī; et hanc tibi viam (dō) philosophia. Sen.Ep.37.3
   力によって道は生じる。そして哲学があなたにこの道を授けるだろう。
5. Justus ut palma (flōreō).
   正しい人はシュロの木のように栄えるだろう。
6. Tristis (sum) sī sōlus (sum). Ov.Rem.583
   1人でいるとあなたは悲しくなるだろう。
7. Quis nōs (sēparō) ?
   誰が我々を引き離すだろうか。
8. Vēritās vōs (līberō). Ev.Jo.8.32
   真理は汝らを自由にするだろう。
9. Piōs et probōs praemium vītae aeternae (exspectō).
   敬虔で心正しい者たちを、永遠の生という報酬が待ち受けるであろう。
10. Fāta viam (inveniō) aderitque vocātus Apollō. Verg.Aen.3.395
    運命は道を見出すであろう。アポッローは祈られて（祈りにこたえて）現れるだろう。

注

1. Animō は単数・与格。imperō, serviō は与格を取る。
2. tua pōma は動詞の目的語（中性・複数・対格）。
3. dum は「～するかぎり」を意味する接続詞。
4. vī は vīs の単数・奪格（手段の奪格）。hanc は指示代名詞 hic の女性・単数・対格。ここでは形容詞として使われ viam にかかる。
5. Justus は名詞として使われている。
6. sī は「もし～なら」を意味する接続詞。

7. Quis は疑問代名詞、男性・単数・主格。nōs は人称代名詞1人称複数 nōs の対格。
8. vōs は人称代名詞2人称複数 vōs の対格。
9. vītae aeternae は「説明の属格」。praemium（報酬）にかかる。
10. aderitque は「そして（-que）現れるだろう（aderit）」。aderit は不規則動詞 sum の合成動詞 assum（ad + sum）の直説法・能動態・未来、3人称単数。vocātus は vocō の完了分詞、男性・単数・主格。副詞的に訳す。

練習問題 30
解答 p.308

和訳しなさい。
1. Flectere sī nequeō superōs, Acheronta movēbō. Verg.Aen.7.312
2. Crās ingens iterābimus aequor. Hor.Carm.1.7.31
3. Laetus sorte tuā vīvēs sapienter. Hor.Ep.1.10.44
4. Contumēliam sī dīcēs, audiēs. Pl.Ps.1173
5. Nābis sine cortice. Hor.Sat.1.4.120
6. Adde parvum parvō; magnus acervus erit.
7. Vir magnus lēgēs, institūta, rem pūblicam nōn seret? Cic.Tusc.1.31
8. Saevās vidēbis collūcēre facēs. Verg.Aen.4.566-567
9. Ō nimium caelō et pelagō confīse serēnō, nūdus in ignōtā, Palinūre, jacēbis harēnā. Verg.Aen.5.870-871
10. Scīpiō vīvit semperque vīvet. Cic.Amic.102

注
1. Flectere の目的語は superōs。Acheronta は Acherōn の単数・対格（ギリシャ語風変化形）。
2. 第3変化形容詞 ingens は aequor にかかる（中性・単数・対格）。
3. Laetus は省略された主語 tū を修飾。「（あなたは）〜に満足して」と副詞的（述語的）に訳す。
4. audiēs の目的語として後半の文に contumēliam を補う。
5. 前置詞 sine は奪格を取る。
6. parvō（中性・単数・与格）は Adde の間接目的語（名詞的用法）。

7. seret は比喩表現。3つの名詞（lēgēs, institūta, rem）を目的語に取る。
8. Saevās ... facēs（女性・複数・対格）は不定法 collūcēre の意味上の主語（対格不定法）。
9. confīse は半形式受動態動詞 confīdō（信じる）の完了分詞、男性・単数・呼格。「〈与格〉を信じた者よ」と訳す。形容詞 nūdus は副詞的（述語的）に用いられている。
10. semperque は「そして（-que）永遠に」を意味する。

3　不規則動詞

確認問題　空所を埋めて活用表を完成しなさい。

sum「である」（不定法 esse）

	現在 単数	現在 複数	未完了過去 単数	未完了過去 複数	未来 単数	未来 複数
1人称	sum	sumus	eram	(2)	erō	erimus
2人称	es	(1)	erās	erātis	(3)	eritis
3人称	est	sunt	erat	erant	erit	erunt

possum「できる」（不定法 posse）

	現在 単数	現在 複数	未完了過去 単数	未完了過去 複数	未来 単数	未来 複数
1人称	possum	possumus	poteram	poterāmus	poterō	poterimus
2人称	potes	potestis	(5)	poterātis	poteris	poteritis
3人称	(4)	possunt	poterat	poterant	poterit	(6)

dō「与える」（不定法 dare）

	現在 単数	現在 複数	未完了過去 単数	未完了過去 複数	未来 単数	未来 複数
1人称	dō	(7)	(8)	dabāmus	dabō	dabimus
2人称	dās	datis	dabās	dabātis	dabis	(9)
3人称	dat	dant	dabat	dabant	dabit	dabunt

eō「行く」（不定法 īre）

	現在 単数	現在 複数	未完了過去 単数	未完了過去 複数	未来 単数	未来 複数
1人称	eō	īmus	ībam	ībāmus	(12)	ībimus
2人称	(10)	ītis	ībās	ībātis	ībis	ībitis
3人称	it	eunt	ībat	(11)	ībit	ībunt

volō「欲する」(不定法 velle)

	現在 単数	現在 複数	未完了過去 単数	未完了過去 複数	未来 単数	未来 複数
1人称	volō	volumus	volēbam	(14)	(15)	volēmus
2人称	(13)	vultis	volēbās	volēbātis	volēs	volētis
3人称	vult	volunt	volēbat	volēbant	volet	volent

nōlō「欲しない」(不定法 nolle)

	現在 単数	現在 複数	未完了過去 単数	未完了過去 複数	未来 単数	未来 複数
1人称	nōlō	(16)	nōlēbam	nōlēbāmus	nōlam	nōlēmus
2人称	nōn vīs	nōn vultis	nōlēbās	(17)	nōlēs	nōlētis
3人称	nōn vult	nōlunt	nōlēbat	nōlēbant	nōlet	(18)

mālō「むしろ欲する」(不定法 malle)

	現在 単数	現在 複数	未完了過去 単数	未完了過去 複数	未来 単数	未来 複数
1人称	mālō	mālumus	mālēbam	(20)	mālam	mālēmus
2人称	(19)	māvultis	mālēbās	mālēbātis	mālēs	(21)
3人称	māvult	mālunt	mālēbat	mālēbant	mālet	mālent

ferō「運ぶ」(不定法 ferre)

	現在 単数	現在 複数	未完了過去 単数	未完了過去 複数	未来 単数	未来 複数
1人称	ferō	ferimus	ferēbam	ferēbāmus	feram	(24)
2人称	(22)	fertis	ferēbās	(23)	ferēs	ferētis
3人称	fert	ferunt	ferēbat	ferēbant	feret	ferent

fīō「なる、生じる」(不定法 fierī)

	現在		未完了過去		未来	
	単数	複数	単数	複数	単数	複数
1人称	fīō	fīmus	fīēbam	fīēbāmus	fīam	fīēmus
2人称	fīs	fītis	(26)	fīēbātis	fīēs	(27)
3人称	(25)	fīunt	fīēbat	fīēbant	fīet	fīent

解答

1. estis 2. erāmus 3. eris 4. potest 5. poterās 6. poterunt
7. damus 8. dabam 9. dabitis 10. īs 11. ībant 12. ībō
13. vīs 14. volēbāmus 15. volam 16. nōlumus 17. nōlēbātis
18. nōlent 19. māvīs 20. mālēbāmus 21. mālētis 22. fers
23. ferēbātis 24. ferēmus 25. fit 26. fīēbās 27. fīētis

確認問題　和訳しなさい。辞書の見出しの形を答えなさい。

1. Poterās.
2. It.
3. Volent.
4. Nōlēbāmus.
5. Māvult.
6. Ferēmus.
7. Fītis.

解答

1. あなたはできた。	（未完了過去）	possum
2. 彼は行く。	（現在）	eō
3. 彼らは欲するだろう。	（未来）	volō
4. 私たちは欲しなかった。	（未完了過去）	nōlō
5. 彼はむしろ欲する。	（現在）	mālō
6. 私たちは運ぶだろう。	（未来）	ferō
7. あなたたちはなる。	（現在）	fīō

確認問題 括弧内の語を適切な形に直しなさい（いずれも時称は現在）。

1. Nōn (possum) esse dīves et fēlix.
   あなたは金持ちであると同時に幸福であることはできない。
2. Deus omnia nōn (dō) omnibus.
   神はすべてのものをすべての人に与えない。
3. Deus (volō). 神が（それを）望む。
4. (Volō) rectē vīvere? 汝正しく生きることを欲するか。
5. Omnia (ferō) aetās, animum quoque. Verg.Ecl.9.51
   歳月はすべてを運び去る、心までも。

解 答

1．potes　　2．dat　　3．vult　　4．Vīs　　5．fert

確認問題 括弧内の語を指示された時称に従い適切な形に直しなさい。

1. Ignāvīs semper fēriae (sum).
   怠惰な者には常に祭りがある。（現在）
2. Semper amīca mihi, semper uxor (sum). Prop.2.6.42
   あなたは永遠に私の恋人、永遠に妻となるだろう。（未来）
3. (Eō) clāmor ad alta ātria. Verg.Aen.4.665-666
   叫び声が（天上の）高い広間に届く。（現在）
4. Nōn (possum) animī vertere jūra tuī. Ov.Rem.270
   あなたは自分の心の法を変えることができなかった。（未完了過去）
5. (Eō) annī mōre fluentis aquae. Ov.A.A.3.62
   歳月は流れる川のように進む。（現在）

注

1. Ignāvīs は「判断者の与格」。
2. mihi（egoの与格）は「共感の与格」。
3. 前置詞 ad は対格を伴い「～に向かって」を意味する。
4. animī ... tuī（所有形容詞 tuus, -a, -um の男性・単数・属格）は jūra にかかる。
5. fluentis は fluō（流れる）の現在分詞、女性・単数・属格。aquae にか

かる（属性的用法）。ラテン語の現在分詞は第3変化形容詞の変化と同じ。

解 答
1. sunt　　2. eris　　3. It　　4. poterās　　5. Eunt

合成動詞
確認問題 語の成り立ちを分析し、選択肢から正しい訳語を選びなさい。
1. absum
2. adsum
3. dēsum
4. obsum
5. prōsum
6. abdō
7. addō
8. condō
9. abeō
10. adeō
11. exeō
12. ineō
13. obeō
14. pereō
15. redeō
16. afferō
17. auferō
18. conferō
19. offerō
20. perferō
21. referō
22. sufferō

選択肢

(イ) 集める、一緒にする　(ロ) 居合わせる　(ハ) いない　(ニ) 害になる
(ホ) 返す、知らせる　(ヘ) 隠す　(ト) 欠ける　(チ) 我慢する
(リ) 加える　(ヌ) 基礎を作る　(ル) 差し出す、任せる
(ヲ) 去る、～に変わる　(ワ) 死ぬ　(カ) 近づく　(ヨ) 出る、死ぬ
(タ) 入る、始める　(レ) 運び去る、奪う　(ソ) 運ぶ、伝える
(ツ) 果たす、耐える　(ネ) 滅びる、死ぬ　(ナ) 戻る　(ラ) 役立つ

第5章　動詞2

解答

1. absum（ab＋sum）　　　　（ハ）いない
2. adsum（ad＋sum）　　　　（ロ）居合わせる
3. dēsum（dē＋sum）　　　　（ト）欠ける
4. obsum（ob＋sum）　　　　（ニ）害になる
5. prōsum（prō＋sum）　　　（ラ）役立つ
6. abdō（ab＋dō）　　　　　（ヘ）隠す
7. addō（ad＋dō）　　　　　（リ）加える
8. condō（con＋dō）　　　　（ヌ）基礎を作る
9. abeō（ab＋eō）　　　　　（ヲ）去る、～に変わる
10. adeō（ad＋eō）　　　　　（カ）近づく
11. exeō（ex＋eō）　　　　　（ヨ）出る、死ぬ
12. ineō（in＋eō）　　　　　（タ）入る、始める
13. obeō（ob＋eō）　　　　　（ワ）死ぬ
14. pereō（per＋eō）　　　　（ネ）滅びる、死ぬ
15. redeō（re＋eō）　　　　　（ナ）戻る
16. afferō（ad-ferō）　　　　（ソ）運ぶ、伝える
17. auferō（ab-ferō）　　　　（レ）運び去る、奪う
18. conferō（con＋ferō）　　（イ）集める、一緒にする
19. offerō（ob＋ferō）　　　 （ル）差し出す、任せる
20. perferō（per＋ferō）　　（ツ）果たす、耐える
21. referō（re-ferō）　　　　（ホ）返す、知らせる
22. sufferō（sub-ferō）　　　（チ）我慢する

確認問題 括弧内の語を適切な形に直しなさい。

1. Et lacrimae (prōsum). Ov.A.A.1.659
   涙も役に立つ。
2. Multa petentibus (dēsum) multa. Hor.Carm.3.16.42-43
   多くを求める者には多くが欠乏する。
3. Jam (redeō) et Virgō, (redeō) Sāturnia regna. Verg.Ecl.4.6
   今やウィルゴー（乙女）も戻り、サートゥルヌスの王国も戻る。
4. Innocentia sēcūritātem (afferō).
   潔白（であること）は安心を運ぶ（もたらす）。
5. Sua vitia insipientēs et suam culpam in senectūtem (conferō). Cic. Sen.14
   愚か者は自分の罪と過ちを老年のせいにする。

注

1. Et は「～もまた」を意味する。
2. petentibus は petō（求める）の現在分詞、男性・複数・与格。Multa（中性・複数・対格）を目的語とする。dēsum は「〈主語〉は〈与格〉に欠ける」を意味する。この文の主語は2つ目の multa（中性・複数・主格）。
3. regna は第2変化中性名詞 regnum の複数・主格。
4. Innocentia が主語、sēcūritātem が目的語。
5. insipientēs が主語。動詞の目的語は vitia と culpam。conferō A in B で「A を B のせいにする」。

解 答

1. prōsunt   2. dēsunt   3. redit / redeunt
4. affert   5. conferunt

● 不規則動詞の命令法・能動態

		2人称		3人称	
		単数	複数	単数	複数
sum	現在	es	este	—	—
	未来	estō	estōte	estō	suntō
dō	現在	dā	date	—	—
	未来	datō	datōte	datō	dantō
eō	現在	ī	īte	—	—
	未来	ītō	ītōte	ītō	euntō
nōlō	現在	nōlī	nōlīte	—	—
	未来	nōlītō	nōlītōte	nōlītō	nōluntō
ferō	現在	fer	ferte	—	—
	未来	fertō	fertōte	fertō	feruntō

【確認問題】 指示された形を答えなさい。
1. sum の命令法・能動態・未来、2人称単数
2. dō の命令法・能動態・現在、2人称単数
3. eō の命令法・能動態・現在、2人称単数
4. eō の命令法・能動態・未来、2人称単数
5. sum の命令法・能動態・未来、3人称複数

【解 答】
1. estō　2. dā　3. ī　4. ītō　5. suntō

【確認問題】 括弧内の語を適切な形に直しなさい。
1. (Perferō), obdūrā. Catul.8.11
　耐えよ、持ちこたえよ。
2. (Abeō) ad formīcam, ō piger.
　アリのところへ去れ、おお怠惰な者よ。
3. (Dō) dextram miserō. Verg.Aen.6.370
　惨めな者に右手を与えよ。

4. Tū nē cēde malīs, sed contrā audentior (eō). Verg.Aen.6.95
   汝困難に屈することなく、逆にいっそう勇敢に行け（立ち向かえ）。（未来）
5. Nōn satis est pulchra esse poēmata; dulcia (sum). Hor.A.P.99
   詩は美しいだけでは十分でない。魅力的であらしめよ。（未来）

注
1. Perferō は Per＋ferō と分けられる。
2. Abeō は Ab＋eō と分けられる。
3. 「A を B に与える（dō）」の構文で A は対格、B は与格。
4. audentior は audens（勇敢な）の比較級、男性・単数・主格（副詞的用法）。
5. poēmata は不定法 esse の主語（対格不定法）。括弧内は sum の命令法・能動態・未来、3人称複数が入る。

解答
1. Perfer　　2. Abī　　3. Dā　　4. ītō　　5. suntō

練習問題 31
解答 p.309

括弧内の語を適切な形に直しなさい。
1. (Sum) tuā sorte contentus.
   自分の運命に満足せよ。（未来）
2. Facile consilium (dō) aliīs.
   我々は他人には容易に助言を与える。
3. Bis (dō) sī citō (dō).
   あなたがもし早く与えるなら、二度与えることになる。
4. Solve metūs; (ferō) haec aliquam tibi fāma salūtem. Verg.Aen.1.463
   恐れを解け。この名声はおまえに何らかの救済をもたらすだろう。（未来）
5. Prīma dīgestiō (fīō) in ōre.
   最初の消化は口の中で生じる。

6. Ēbrietās mōrēs (auferō) tibi, rēs et honōrēs.
   酩酊は汝から節度と財産と名誉を奪う。
7. Poenam morātur improbus, nōn (praetereō).
   悪しき人は罰を遅らせるが、逃れることはできない。
8. (Eō), sequere Italiam ventīs, pete regna per undās. Verg.Aen.4.381
   行け、風によってイタリアを目指せ、波を越えて王国を求めよ。
9. (Sum) perpetua.
   汝、永遠であれ。（未来）
10. Nullus amor populīs nec foedera (sum). Verg.Aen.4.624
    いかなる愛も盟約も両国民にあってはならぬ。（未来）

注

1. contentus（～に満足した）は奪格を取る。
2. aliīs は alius（他の）の男性・複数・与格。この文では名詞として用いられている。
3. Bis は「二度」、citō は「早く」を意味する副詞。
4. haec は指示形容詞 hic の女性・単数・主格。
5. 主語は dīgestiō、ōre は中性名詞 ōs の単数・奪格。
6. auferō は「〈与格〉から〈対格〉を奪う」。
7. morātur は形式受動態動詞 moror の直説法・受動態・現在、3人称単数。
8. sequere は形式受動態動詞 sequor の命令法・受動態・現在、2人称単数。
9. perpetua は第1・第2変化形容詞 perpetuus, -a, -um の女性・単数・主格。主語として想定されるのは女性名詞としての国や州（元はベネチアを指して用いられた表現）。
10. 主語は amor と foedera（foedus の複数・主格）。動詞は foedera に合わせ、命令法・能動態・未来、3人称複数とする。

練習問題 32

解答 p.309

和訳しなさい。

1. Domina omnium et rēgīna ratiō est.
2. Abeunt studia in mōrēs. Ov.Her.15.83
3. Nec vitia nostra nec remedia tolerāre possumus.
4. Errāre mālō cum Platōne. Cic.Tusc.1.39
5. Effugere nōn potes necessitātēs, potes vincere. Sen.Ep.37.3
6. Ades animō et omitte timōrem. Cic.Rep.6.10
7. Justitia sine prūdentiā multum poterit; sine justitiā nihil valēbit prūdentia.
8. Vītam adulescentibus vīs aufert, sēnibus mātūritās. Cic.Sen.71
9. Fortūna opēs auferre potest, nōn animum potest. Sen.Med.176
10. Ergō sollicitae tū causa, pecūnia, vītae! per tē immātūrum mortis adīmus iter. Prop.3.7.1-2

注

1. ratiō を主語、domina と rēgīna を補語とみなす。
2. 主語は studia。合成動詞 abeō は in ＋ 対格を伴い、「〈対格〉に変わる」を意味する。
3. Nec A nec B は「A も B も〜ない」を意味する。
4. cum は奪格を伴い、「〜とともに」を意味する。
5. 後半の文に vincere の目的語として necessitātēs を補う。
6. Ades は assum（adsum）の命令法・能動態・現在、2人称単数。animō と合わせた熟語で「落ち着け」と訳す。
7. 前半の主語は Justitia、後半の主語は prūdentia、nihil は副詞。
8. aufert は「〈主語〉は〈対格〉を〈与格〉から奪う」と訳す。
9. 不定法 auferre の目的語は前半の文では opēs、後半の文では animum。
10. pecūnia は単数・呼格。sollicitae ... vītae は causa にかかる。per は対格を伴い「〜のために」を意味する。iter は中性名詞。immātūrum がこれを修飾（中性・単数・対格）。

第6章 代名詞1

1　人称代名詞、指示代名詞（1）、再帰代名詞

1人称の人称代名詞

	単数（私）	複数（私たち）
主格	ego	nōs
属格	meī	nostrī, nostrum
与格	mihi (mī)	nōbīs
対格	mē	nōs
奪格	mē	nōbīs

確認問題　空所に ego の正しい変化形を入れなさい。

1. Mūsa,（　　　　）causās memorā. Verg.Aen.1.8
   ムーサよ、私に理由を語れ。
2. Nōlī（　　　　）tangere.
   私に触れるな。
3. Est（　　　　）liber.
   私は本を持っている。
4. Ita prorsum oblītus sum（　　　　）. Ter.Eun.306
   こうして私は自分のことをすっかり忘れてしまった。
5. Sed quis（　　　　）sum aut quae est in（　　　　）facultās? Cic.Amic.17
   だが私は誰であるか、あるいは私にどんな力があるのか。

注
1. 空所には memorā の間接目的語が入る（与格）。
2. Nōlī＋不定法で禁止を表す。tangō は他動詞なので目的語として「私」

ego の対格を取る。
3．空所には与格が入る（所有の与格）。
4．oblītus sum は形式受動態動詞 oblīviscor の直説法・受動態・完了、1人称単数。属格を取る。
5．quis は疑問代名詞、男性・単数・主格。quae は疑問形容詞、女性・単数・主格（facultās にかかる）。

解 答
1．mihi（mī）（与格）　2．mē（対格）　3．mihi（mī）（与格）
4．meī（属格）　5．ego（主格）/ mē（奪格）
※1．の mihi は原文では韻律の都合上 mihī となっている。

確認問題　空所に nōs の正しい変化形を入れなさい。
1．Dōnā（　　　　）pācem.
　我々に平和を与えよ。
2．Est deus in（　　　　）.
　神は我々の中にいる。
3．Domine, dīrige（　　　　）.
　主よ、我らを導きたまえ。
4．Tempora mūtantur, et（　　　　）mūtāmur in illīs.
　時は移ろう。我々もまたその中で移ろう。
5．Paucī（　　　　）linguam Latīnam discunt.
　我々のうちの少数の者がラテン語を学ぶ。

注
1．空所には Dōnā の間接目的語が入る（与格）。
2．空所には奪格が入る。
3．Domine は dominus の単数・呼格。
4．mūtantur は mūtō（変える）の直説法・受動態・現在、3人称複数。受動態の形で「移ろう」を意味する。illīs は指示代名詞 ille の中性・複数・奪格。Tempora を指す。
5．空所には「部分の属格」が入る。

> [解 答]

1．nōbīs（与格）　　2．nōbīs（奪格）　　3．nōs（対格）
4．nōs（主格）　　5．nostrum（属格）
※5．「部分の属格」として nostrum が入る。nostrī は不可。

● 2人称の人称代名詞

	単数（あなた）	複数（あなたたち）
主格	tū	vōs
属格	tuī	vestrī, vestrum
与格	tibi	vōbīs
対格	tē	vōs
奪格	tē	vōbīs

> [確認問題] 空所に tū の正しい変化形を入れなさい。

1．Nōn amō (　　　　).
　　私はあなたを愛さない。
2．Crēdō (　　　　).
　　私はあなたを信じる。
3．(　　　　) ustus amem. Prop.3.15.4
　　私は焼かれても（灰になっても）あなたを愛したい。
4．Tū mihi sōla placēs: placeam (　　　　), Cynthia, sōlus. Prop. 2.7.19
　　おまえだけが私を喜ばせる。キュンティアよ、私だけがおまえを喜ばせよう。
5．Nec tēcum possum vīvere, nec sine (　　　　). Mart.12.46.2
　　おまえとともに生きられない。おまえなしにも生きられない。

注

1．空所には対格が入る。
2．Crēdō は与格を取る。
3．amem は amō の接続法・能動態・現在、1人称単数。ustus は ūrō の

完了分詞、男性・単数・主格（この文では述語的に用いられている）。
4．placeam は placeō の接続法・能動態・現在、1 人称単数。
5．tēcum は cum tē（おまえとともに）を意味する。sine は奪格を取る。

解　答
1．tē（対格）　　2．tibi（与格）　　3．Tē（対格）
4．tibi（与格）　　5．tē（奪格）

確認問題　空所に vōs の正しい変化形を入れなさい。
1．Memor（　　　　）sum.
　私はあなた方のことを覚えている。
2．Vēritās līberābit（　　　　）.
　真理はあなた方を自由にするだろう。
3．Aliquis ex（　　　　）crystallinum frēgit.
　あなたたちのうち誰かが水晶の器を壊した。
4．Date et dabitur（　　　　）. Ev.Luc.6.38
　与えなさい、そうすればあなた方に与えられるだろう。
5．Multī（　　　　）linguam Graecam discunt.
　あなた方の多くはギリシャ語を学ぶ。

注
1．Memor は属格を取る。
2．līberābit は līberō の直説法・能動態・未来、3 人称単数。空所には対格が入る。
3．ex（～から）は奪格を取る。frēgit は frangō の直説法・能動態・完了、3 人称単数。
4．dabitur は dō の直説法・受動態・未来、3 人称単数。空所には与格が入る。
5．空所には「部分の属格」が入る。vestrī は不可。

解 答
1．vestrī（属格）　2．vōs（対格）　3．vōbīs（奪格）
4．vōbīs（与格）　5．vestrum（属格）

● 指示代名詞 is 「それ、その」

	男性	女性	中性
単数・主格	is	ea	id
属格	ējus	ējus	ējus
与格	eī	eī	eī
対格	eum	eam	id
奪格	eō	eā	eō
複数・主格	eī, iī, ī	eae	ea
属格	eōrum	eārum	eōrum
与格	eīs, iīs, īs	eīs, iīs, īs	eīs, iīs, īs
対格	eōs	eās	ea
奪格	eīs, iīs, īs	eīs, iīs, īs	eīs, iīs, īs

確認問題　空所に is の正しい変化形を入れなさい。

1．(　　　　) est facile dictū, sed difficile factū.
　それは言うは易く行うは難し。
2．Librum habeō. (　　　　) tibi dabō.
　私は1冊の本を持つ。君にそれをあげよう。
3．Amāsne (　　　　)?
　あなたは彼女を愛しているか。
4．(　　　　) librōs dabō.
　私は彼らに本を与えるだろう。
5．Laudō (　　　　) filium.
　私は彼女の息子をほめる。
6．Habēsne (　　　　) librōs?
　あなたはそれらの本を持っているか。
7．In (　　　　) flūmine pons erat. Caes.B.G.2.5

その川には橋が架かっていた。

注
1. dictū と factū はそれぞれ dīcō と faciō の目的分詞（奪格）。
2. liber（本）は男性名詞。空所には男性・単数・対格が入る。
3. 女性・単数・対格。Amāsne の -ne は文頭の語に添えられ、直接疑問文を作る。
4. 男性・複数・与格。
5. 女性・単数・属格。
6. 指示形容詞（指示代名詞の形容詞としての用法）が入る（librōs と性・数・格が一致）。
7. 指示形容詞が入る（flūmine と性・数・格が一致）。erat は sum の直説法・能動態・未完了過去、3人称単数。

解答
1. Id（中性・単数・主格）
2. Eum（男性・単数・対格）
3. eam（女性・単数・対格）
4. Eīs (Iīs, Īs)（男性・複数・与格）
5. ējus（女性・単数・属格）
6. eōs（男性・複数・対格）
7. eō（中性・単数・奪格）

● 再帰代名詞

主格	—
属格	suī
与格	sibi
対格	sē
奪格	sē

確認問題 空所に再帰代名詞の正しい変化形を入れなさい。

1. Stultī（　　　　）laudant.
   愚か者は自分をほめる。
2. Imperāre（　　　　）maximum imperium est. Sen.Ep.113.30

自分に命じることが最大の命令である。
3. Sapiens habet dīvitiās in (　　　　).
   賢者は自らの中に富を持つ。
4. Multī nostrum (　　　　) amant.
   我々の多くは自分を愛する。
5. (　　　　) contentus est sapiens. Sen.Ep.9.5
   賢者は自分に満足（自足）している。

注
1. 対格が入る。
2. Imperāre は与格を取る。maximum は magnus の最上級、中性・単数・主格。
3. 奪格が入る。
4. nostrum は nōs の属格（部分の属格）。主語 Multī は3人称複数の名詞として用いられている。
5. contentus は「〈奪格〉に満足している」を意味する第1・第2変化形容詞、男性・単数・主格。主語は sapiens。

解答
1. sē（対格）　2. sibi（与格）　3. sē（奪格）
4. sē（対格）　5. Sē（奪格）

練習問題 33　　　　　　　　　　　　　　　解答 p.309
空所に代名詞の適切な形を入れなさい。
1. (　　　　) fuī, (　　　　) eris.
   私はあなただった。あなたは私になるだろう。
2. Cūr (　　　　) miseram verberās? Pl.Aul.42
   なぜあなたは惨めな私を鞭打つのですか。
3. Nōn (　　　　), nōn (　　　　), sed (　　　　).
   私のためではなく、あなたのためでもなく、我々のために。
4. (　　　　) fīnēs Nerviī attingēbant. Caes.B.G.2.15
   ネルウィイー人は彼らの領土に接していた。

5. Ubi dē (　　　　) adventū Helvētiī certiōrēs factī sunt, lēgātōs ad (　　　　) mittunt. Caes.B.G.1.7
   ヘルウェーティイー族が彼の到着を知ると、使節を彼のもとに送る。
6. Multa in (　　　　) virō praeclāra cognōvī. Cic.Sen.12
   私はその人物の多くの優れたところを知っている。
7. Cynthia formōsa est. (　　　　) amō.
   キュンティアは美しい。私は彼女を愛している。
8. Dī (　　　　) quasi pilās hominēs habent. Pl.Cap.22
   神々は我々人間をボールのように扱う。
9. Virtūs in ūsū (　　　　) tōta posita est; ūsus autem (　　　　) est maximus cīvitātis gubernātiō. Cic.Rep.1.2
   勇気の一切はその実践に置かれている（かかっている）。ところでその最大の実践とは国の運営である。
10. (　　　　), aeternī ignēs, et nōn violābile vestrum testor nūmen. Verg.Aen.2.154-155
    汝ら、永遠の炎よ、侵されることのない汝らの神性にかけて私は誓う。

注

1. 墓碑銘の言葉。fuī は sum の直説法・能動態・完了、1人称単数。主語は「私は」。eris は sum の直説法・能動態・未来、2人称単数。主語は「あなたは」。空所には前半、後半それぞれの文の補語が入る。
2. Cūr は理由を問う疑問副詞。
3. 空所には「利害関係の与格」が入る。
4. 「彼らの」は is の男性・複数・属格。
5. certiōrēs は certus（確かな）の比較級、男性・複数・主格。factī sunt は faciō の直説法・受動態・完了、3人称複数。certiōrem facere ⟨人⟩ の構文で、「⟨人⟩ に知らせる」。前半の直訳は、「ヘルウェーティイー族が彼の到着についてより確かな状態にされた時（＝知らされた時）」となる。
6. is の変化形が入る。cognōvī は cognoscō（知る）の直説法・能動態・完了、1人称単数。時称は完了だが意味は現在とみなす（情報を得たのは「過去」で、その結果「今」知っている）。

7．女性・単数・対格。
8．nōs の対格が入る。
9．1つ目の空所には再帰代名詞の属格が入る。posita は pōnō（置く）の完了分詞、女性・単数・主格。est と合わせ、「置かれた状態である」。2つ目の空所には指示代名詞 is の女性・単数・属格が入る（virtūs は女性名詞）。
10．空所には vōs の呼格が入る。vestrum は所有形容詞 vester の中性・単数・対格。testor（誓う）は形式受動態動詞の直説法・受動態・現在、1人称単数。

練習問題 34
解答 p.309

和訳しなさい。

1．Omnia mēcum portō mea. Cic.Par.8
2．Apēs nōn sibi mellificant.
3．Nōn sibi, sed patriae. Cic.Fin.2.45
4．Homō doctus in sē semper dīvitiās habet.
5．Ex aliēnō perīculō sapiens sē corrigit et ēmendat.
6．Sapiens sibi imperat.
7．Posterō diē castra ex eō locō movent. Caes.B.G.1.15
8．Num, tibi cum faucēs ūrit sitis, aurea quaeris pōcula? Hor.Sat.1.2.114-115
9．Tē tua, mē mea dēlectant.
10．Ex eō oppidō pons ad Helvētiōs pertinet. Caes.B.G.1.6

注

1．Omnia は omnis の中性・複数・対格。「すべてのもの」を意味するが、文脈上「財産」と解す（名詞的用法）。mēcum は cum mē を表す。
2．sibi は「利害関係の与格」。「～のために」と訳す。
3．sibi と patriae はともに与格（利害関係の与格）。
4．doctus は Homō にかかる（男性・単数・主格）。dīvitiās（複数・対格）は habet の目的語。
5．sē は corrigit と ēmendat の目的語（対格）。

6．imperat は与格を取る。
7．eō は指示形容詞 is の男性・単数・与格で locō にかかる。
8．tibi は「共感の与格」。faucēs にかけて「あなたの喉を」と訳す。
9．tua と mea はともに中性・複数・主格（名詞的用法）。それぞれ「あなたのものは」、「私のものは」と訳す。
10．eō は指示形容詞 is の中性・単数・奪格で oppidō にかかる。

2 指示代名詞（2）、強意代名詞、疑問代名詞

● 指示代名詞 hic　これ、この

	男性	女性	中性
単数・主格（呼格）	hic	haec	hoc
属格	hūjus	hūjus	hūjus
与格	huīc	huīc	huīc
対格	hunc	hanc	hoc
奪格	hōc	hāc	hōc
複数・主格（呼格）	hī	hae	haec
属格	hōrum	hārum	hōrum
与格	hīs	hīs	hīs
対格	hōs	hās	haec
奪格	hīs	hīs	hīs

確認問題　空所に指示代名詞 hic の適切な形を入れなさい。

1. （　　　　　）homō sānus nōn est. Pl.Am.402
   この人間は正気ではない。
2. Accipite（　　　　　）animam mēque（　　　　　）exsolvite cūrīs. Verg.Aen.4.652
   この命を受け入れ、私をこれらの苦悩から解き放ってくれ。
3. （　　　　　）caput, ō cīvēs,（　　　　　）bellī summa nefandī. Verg. Aen.12.572
   おお、市民たちよ、これが忌まわしい戦争の頭であり急所である。
4. （　　　　　）ante omnia fac, mī Lūcīliī: disce gaudēre. Sen.Ep.23.3
   何よりも先にこのことを行え、我がルーキーリウスよ。（すなわち）楽しむことを学べ。
5. Dabit deus（　　　　　）quoque fīnem. Verg.Aen.1.199
   神はこれらにも終わりを与えるだろう。

注

1. 空所の語は男性・単数・主格。指示形容詞として homō にかかる（性・数・格が一致）。
2. 1つ目の空所の語は指示形容詞として animam にかかる。2つ目の語は同じく cūrīs にかかる。
3. 1つ目の空所の語は前半の文の主語（caput が補語）。2つ目の語は後半の文の主語（summa が補語）。これらの文において主語と補語は性・数・格が一致する。
4. 空所の語は fac の目的語（中性・単数・対格）。内容的にはコロン以下の命令文を指す。mī は meus の単数・呼格。
5. Dabit は不規則動詞 dō の直説法・能動態・未来、3人称単数。空所には hic の中性・複数形が入る（間接目的語）。原文では中性名詞 malum（不幸）の複数 mala を指す。

解 答

1. Hic（男性・単数・主格）
2. hanc / hīs（女性・単数・対格 / 女性・複数・奪格）
3. Hoc / haec（中性・単数・主格 / 女性・単数・主格）
4. Hoc（中性・単数・対格）
5. hīs（中性・複数・与格）

● 指示代名詞 iste　それ、その

	男性	女性	中性
単数・主格(呼格)	iste	ista	istud
属格	istīus	istīus	istīus
与格	istī	istī	istī
対格	istum	istam	istud
奪格	istō	istā	istō
複数・主格(呼格)	istī	istae	ista
属格	istōrum	istārum	istōrum
与格	istīs	istīs	istīs
対格	istōs	istās	ista
奪格	istīs	istīs	istīs

確認問題　空所に指示代名詞 iste の適切な形を入れなさい。

1．Nōn erit（　　　　）amīcitia, sed mercātūra. Cic.N.D.1.122
　（あなたの言う）それは友情ではなく取引に過ぎないものになるだろう。
2．Dē（　　　　）rēbus exspectō tuās litterās. Cic.Att.2.5.2
　私は君の状況（近況）についての君の手紙を待っている。
3．Tolle（　　　　）excūsātiōnēs. Sen.Ep.17.5
　（あなたの言う）それらの言い訳を取り下げよ。
4．Quid（　　　　）tuus praeter nova carmina vātēs dōnat? Ov.Am. 1.8.57-58
　あなたのその詩人は新しい詩のほかに何を贈るのか。
5．Quod est（　　　　）crīmen senectūtis? Cic.Sen.67
　（あなたの言う）それはいかなる老年への非難なのか。

注
1．空所の語は主語。補語 amīcitia（女性・単数・主格）と性・数・格を一致させる。
2．rēbus と性・数・格を一致させる。
3．excūsātiōnēs と性・数・格を一致させる。

4．空所の語は指示形容詞として vātēs にかかる。
5．疑問形容詞 Quod は crīmen にかかる。空所の語は主語として、補語 crīmen と性・数・格を一致させる。senectūtis は「目的語的属格」で crīmen にかかる。

解答
1．ista（女性・単数・主格）　　2．istīs（女性・複数・奪格）
3．istās（女性・複数・対格）　　4．iste（男性・単数・主格）
5．istud（中性・単数・主格）

● 指示代名詞 ille　あれ、あの

	男性	女性	中性
単数・主格(呼格)	ille	illa	illud
属格	illīus	illīus	illīus
与格	illī	illī	illī
対格	illum	illam	illud
奪格	illō	illā	illō
複数・主格(呼格)	illī	illae	illa
属格	illōrum	illārum	illōrum
与格	illīs	illīs	illīs
対格	illōs	illās	illa
奪格	illīs	illīs	illīs

確認問題　空所に指示代名詞 ille の適切な形を入れなさい。

1．Tūne（　　　　）Aenēās? Verg.Aen.1.617
   あなたがあのアエネーアースなのか。
2．Hoc（　　　　）, germāna, fuit? Verg.Aen.4.675
   姉上、あれはこれだったのか（あれは、このために行われたことだったのか）。
3．Ōtia corpus alunt; animus quoque pascitur（　　　　）. Ov.Pont. 1.4.21

閑暇は体を養う。精神もそれら（閑暇）に育てられる。
4. Memoriam（　　　　）virī omnēs excipient annī consequentēs. Cic.Sen.19
来るべきすべての歳月があの英雄の記憶を受け継いでいくだろう。
5. Ex eōdem Pontō Mēdēa（　　　　）quondam profūgisse dīcitur. Cic.Pomp.22
同じポントゥス（黒海）からあのメーデーアがかつて逃亡したと伝えられる。

注
1. Tūne の -ne は文頭の語に添えられ、直接疑問文を作る。動詞 es が省略。
2. 主語は Hoc。fuit は sum の直説法・能動態・完了、3人称単数。
3. pasciturはpascō（育てる）の直説法・受動態・現在、3人称単数。空所には中性・複数・奪格が入る（行為者の奪格）。
4. 空所には指示形容詞が入る。virī と性・数・格を一致させる。
5. 空所には指示形容詞が入る。直前の Mēdēa と性・数・格を一致させる。profūgisse は profugiō（逃亡する）の不定法・能動態・完了。dīcitur は dīcō（言う）の直説法・受動態・現在、3人称単数。

解答
1. ille（男性・単数・主格）　2. illud（中性・単数・主格）
3. illīs（中性・複数・奪格）　4. illīus（男性・単数・属格）
5. illa（女性・単数・主格）

● 指示代名詞 īdem 同じもの、同じ

	男性	女性	中性
単数・主格	īdem	eadem	idem
属格	ējusdem	ējusdem	ējusdem
与格	eīdem	eīdem	eīdem
対格	eundem	eandem	idem
奪格	eōdem	eādem	eōdem
複数・主格	īdem, iīdem, eīdem	eaedem	eadem
属格	eōrundem	eārundem	eōrundem
与格	eīsdem, īsdem	eīsdem, īsdem	eīsdem, īsdem
対格	eōsdem	eāsdem	eadem
奪格	eīsdem, īsdem	eīsdem, īsdem	eīsdem, īsdem

【確認問題】 空所に指示代名詞 īdem の適切な形を入れなさい。

1．Amor omnibus（　　　　　）. Verg.Geo.3.244
　愛はすべてにとって同じである。
2．（　　　　）prōbāmus,（　　　　）reprehendimus. Sen.Vit.1.5
　我々は同じもの（複数）を是認し、同じものを非難する。
3．Rīdētur, chordā quī semper oberrat（　　　　）. Hor.A.P.356
　いつも同じ弦で弾き間違える者（琴弾き）は嘲笑される。
4．In（　　　　）es nāvī.
　あなたは（私と）同じ船に乗っている。
5．Fortūna numquam sistit in（　　　　）statū.
　運命は決して同じ場所に立ち止まらない。

注
1．omnibus は「判断者の与格」。
2．どちらにも中性・複数・対格が入る。
3．空所には chordā にかかる指示形容詞が入る（両者の性・数・格は一致）。Rīdētur は rīdeō（嘲笑する）の直説法・受動態・現在、3人称単数。quī は関係代名詞、男性・単数・主格（先行詞は省略）。

4．空所には nāvī にかかる指示形容詞が入る。
5．空所には statū にかかる指示形容詞が入る。

解 答
1．īdem（男性・単数・主格）
2．Eadem / eadem（ともに中性・複数・対格）
3．eādem（女性・単数・奪格）
4．eādem（女性・単数・奪格）
5．eōdem（男性・単数・奪格）

● 強意代名詞 ipse　それ自身

	男性	女性	中性
単数・主格	ipse	ipsa	ipsum
属格	ipsīus	ipsīus	ipsīus
与格	ipsī	ipsī	ipsī
対格	ipsum	ipsam	ipsum
奪格	ipsō	ipsā	ipsō
複数・主格	ipsī	ipsae	ipsa
属格	ipsōrum	ipsārum	ipsōrum
与格	ipsīs	ipsīs	ipsīs
対格	ipsōs	ipsās	ipsa
奪格	ipsīs	ipsīs	ipsīs

確認問題　空所に強意代名詞 ipse の適切な形を入れなさい。

1．Initium sapientiae cognitiō suī（　　　　）．
　　知恵の始まりは自分自身を知ることである。
2．（　　　　）dixit. Cic.N.D.1.10
　　彼自身が言った。
3．Cognosce tē（　　　　）．
　　汝自らを知れ。
4．Multī multa sapiunt, et sē（　　　　）nesciunt.

多くの者は多くのことを知るが、自分自身を知らない。
5．Dī ā nullō videntur,（　　　　）autem omnia vident.
神々は誰にも見られないが、自らはすべてを見ている。

注
1．空所の語は「目的語的属格」。suī とともに cognitiō にかかる。
2．dixit は dīcō の直説法・能動態・完了、3人称単数。
3．tē（男性・単数・対格）と性・数・格を一致させる。
4．sē（男性・複数・対格）と性・数・格を一致させる。
5．videntur は videō の直説法・受動態・現在、3人称複数。後半の文の動詞 vident の主語は前半の文の主語と同じ dī（神々）。空所の語は dī と性・数・格を一致させる。

解答
1．ipsīus（男性・単数・属格）　2．Ipse（男性・単数・主格）
3．ipsum（男性・単数・対格）　4．ipsōs（男性・複数・対格）
5．ipsī（男性・複数・主格）

● 疑問代名詞 quis　誰が、何が

	男性	女性	中性
単数・主格	quis	quis	quid
属格	cūjus	cūjus	cūjus
与格	cuī	cuī	cuī
対格	quem	quem	quid
奪格	quō	quō	quō
複数・主格	quī	quae	quae
属格	quōrum	quārum	quōrum
与格	quibus	quibus	quibus
対格	quōs	quās	quae
奪格	quibus	quibus	quibus

確認問題 空所に疑問代名詞の適切な形を入れなさい。

1. (　　　　　) est nōmen tibi?
   あなたの名前は何ですか。
2. Nūdō dētrahere vestīmenta (　　　　　) potest?
   誰が裸の者から衣服を取り去ることができるか。
3. (　　　　　) faciant lēgēs ubi sōla pecūnia regnat? Petr.14
   金銭だけが支配する時、法律は何ができようか。
4. (　　　　　) metuī moritūra? Verg.Aen.4.604
   死のうとする者として（死を覚悟しながら）私は誰を恐れたのか。
5. (　　　　　) quibus anteferam? Verg.Aen.4.371
   何を（複数）何より優先しようか。

注
1. 空所には主語 nōmen と性・数・格を合わせた形が入る。tibi は「所有の与格」。
2. 「誰が」に当たる語が入る（男性・単数・主格）。
3. 「何を」に当たる語が入る（中性・単数・対格）。faciant は faciō の接続法・能動態・現在、3人称複数。
4. 「誰を」に当たる語が入る（男性・単数・対格）。metuī は metuō の直説法・能動態・完了、1人称単数。moritūra は形式受動態動詞 morior の未来分詞 moritūrus, -a, -um（死のうとしている）の女性・単数・主格。
5. 「何を」に当たる語が入る（中性・複数・対格）。anteferam は anteferō（優先する）の接続法・能動態・現在、1人称単数。

解答
1. Quid（中性・単数・主格）　2. quis（男性・単数・主格）
3. Quid（中性・単数・対格）　4. Quem（男性・単数・対格）
5. Quae（中性・複数・対格）

● 疑問形容詞 **quī** どの、何の

	男性	女性	中性
単数・主格	quī	quae	quod
属格	cūjus	cūjus	cūjus
与格	cuī	cuī	cuī
対格	quem	quam	quod
奪格	quō	quā	quō

確認問題 空所に疑問形容詞の適切な形を入れなさい。

1. (　　　　　) homō dīcit?
   どの人が言うのか。
2. (　　　　　) auxilium exspectās?
   君はいかなる援助を期待するのか。
3. Ignōrantī (　　　　　) portum petat, nullus suus ventus est. Sen.Ep. 71.3
   どの港を目指すかを知らない人に順風は吹かない。
4. (　　　　　) nunc sollicitor rēbus! Ter.Ad.36
   今私はどんな状況に（or 状況の中で）苦しめられていることか！
5. Sed quis ego sum aut (　　　　　) est in mē facultās? Cic.Amic.17
   しかし私は誰なのか、あるいはいかなる力が私にはあるのか。

注

1. 空所の語は homō にかかる（性・数・格が一致）。homō は基本的に男性名詞として用いられる。
2. 空所の語は auxilium にかかる。
3. Ignōrantī は ignōrō の現在分詞、男性・単数・与格（名詞的用法）。空所の語は第4変化名詞 portum（男性・単数・対格）にかかる。
4. 空所の語は rēbus にかかる。sollicitor は sollicitō（苦しめる）の直説法・受動態・現在、1人称単数。
5. 空所の語は facultās にかかる。

解 答

1. Quī（男性・単数・主格） 2. Quod（中性・単数・対格）
3. quem（男性・単数・対格） 4. Quibus（女性・複数・奪格）
5. quae（女性・単数・主格）

練習問題 35

解答 p.310

空所に適切な代名詞を入れなさい。

1. (　　　　　) tē, genitor, sententia vertit? Verg.Aen.1.237
   父よ、いかなる考えがあなたを変えるのか。
2. (　　　　　) opus, (　　　　　) labor est. Verg.Aen.6.129
   これが一仕事、これが一苦労である。
3. Dīc mihi, crās (　　　　　), Postume, quandō venit? Mart.5.58.2
   おまえの「明日」は、ポストゥムスよ、いつ訪れるのか、言ってくれ。
4. Forsan et (　　　　　) ōlim meminisse juvābit. Verg.Aen.1.203
   おそらく、これらのことをいつか思い出すことが、喜びを与えるだろう。
5. Avārus (　　　　　) miseriae causa est suae.
   貪欲な者は自分自身が自分の不幸の原因である。
6. Nōlī (　　　　　) tranquillitātī confīdere. Sen.Ep.4.7
   この静けさを過信するな。
7. (　　　　　) omnium fortissimī sunt Belgae. Caes.B.G.1.1
   これらすべての中で最も勇敢なのがベルガエ族である。
8. (　　　　　) custōdiet (　　　　　) custōdēs? Juv.6.347-348
   誰が見張り人自身を見張るのだろうか。
9. (　　　　　) vir haud magnā cum rē, sed plēnus fideī. Cic.Sen.1
   あの男は大きな資産は持たないが、信義でいっぱいである（信義に篤い）。
10. Virtūtem amāvī (　　　　　) virī. Cic.Amic.102
    私はあの人物の美徳を愛した。

注

1. 空所には疑問形容詞が入り、sententia にかかる。
2. ともに hic を変化させた形が入る。それぞれが文の主語として、隣り

合わせの名詞（補語）と性・数・格が一致する。
3．空所の語は直前の crās にかかる。crās は副詞としての意味は持たず、「明日」という名の名詞として使われている（中性・単数・主格）。
4．hic の中性・複数・対格が入る。
5．Avārus は男性・単数・主格。空所の語はこれに性・数・格を合わせる。
6．空所には tranquillitātī にかかる指示形容詞が入る。
7．空所には hic の男性・複数・属格が入る。fortissimī は fortis の最上級、男性・複数・主格。
8．1つ目には疑問代名詞、男性・単数・主格が入る。2つ目には強意代名詞 ipse の男性・複数・対格が入る（custōdēs と性・数・格が一致）。
9．空所には vir にかかる指示形容詞 ille, illa, illud の変化形が入る。
10．空所には virī にかかる指示形容詞 ille, illa, illud の変化形が入る。amāvī は amō の直説法・能動態・完了、1人称単数。

練習問題 36

解答 p.310

和訳しなさい。

1．Dat gemitum rumpitque hās īmō pectore vōcēs. Verg.Aen.11.377
2．Quid loquor? Aut ubi sum? Quae mentem insānia mūtat? Verg.Aen.4.595
3．Nisi deus istīs tē corporis custōdiīs līberāverit, hūc tibi aditus patēre nōn potest. Cic.Rep.6.15
4．Mē nōn fructus modo, sed etiam ipsīus terrae vīs ac nātūra dēlectat. Cic.Sen.51
5．Fēcundī calicēs quem nōn fēcēre disertum? Hor.Ep.1.5.19
6．Hī omnēs linguā, institūtīs, lēgibus inter sē differunt. Caes.B.G.1.1
7．Eadem probāmus, eadem reprehendimus. Sen.Vit.1.5
8．Hōc tempore obsequium amīcōs, vēritās odium parit. Ter.And.67-68
9．Haec caelestia semper spectātō, illa hūmāna contemnitō. Cic.Rep.6.20
10．Stat sua cuīque diēs, breve et irreparābile tempus omnibus est vītae; sed fāmam extendere factīs, hoc virtūtis opus. Verg.Aen.10.467-469

注

1. pectore は「起源の奪格」。īmō と合わせ「胸の奥底から」と訳す（直訳は「奥底の胸から」）。Dat と rumpit は「歴史的現在」。完了とみなして訳す。
2. Quid は「何を」とも「なぜ」とも訳せる。疑問形容詞 Quae は insānia にかかる。
3. līberāverit は līberō の直説法・能動態・未来完了。hūc（こちらに）は副詞だが aditus と合わせ、「こちらへの入り口」と訳す。tibi は「あなたのために」。
4. nōn modo A sed etiam B で「A のみならず B も」。ipsīus は terrae にかかる（女性・単数・属格）。
5. 動詞 fēcēre の目的語は quem（誰を）、補語は disertum（ともに男性・単数・対格）。fēcēre は faciō の直説法・能動態・完了、3人称複数。
6. linguā、institūtīs、lēgibus はいずれも「判断の奪格」。「〜の点で」と訳す。
7. eadem は īdem の中性・複数・対格。
8. Hōc は hic の中性・単数・奪格。
9. Haec は caelestia にかかる（中性・複数・対格）。illa は hūmāna にかかる（中性・複数・対格）。caelestia も hūmāna も形容詞であるが名詞として用いられている。文脈上、それぞれ「天界の光景」、「人間世界の光景」を意味する。
10. cuīque は不定代名詞 quisque の男性・単数・与格。「めいめいに（とって）」と訳す。hoc は直前の不定法句の内容（名声を事績によって広げること）を指す。

3　代名詞的形容詞

代名詞的形容詞

1．alius, -a, -ud 　　　　　　　　他の（other）
2．alter, -era, -erum 　　　　　　（2つのうち）他方の（other of two）
3．neuter, -tra, -trum 　　　　　　（2つのうち）どちらも〜ない（neither）
4．nullus, -a, -um 　　　　　　　 誰（何）も〜ない（no）
5．sōlus, -a, -um 　　　　　　　 ただ1人（1つ）の（only）
6．tōtus, -a, -um 　　　　　　　　全体の（whole）
7．ullus, -a, -um 　　　　　　　　いかなる人（もの）も（any）
8．ūnus, -a, -um 　　　　　　　　1人（1つ）の（one）
9．uter, -tra, -trum 　　　　　　　（2つのうちの）どちら（which of two?）
10．nōnnullus, -a, -um 　　　　　　いく人かの、いくつかの（several）
11．uterque, utraque, utrumque　2つのうちどちらも（each of two）

これらの形容詞は、**単数の属格**と**与格**で代名詞の特徴を示す変化形を持ちます（属格が -īus で終わり、与格が -ī で終わる）。

● alius （他の）の変化

	男性	女性	中性
単数・主格	alius	alia	aliud
属格	**alīus**	**alīus**	**alīus**
与格	**alī**	**alī**	**alī**
対格	alium	aliam	aliud
奪格	aliō	aliā	aliō
複数・主格	aliī	aliae	alia
属格	aliōrum	aliārum	aliōrum
与格	aliīs	aliīs	aliīs
対格	aliōs	aliās	alia
奪格	aliīs	aliīs	aliīs

ūnus（1つの）の変化

	男性	女性	中性
単数・主格	ūnus	ūna	ūnum
属格	**ūnīus**	**ūnīus**	**ūnīus**
与格	**ūnī**	**ūnī**	**ūnī**
対格	ūnum	ūnam	ūnum
奪格	ūnō	ūnā	ūnō

※ ūnus には複数はありません。

確認問題 指示された形を答えなさい。
1．alter の男性・単数・属格
2．neuter の男性・単数・与格
3．nullus の女性・単数・主格
4．sōlus の女性・単数・属格
5．tōtus の中性・単数・与格
6．ullus の中性・単数・対格
7．uter の男性・複数・主格
8．nōnnullus の女性・複数・属格
9．uterque の中性・複数・奪格
10．alius の男性・単数・与格

解　答
1．alterīus　　2．neutrī　　3．nulla　　4．sōlīus　　5．tōtī
6．ullum　　7．utrī　　8．nōnnullārum　　9．utrīsque　　10．aliī

代名詞的形容詞の用法

確認問題 空所に alius の適切な形を入れなさい。
1．Nihil（　　　　）est ēbrietās quam voluntāria insānia. Sen.Ep.83.18
酩酊は自発的な狂気以外の何ものでもない。
2．Crīmina quī cernunt（　　　　）, nōn sua cernunt.
他人の罪を見る者は自分の罪を見ない。

3. Aliēna nōbīs, nostra plūs（　　　）placent.
   他人のものは我々を、我々のものは他人を、よりいっそう喜ばせる。
4. （　　　）reminiscēbantur veteris fāmae. Nep.Phoc.4
   他の者たちは昔の名声を思い出していた。
5. Sed quid ego（　　　）? Cic.Sen.45
   だがなぜ私は他人について（語るのか）。

注
1. 主語は ēbrietās、Nihil（中性・単数・主格）は補語。
2. quī は関係代名詞、男性・複数・主格（先行詞は省略）。
3. Aliēna, nostra はともに中性・複数・主格。placent は与格を取る。
4. 空所には alius の男性・複数・主格が入る。reminiscēbantur は形式受動態動詞 reminiscor の直説法・受動態・未完了過去、3人称複数。
5. 空所には alius の男性・複数・対格が入る。
※1. 以外はすべて形容詞の名詞的用法。

解答
1. aliud（中性・単数・主格）　2. aliōrum（男性・複数・属格）
3. aliīs（男性・複数・与格）　4. Aliī（男性・複数・主格）
5. aliōs（男性・複数・対格）

確認問題　空所に alter の適切な形を入れなさい。
1. Miserum est arbitriō（　　　）vīvere. Syr.412
   他人の思惑に従って生きることは惨めである。
2. Est enim amīcus quī est tamquam（　　　）īdem. Cic.Amic.80
   というのも、友人は第二の（自分と）同じようなものだからである。
3. Ūsus est（　　　）nātūra.
   習慣は第二の天性である。
4. （　　　）iter erat per prōvinciam nostram. Caes.B.G.1.6
   第二の道は我々の属州を通るものであった。
5. In（　　　）parte flūminis lēgātum relinquit. Caes.B.G.2.5
   彼は川の一方の側に使者を残しておく。

注
1. vīvere が主語、Miserum が補語。
2. 主語は amīcus、補語は quī 以下。quī は関係代名詞、男性・単数・主格（先行詞は省略）。
3. 空所の語は nātūra と性・数・格が一致。
4. 空所の語は iter と性・数・格が一致。
5. 空所の語は parte と性・数・格が一致。

解 答
1. alterīus（男性・単数・属格）　2. alter（男性・単数・主格）
3. altera（女性・単数・主格）　4. Alterum（中性・単数・主格）
5. alterā（女性・単数・奪格）

確認問題　空所に neuter の適切な形を入れなさい。
1. Dēbēmus（　　　　）eōrum contrā alium juvāre. Caes.B.C.1.35
   我々は彼ら（2人）のどちらをも、他方に背く形で援助すべきではない。
2. Ita fīet ut（　　　　）lingua alterī officiat. Quint.1.1.14
   どちらの言語ももう片方の邪魔にならないようになるだろう。
3. Quotiēns tandem ēdixī tibi, ut cavērēs,（　　　　）ad mē īrētis cum querimōniā? Pl.Men.784-785
   私はいったい何度おまえに注意せよと言ったことか、（夫婦二人の）どちらも不平を持って私のところに来ないようにと。
4. （　　　　）transeundī initium faciunt. Caes.B.G.2.9
   （両軍の）双方が（沼を）渡ることの開始を行わない（渡り始めない）。
5. In eō（　　　　）contemnenda est sententia. Cic.Off.1.70
   その点で双方の意見はどちらも軽視されるべきではない。

注
1. 空所には neuter の男性・単数・対格が入る。
2. officiat は officiō の接続法・能動態・現在、3人称単数。
3. ēdixī は ēdīcō（言う）の直説法・能動態・完了、1人称単数。cavērēs は caveō（注意する）の接続法・能動態・未完了過去、2人称単数、

īrētis は eō（行く）の同形、2人称複数。
4. transeundī は transeō（渡る）の動名詞、単数・属格。initium にかかる。
5. contemnenda（軽視されるべき）は contemnō（軽視する）の動形容詞、女性・単数・主格。

解　答
1．neutrum　　2．neutra　　3．neuter　　4．Neutrī　　5．neutrōrum

確認問題　空所に nullus の適切な形を入れなさい。
1. Ignōtī（　　　　）cupīdō. Ov.A.A.3.397
   知らないものに対してはいかなる欲望も（生じ）ない。
2. Amīcus omnium amīcus（　　　　　）.
   万人の友は誰の友でもない。
3. Ego（　　　　）aetātem ad discendum arbitror immātūram.
   私は、いかなる年齢も学ぶのに若すぎることはないと思う。
4. （　　　　）amor est sānābilis herbīs. Ov.Met.1.523
   いかなる薬草によっても愛は癒されない。
5. （　　　　）sine exitū iter est. Sen.Ep.77.13
   終わりのない旅はない。

注
1. 文末に動詞 est を補って解する。Ignōtī は「目的語的属格」。
2. omnium は omnis の男性・複数・属格（名詞的用法）。
3. 文末に不定法 esse を補う。aetātem が意味上の主語、immātūram が補語となる不定法句を arbitror は目的語に取る。discendum は discō の動名詞、中性・単数・対格。
4. 空所には herbīs と性・数・格の一致した形が入る。
5. 空所には iter と性・数・格の一致した形が入る。

解　答
1．nulla（女性・単数・主格）　　2．nullōrum（男性・複数・属格）
3．nullam（女性・単数・対格）　　4．Nullīs（女性・複数・奪格）

5．Nullum（中性・単数・主格）

確認問題　空所に sōlus の適切な形を入れなさい。
1．Tū mihi（　　　　　）placēs. Prop.2.7.19
   おまえだけが私を喜ばせる。※主語は女性。
2．（　　　　　）meārum miseriārum est remedium. Ter.Ad.294
   彼一人が私の苦悩の救済である。
3．Mihi jūs concurrere（　　　　　）. Verg.Aen.12.315
   私一人にとって戦うことは正しい（私一人で戦うのが正しい）。
4．Nec（　　　　　）poenās dant sanguine Teucrī. Verg.Aen.2.366
   血によって罪を償うのはテウクリー人だけではない。
5．Heu mē miseram! Habeō nēminem,（　　　　　）sumus. Ter.Ad.291-292
   ああ、何て惨めな私でしょう。私は誰も持っていない（誰も側にいないわ）。いるのは私たち二人（女性）だけよ。

注
1．主語は女性なので、空所には女性・単数・主格が入る。
2．空所の語は、est の形から想定される主語 ille（彼は）を修飾する。
3．空所の語は Mihi にかかる（男性・単数・与格）。
4．空所の語は Teucrī にかかる（男性・複数・主格）。
5．mē miseram は「感嘆の対格」。sumus の主語は女性なので、空所には女性・複数・主格が入る。

解　答
1．sōla（女性・単数・主格）　　2．Sōlus（男性・単数・主格）
3．sōlī（男性・単数・与格）　　4．sōlī（男性・複数・主格）
5．sōlae（女性・複数・主格）

確認問題　空所に tōtus の適切な形を入れなさい。
1．Quī（　　　　　）vult,（　　　　　）perdit.
   全部（単数）を望む者は全部を失う。

133

2. Patria mea (　　　　) hic mundus est. Sen.Ep.28.4
   私の祖国はこの全世界である。
3. Ego hōc tē (　　　　) nōn vīdī diē. Ter.Ad.527
   私は（今会うまで）今日一日あなたを見なかった。
4. Telamō ūnō versū (　　　　) locum conficit. Cic.N.D.3.79
   テラモーンは、（議論の）主題全体を一行の詩句で要約している。
5. Cynicōrum ratiō (　　　　) est ēicienda. Cic.Off.1.148
   犬儒学派の哲学者たちの学説は、その全部が退けられるべきである。

注
1. quī は関係代名詞、男性・単数・主格（先行詞は省略）。
2. 空所には mundus と性・数・格の一致した形が入る。
3. 指示代名詞 hōc は diē にかかる男性・単数・奪格（時の奪格）。空所には tōtus の同じ形が入る。vīdī は videō（見る）の直説法・能動態・完了、1人称単数。
4. 空所の語は locum を修飾（性・数・格が一致）。
5. 空所の語は ratiō と性・数・格が一致。ēicienda は ēiciō（退ける）の動形容詞、女性・単数・主格。

解 答
1. tōtum / tōtum（中性・単数・対格）　2. tōtus（男性・単数・主格）
3. tōtō（男性・単数・奪格）　4. tōtum（男性・単数・対格）
5. tōta（女性・単数・主格）

確認問題　空所に ullus の適切な形を入れなさい。
1. Nōn fert (　　　　) ictum illaesa fēlīcitās. Sen.Prov.2.6
   損なわれたことのない幸福はいかなる打撃にも耐えられない。
2. Nōn est consuētūdō populī Rōmānī, (　　　　) accipere ab hoste armātō condiciōnem. Caes.B.G.5.41
   ローマ国民の習慣ではない、武装した敵から何らかの条件を受け取ることなどは。
3. Sōlis candor illustrior est quam (　　　　) ignis. Cic.N.D.2.40

太陽の輝きは、いかなる火の輝きよりも眩しい。
4. Hīc fessās nōn vincula nāvīs（　　　　）tenent. Verg.Aen.1.168-169
ここでは疲れた船をいかなる綱もつなぎ止めることはない。
5. Dīcunt sibi esse in animō sine（　　　　）maleficiō iter per prōvinciam facere. Caes.B.G.1.7
彼らは言う、自分たちの心の内にあるのは、いかなる迷惑もかけずに属州を通過することだと。

注
1. 空所の語は ictum と性・数・格が一致。
2. 空所の語は condiciōnem と性・数・格が一致。
3. illustrior は illustris の比較級、男性・単数・主格。quam の次に candor が省略。
4. 空所の語は vincula と性・数・格が一致。
5. sibi は「共感の与格」。空所の語は maleficiō と性・数・格が一致。

解 答
1. ullum（男性・単数・対格）　2. ullam（女性・単数・対格）
3. ullīus（男性・単数・属格）　4. ulla（中性・複数・主格）
5. ullō（中性・単数・奪格）

確認問題　空所に ūnus の適切な形を入れなさい。
1. Quī culpae ignoscit（　　　　）suādet plūribus.
一つの罪を見逃す者は多くの者に罪を勧める。
2. （　　　　）prō omnibus, omnēs prō（　　　　）.
一人はみんなのために、みんなは一人のために。
3. Flōs（　　　　）nōn facit hortum.
一輪の花が庭を作るのではない。
4. （　　　　）ob īram Italīs longē disjungimur ōrīs. Verg.Aen.1.251-252
一人（女性）の怒りのために我々はイタリアの岸辺から遠く隔てられ

ている。
5. Hunc（　　　　）plūrimae consentiunt gentēs populī prīmārium fuisse virum. Cic.Sen.61
この者一人が（ローマ）国民第一の勇士であったときわめて多くの国が同意する。

注
1. quī は関係代名詞、男性・単数・主格（先行詞は省略）。ignoscit は与格を取る。
2. prō は奪格を取る。
3. 空所の語は Flōs にかかる。
4. 空所には女性・単数・属格が入る。原文ではユッピテルの妻ユーノーを指す。disjungimur は disjungō の直説法・受動態・現在、1人称複数。
5. fuisse は sum の不定法・能動態・完了。その意味上の主語が Hunc（男性・単数・対格）となる（対格不定法）。

解　答
1. ūnī（女性・単数・与格）
2. Ūnus（男性・単数・主格）／ūnō（男性・単数・奪格）
3. ūnus（男性・単数・主格）
4. Ūnīus（女性・単数・属格）
5. ūnum（男性・単数・対格）

確認問題　空所に uter の適切な形を入れなさい。
1. （　　　　）ex hīs tibi sapiens vidētur? Sen.Ep.90.14
これら（2人）のどちらが君には賢者に見られる（見える）のか。
2. （　　　　）igitur māvīs? Cic.Tusc.4.4
それでは、あなたは（2つの）どちらを選ぶか。
3. Hārum duārum condiciōnum nunc（　　　　）mālīs vidē. Ter.Heaut.326
これら2つの条件のうち、あなたは今どちらを選ぶのか、考えてみよ。
4. （　　　　）hōrum verba probēs et facta, docē. Hor.Ep.1.17.15-16

これら（2人）のどちらの言葉と行動をあなたは是認するか、教えてくれ。
5. Hōrum（　　　　　）ūtī nōlumus. Cic.Sest.92
   これら（2つ）のどちらを用いることも我々は欲しない。

注

1. vidētur は videō の直説法・受動態・現在、3人称単数。
2. māvīs は不規則動詞 mālō の直説法・能動態・現在、2人称単数。
3. mālīs は不規則動詞 mālō の接続法・能動態・現在、2人称単数（間接疑問文ゆえ接続法）。condiciōnum（女性・複数・属格）は「部分の属格」。空所には condiciōnem（女性・単数・対格）に一致した形が入る。
4. probēs は probō の接続法・能動態・現在、2人称単数。
5. 原文で hōrum は jūs（正義）と vīs（力）を指す。uter は否定文で「二つのどちらも〜ない」を意味する。ūtī は形式受動態動詞 ūtor の不定法。ūtor は奪格を取るので空所には中性・単数・奪格が入る。

解 答

1. Uter（男性・単数・主格）　2. Utrum（中性・単数・対格）
3. utram（女性・単数・対格）　4. Utrīus（男性・単数・属格）
5. utrō（中性・単数・奪格）

確認問題　空所に nōnnullus の適切な形を入れなさい。

1. Frūmentī cōpiam legiōnāriī（　　　　　）habēbant. Caes.B.C.1.78
   軍団兵はいくらかの穀物の蓄えを持っていた。
2. （　　　　　）insulae propter acerbitātem imperiī dēfēcerant. Nep. Cim.2
   いくつかの島々は支配の苛酷さゆえに離反していた。
3. （　　　　　）sine parentium disciplīnā rectam vītae secūtī sunt viam. Cic.Off.1.118
   幾人かの者たちは親のしつけなしに正しい人生の道を進んだ。
4. Miltiadēs plērāsque insulās ad officium redīre coēgit,（　　　　　）vī expugnāvit. Nep.Mil.7

ミルティアデースは、大部分の島々には務めに戻るよう強いたが、いくつか（の島々）は武力で征服した。

5．Sed tanta fuit（　　　　　）virtūtis obtrectātiō. Nep.Eum.10
だが、幾人かの人々の（による）美徳への中傷はとても大きなものであった。

注
1．空所の語は cōpiam にかかる。
2．空所の語は insulae にかかる。dēfēcerant は dēficiō の直説法・能動態・過去完了、3人称複数。
3．空所には男性・複数・主格が入る（名詞的用法）。secūtī sunt は形式受動態動詞 sequor の直説法・受動態・完了、3人称複数。
4．空所の次に insulās（女性・複数・対格）が省略。coēgit は cōgō の直説法・能動態・完了、3人称単数。expugnāvit は expugnō の同形。
5．空所には男性・複数・属格が入る（名詞的用法）。fuit は sum の直説法・能動態・完了、3人称単数。

解　答
1．nōnnullam（女性・単数・対格）　　2．Nōnnullae（女性・複数・主格）
3．Nōnnullī（男性・複数・主格）　　4．nōnnullās（女性・複数・対格）
5．nōnnullōrum（男性・複数・属格）

確認問題　空所に uterque の適切な形を入れなさい。

1．Hī ad（　　　　　）rīpam flūminis agrōs, aedificia vīcōsque habēbant. Caes.B.G.4.4
これらの者たちは川の両岸に畑や建物、村落を持っていた。

2．ad（　　　　　）cāsum parātus
どちらの状況に対しても覚悟のできた

3．Proximō diē Caesar ē castrīs（　　　　　）cōpiās suās ēduxit. Caes.B.G.1.50
翌日カエサルは、両方の陣営から自軍を出発させた。

4．（　　　　　）enim vitium est, et omnibus crēdere et nullī. Sen.Ep.3.4

というのも、すべての人を信用することも、誰も信用しないことも、どちらも間違っているからだ。

5. (　　　　) cāsum aspicere dēbet quī imperat. Syr.719
支配する者は両方の場合を見る必要がある。

注

1. rīpam（女性・単数・対格）にかかる。
2. cāsum（男性・単数・対格）にかかる。
3. castrīs（中性・複数・奪格）にかかる。ēduxit は ēdūcō の直説法・能動態・完了、3人称単数。
4. 中性・単数・主格が入る。omnibus と nullī は与格。
5. cāsum（男性・単数・対格）にかかる。quī は関係代名詞、男性・単数・主格（先行詞は省略）。

解 答

1. utramque（女性・単数・対格）　　2. utrumque（男性・単数・対格）
3. utrīsque（中性・複数・奪格）　　4. Utrumque（中性・単数・主格）
5. Utrumque（男性・単数・対格）

nēmō と nihil

　nullus の代名詞形は nēmō（英：nobody）と nihil（英：nothing）です。

主 nēmō　　属 nullīus　　与 nēminī　　対 nēminem　　奪 nullō
主 nihil　　属 (nullīus reī)　与 (nullī reī)　対 nihil　　　奪 (nullā rē)

確認問題　空所に nēmō または nihil の適切な形を入れなさい。

1. (　　　　) deō pauper est.
神にとって貧しい者はいない。
2. Multōs fortūna līberat poenā, metū (　　　　). Sen.Ep.97.16
運命は多くの者を罰から解放するが、恐怖からは誰も解放しない。
3. Grāī praeter laudem (　　　　) avārī erant.
ギリシャ人は賞賛以外に何も求めなかった。
4. Chrȳsippus āit sapientem (　　　　)(　　　　) egēre. Sen.Ep.

9.14
クリューシップスは言う、賢者はいかなるものも欠いていない、と。
5．Ab honestō virum bonum（　　　　）dēterret. Sen.Ep.76.18
いかなるものも立派な人間を高潔な行いから遠ざけない。

注
1．deō は「判断者の与格」。「～にとって」と訳す。
2．metū は「起源の奪格」。「～から」と訳す。
3．avārī（貪欲な）は属格を取る。erant は不規則動詞 sum の直説法・能動態・未完了過去、3 人称複数。
4．不定法（・能動態・現在）egēre の意味上の主語は sapiens の単数・対格 sapientem（対格不定法）。egēre は奪格を取る。
5．空所には文の主語となる語が入る。

解　答
1．Nēmō（男性・単数・主格）　　2．nēminem（男性・単数・対格）
3．nullīus（中性・単数・属格）　　4．nullā rē（女性・単数・奪格）
5．nihil（中性・単数・主格）

練習問題 37
解答 p.310

括弧内に代名詞的形容詞を適切な形にして入れなさい。
1．Facile consilium damus（　　　　）．
　我々は他人には容易に忠告を与える。
2．Alter（　　　　）auxiliō eget.
　（2 人のうちの）一方は他方の助けを必要とする。
3．（　　　　）est hominī perpetuum bonum.
　いかなる人間にも永遠の幸福はない。
4．Nōn sumus in（　　　　）potestāte. Sen.Ep.91.21
　我々は誰の支配下にも置かれていない。
5．In tē（　　　　）atque in tuum nōmen sē（　　　　）convertet cīvitās. Cic.Rep.6.12
　国全体はおまえ 1 人の方に、おまえの名前の方に向かうだろう。

6. (　　　　) est insānior hōrum? Hor.Sat.2.3.102
   これら（2人）のどちらがより狂っているか。
7. Tū servāre potes, tū perdere (　　　　) amantem: ēlige, (　　　　) faciās. Ov.Met.9.547-548
   あなただけ（男性）が、愛する私を救うことも、滅ぼすこともできるのです。（2つのうち）どちらを行うのか、選んでください。
8. Ignōrantia lēgis (　　　　) excūsat.
   法の不知は誰も容赦しない。
9. Duōs quī sequitur leporēs (　　　　) capit.
   2匹のウサギを追う者は両方捕まえることができない。
10. (　　　　) enim laesam ab eō pietātem putābant. Nep.Timo.1
    実際幾人かの者たちは、彼によって信義が損なわれたと考えていた。

注

1. alius の男性・複数・与格。
2. alter の男性・単数・属格。
3. nullus の男性・単数・与格。
4. ullus の男性・単数・属格。
5. 1つ目の空所には ūnus の男性・単数・対格、2つ目には tōtus の女性・単数・主格が入る。
6. insānior は insānus の比較級、男性・単数・主格。
7. 2つ目の空所には uter の中性・単数・対格が入る。amantem の後に mē（私を）を補う。faciās は faciō の接続法・能動態・現在、2人称単数。
8. lēgis は「目的語的属格」。空所には nēmō の男性・単数・対格が入る。
9. quī は関係代名詞、男性・単数・主格（先行詞は省略）。sequitur は形式受動態動詞 sequor の直説法・受動態・現在、3人称単数。空所には neuter の男性・単数・対格が入る。
10. 空所には nōnnullus の男性・複数・主格が入る。laesam は laedō の完了分詞、女性・単数・対格。esse を補い不定法・受動態・完了とみなす。pietās の単数・対格 pietātem はこの不定法（・受動態・完了）の意味上の主語（対格不定法）。

練習問題 38

解答 p.310

和訳しなさい。

1. Industriae nihil impossibile.
2. Nēmō patriam quia magna est amat, sed quia sua. Sen.Ep.66.26
3. Mihi enim līber esse nōn vidētur, quī nōn aliquandō nihil agit. Cic. D.O.2.6.24
4. Dē partibus vītae omnēs dēlīberāmus, dē tōtā nēmō dēlīberat. Sen. Ep.71.2
5. Lucrum sine damnō alterīus fierī nōn potest. Syr.337
6. In amīcitiā nihil fictum est, nihil simulātum. Cic.Amic.26
7. Saepe pater dixit "studium quid inūtile temptās? Maeonidēs nullās ipse relīquit opēs". Ov.Tr.4.10.21-22
8. Satis sunt mihi paucī, satis est ūnus, satis est nullus. Sen.Ep.7.11
9. Nihil aliud est ēbrietās quam voluntāria insānia. Sen.Ep.83.18
10. Ede, bibe, lūde, post mortem nulla voluptās.

注

1. Industriae は「判断者の与格」。文末に est を補って読む。
2. quia は「〜だから」を意味する理由文を導く。
3. Mihi は「判断者の与格」。vidētur は videō の直説法・受動態・現在、3人称単数。主語は quī 以下の人（quī の先行詞は省略）。
4. tōtā の次に vītā を補う。
5. fierī（生まれること）は fīō の不定法・受動態・現在。
6. fictum, simulātum はともに中性・単数・主格。各々 nihil を修飾。
7. dixit は dīcō の直説法・能動態・完了、3人称単数。quid は「なぜ」を意味する疑問副詞。Maeonidēs はホメーロスの詩的呼称。relīquit は relinquō（残す）の直説法・能動態・完了、3人称単数。
8. mihi は「判断者の与格」。
9. Nihil aliud est quam ... は「〈主語は〉…以外の（quam）別の（aliud）なにものでもない（Nihil）」、「〈主語は〉…にほかならない」。
10. 文末に est を補う。

4　不定代名詞

● **aliquis**（m.f.）　誰かある人　**aliquid**（n.）　何かあるもの

	男性	女性	中性
単数・主格（呼格）	aliquis	aliquis	aliquid
属格	alicūjus	alicūjus	alicūjus
与格	alicuī	alicuī	alicuī
対格	aliquem	aliquem	aliquid
奪格	aliquō	aliquō	aliquō
複数・主格（呼格）	aliquī	aliquae	aliqua
属格	aliquōrum	aliquārum	aliquōrum
与格	aliquibus	aliquibus	aliquibus
対格	aliquōs	aliquās	aliqua
奪格	aliquibus	aliquibus	aliquibus

● **aliquī、aliqua、aliquod**　ある、何かある（不定形容詞）

	男性	女性	中性
単数・主格（呼格）	aliquī	aliqua	aliquod
属格	alicūjus	alicūjus	alicūjus
与格	alicuī	alicuī	alicuī
対格	aliquem	aliquam	aliquod
奪格	aliquō	aliquā	aliquō

aliquis は sī などの後では ali- を取った quis の形で代用されます。

確認問題　空所に aliquis または aliquī の適切な形を入れなさい。

1. (　　　　　) ex vōbīs crystallinum frēgit.
   あなたたちのうち誰かが水晶の器を壊した。
2. Dēclāmābam cum (　　　　　) cotīdiē. Cic.Brut.310
   私は毎日誰か（単数）と弁論の練習をした。
3. Solve metūs; feret haec (　　　　　) tibi fāma salūtem. Verg.Aen. 1.463

恐れを解け。この名声はおまえに何らかの救済をもたらすだろう。
4. Semper (　　　　　) novī Āfrica affert. Plin.N.H.8.17
   アフリカはいつも何か新しいものをもたらす。
5. Sī (　　　　　) piōs respectant nūmina, ... Verg.Aen.1.603
   もし何らかの神の力が敬虔な者たちを重んじるのなら、…

注
1. frēgit は frangō の直説法・能動態・完了、3人称単数。
2. 前置詞 cum は奪格を伴う。
3. 空所の語は salūtem にかかる。
4. 空所の語は中性・単数・対格。名詞または形容詞の中性属格とともに「何か〜なもの」を意味する。
5. 空所の語は nūmina にかかる不定形容詞。sī の後では ali- を取った形で代用される。

解答
1. Aliquis（不定代名詞、男性・単数・主格）
2. aliquō（不定代名詞、男性・単数・奪格）
3. aliquam（不定形容詞、女性・単数・対格）
4. aliquid（不定代名詞、中性・単数・対格）
5. qua（不定形容詞、中性・複数・主格）

● **quisquam (m.f.)** 誰も、誰か **quidquam (n.)** 何も、何か

疑問代名詞に -quam がついた形。形容詞形はなく、代名詞的形容詞 ullus, ulla, ullum でこれを補います。

確認問題 空所に quisquam または ullus の適切な形を入れなさい。
1. Cūr nunc tua (　　　　　) vertere jussa potest? Verg.Aen.10.34-35
   どうして今あなたの命令を覆すことのできる者が誰かいるでしょうか。
2. Sī animadversum esset, (　　　　　) ad hostēs transfugere cōnārī, Nep.Ages.6
   もし誰かが敵に寝返ろうとしていると知られたなら、

3. Nōn illum（　　　　）moenibus urbēs accēpēre. Verg.Aen.11.567-568
   どの都市も彼を城の中に受け入れなかった。
4. Nec vērō crīminibus falsīs in odium aut invidiam（　　　　）vocābit. Cic.Off.1.86
   また実際彼は、偽りの罪によって誰をも憎しみや恨みの中に導かないだろう。
5. Nec mortem effugere（　　　　）nec amōrem potest. Syr.478
   誰も死からも愛からも逃れることはできない。

注
1. potest の主語として男性・単数・主格が入る。
2. animadversum esset は animadvertō の接続法・受動態・過去完了。Sī とともに過去の事実に反する仮定を行う。cōnārī は形式受動態動詞 cōnor の不定法・受動態・現在。空所の語は不定法句の意味上の主語として、男性・単数・対格。
3. 空所の語は urbēs（女性・複数・主格）にかかる。accēpēre は accipiō の直説法・能動態・完了、3人称複数。
4. vocābit は vocō の直説法・能動態・未来、3人称単数。空所には目的語として男性・単数・対格が入る。
5. potest の主語として男性・単数・主格が入る。

解答
1. quisquam（男性・単数・主格）　2. quemquam（男性・単数・対格）
3. ullae（女性・複数・主格）　4. quemquam（男性・単数・対格）
5. quisquam（男性・単数・主格）

● **quīdam quaedam quiddam　ある人、あるもの**
　男性、女性については疑問形容詞に -dam がついた形、中性は疑問代名詞の中性変化に -dam がついた形です。形容詞形は quīdam, quaedam, quoddam になり、3性とも疑問形容詞に -dam をつけた形になります。

確認問題 空所に quīdam の適切な形を入れなさい。

1. (　　　　) Andriōrum persuāsit. Liv.31.45
   彼はアンドロス島の住人のある者たちを説得した。
2. Tempus est (　　　　) pars aeternitātis. Cic.Inv.1.39
   時間は永遠のある一部である。
3. Librī (　　　　) ad scientiam, (　　　　) ad insāniam dēdūcunt.
   書物はある者たちを学識に、ある者たちを狂気に導く。
4. Excēdunt urbe (　　　　), aliī mortem sibi consciscunt. Liv.45.10
   ある者たちは都市から出て行く。別の者たちは自殺する。
5. Ostendēbat Carthāginem dē excelsō et plēnō stellārum, illustrī et clārō (　　　　) locō. Cic.Rep.6.11
   彼は、高く、星々に満ち、明るく輝くある場所から、カルターゴーを示していた。

注

1. persuāsit は persuādeō の直説法・能動態・完了、3人称単数。与格を支配する。
2. 空所の語は形容詞として pars にかかる。
3. 2つの空所には dēdūcunt の目的語として男性・複数・対格が入る。
4. 空所には Excēdunt の主語として男性・複数・主格が入る。
5. Ostendēbat は ostendō の直説法・能動態・未完了過去、3人称単数。空所の語は形容詞として locō にかかる。

解答

1. Quibusdam（名詞）男性・複数・与格
2. quaedam（形容詞）女性・単数・主格
3. 2カ所とも quōsdam（名詞）男性・複数・対格
4. quīdam（名詞）男性・複数・主格
5. quōdam（形容詞）男性・単数・奪格

● **quisque（m.f.）各人誰でも　quidque（n.）めいめい何でも**

疑問代名詞に -que がついた形です。形容詞形は疑問形容詞に -que をつ

けます（男性・単数・主格が quisque になる点のみ例外）。不定形容詞の単数・主格は quisque, quaeque, quodque です。

確認問題 空所に quisque の適切な形を入れなさい。

1. Sē（　　　　）fugit. Lucr.3.1068
   誰もがみな自分から逃げようとする。
2. Mens（　　　　）, is est quisque. Cic.Rep.6.26
   各人の精神、それが各人である。
3. Quintō（　　　　）annō Sicilia tōta cēnsētur. Cic.Verr.2.2.139
   5年目ごとに（＝4年に一度）シキリア全土で戸口調査が行われる。
4. Stat sua（　　　　）diēs. Verg.Aen.10.467
   各々に自分の（運命の）日が定まっている。
5. Optima（　　　　）diēs miserīs mortālibus aevī prīma fugit. Verg. Geo.3.66-67
   惨めな死すべき者たちにとって生涯の最良の日々は真っ先に逃げていく。

注

1. fugit の主語として不定代名詞の男性・単数・主格が入る。
2. 空所の語は Mens にかかる不定代名詞の男性・単数・属格。指示代名詞 is は Mens（女性・単数・主格）を指すので ea とすべきところ、後続の補語 quisque（男性・単数・主格）に「牽引」されて is となる。
3. 空所の語は annō にかかる不定形容詞（男性・単数・奪格）。cēnsētur は cēnseō の直説法・受動態・現在、3人称単数。
4. 空所は「各々に」に相当する。不定代名詞の男性・単数・与格が入る。
5. 空所の語は形容詞として diēs にかかる（女性・単数・主格）。4. と 5. の diēs は詩において女性名詞扱いされる例（通常は男性名詞扱い）。mortālibus は「判断者の与格」。prīma は「形容詞の副詞的用法」。

解答

1. quisque（名詞）　2. cūjusque（名詞）　3. quōque（形容詞）
4. cuīque（名詞）　5. quaeque（形容詞）

● quīvīs quaevīs quidvīs　誰でも、何でも

quīdam, quaedam, quiddam（ある人、あるもの）の語尾 -dam を -vīs に変えた変化をします。形容詞の単数・主格は quīvīs, quaevīs, quodvīs です。

確認問題　空所に quīvīs の適切な形を入れなさい。

1. Aliī sunt, quī（　　　　　）perpetiantur, （　　　　　　　）dēserviant. Cic.Off.1.109
   何であれ耐え抜き、誰に対しても熱心に仕えるような別の者たちもいる。
2. Itaque ad（　　　　　）numerum ephippiātōrum equitum quamvīs paucī adīre audent. Caes.B.G.4.2
   それゆえ鞍をつけた（敵の）騎兵の数が何であれ、自分たちがいかに少数であれ、彼らは攻撃することを躊躇しない。
3. Abs（　　　　　）homine beneficium accipere gaudēs. Ter.Ad.254
   どんな人からであれ助けを受けることをあなたは喜ぶ。
4. （　　　　　）opēs volēbat contrā illīus potentiam crescere. Sall.Cat.17
   彼は、誰であれその者の権力が、かの者（主語と別人）の権勢に対抗し大きくなることを望んでいた。
5. Statuit（　　　　　）modō inceptum perficere. Sall.Jug.11.9
   彼は、どのような方法によってでも、試みをなし遂げようと決意した。

注

1. quī は関係代名詞、男性・複数・主格。先行詞は Aliī（別の者たち）。1つ目の空所には目的語としての中性・単数・対格が入る。perpetiantur は形式受動態動詞 perpetior の接続法・受動態・現在、3人称複数。「誰であれ」は男性・単数・与格。dēserviant は dēserviō の接続法・能動態・現在、3人称複数。
2. 空所には numerum（男性・単数・対格）にかかる形容詞が入る。
3. 空所には homine（男性・単数・奪格）にかかる形容詞が入る。
4. 空所には名詞の男性・単数・属格が入る。opēs は不定法 crescere の意味上の主語（対格不定法）。

5. Statuit は statuō の直説法・能動態・完了、3人称単数とみなす（文法的には直説法・能動態・現在、3人称単数と同形）。空所には modō にかかる形容詞が入る。modō（男性・単数・奪格）は「手段の奪格」。

解答
1. quidvīs（名詞）/ cuīvīs（名詞)　　　2. quemvīs（形容詞）
3. quōvīs（形容詞）（原文は別形の quīvīs）　4. Cūjusvīs（名詞）
5. quōvīs（形容詞）

練習問題 39　　　　　　　　　　　　　　　　　解答 p.311
空所に適切な不定代名詞（不定形容詞）を適切な形にして入れなさい。

1. Faber est suae （　　　　　） fortūnae.
   めいめいが自分の運命の作者である。
2. Est （　　　　） flēre voluptās. Ov.Tr.4.3.37
   涙することはある種の喜びである。
3. Nulla est sincēra voluptās; sollicitumque （　　　　　） laetitiīs intervenit. Ov.Met.7.453-454
   混じりけのない喜びはない。そして何か不安なものが喜びの中に入り込む。
4. （　　　　　） hominis est errāre. Cic.Phil.12.5
   過ちを犯すのは、どの人間にもあることだ。
5. Est bonus, ut melior vir nōn alius （　　　　　）. Hor.Sat.1.3.32-33
   彼は立派である、他の誰もがそれ以上立派な人間になれぬほどに。
6. Quod sī tē in jūdicium （　　　　） addūcat, ...
   だがもし誰かがおまえを法廷に連れて行く（訴える）なら、…
7. Dixerat ille （　　　　） magnum vimque adfore verbō crēdiderat. Verg.Aen.10.547-548
   彼は（それまで）何か大きなことを言っていた（大言壮語を口にした）し、言葉には力がある（宿る）だろうと信じてもいた。
8. Mors est optanda, sī （　　　　　） animum dēdūcit, ubi sit futūrus aeternus. Cic.Sen.66
   死は望むべきものである、もし魂が永遠に存在できるようなどこかに、

それ（死）が魂を導くのであれば。

9. （　　　　　）dolōrī remedium est patientia. Syr.111
どんな悲しみにとっても忍耐が救済としてある（忍耐はあらゆる悲しみの救済である）。

10. Quodsī ex tantō latrōciniō iste ūnus tollētur, vidēbimur fortasse ad breve（　　　　　）tempus cūrā et metū esse relevātī. Cic.Cat.1.31
だがもしこれだけ大きな盗賊団からその者一人が追い出される（だけ）なら、我々はおそらくある短い期間のみ心労と恐怖から解放されたとみなされる（だけ）だろう。

注
1. 不定代名詞の男性・単数・主格が入る。
2. voluptās（女性・単数・主格）にかかる形容詞が入る。
3. aliquis の中性・単数・主格が入る。空所の語を sollicitum（中性・単数・主格）が修飾。-que は「そして」を意味する。
4. 空所には hominis（男性・単数・属格）にかかる quīvīs の変化形が入る。hominis は「属格の述語的用法」。
5. melior は bonus の比較級、男性・単数・主格。ut 以下の従属文（「程度・結果文」）には接続法の動詞が省かれている。文末に sit（sum の接続法・能動態・現在、3人称単数）を補う。
6. addūcat は addūcō の接続法・能動態・現在、3人称単数（「観念的条件文」における接続法）。空所には aliquis（誰か）が入るところだが、sī の後に来るため ali- のない形で使われる。
7. 空所の語を magnum（中性・単数・対格）が修飾。Dīxerat は dīcō の直説法・能動態・過去完了、3人称単数。crēdiderat は crēdō の同形。
8. 空所には aliquis の中性・単数・奪格が入る（場所の奪格）。optanda は optō（望む）の動形容詞、女性・単数・主格。ubi は空所の語を先行詞とする関係副詞。ubi 以下の従属文は主文の動詞の時称（現在）以後の内容を表すため、未来分詞（sum の未来分詞 futūrus）と sit（sum の接続法・能動態・現在、3人称単数）の組み合わせになる。
9. 空所の語は dolōrī（男性・単数・与格）にかかる形容詞。quīvīs を変化させる。

10. Quodsī は「論理的条件文」を導く。iste は裁判で被告を指し「その者」。tollētur は tollō の直説法・受動態・未来、3人称単数。vidēbimur は videō の直説法・受動態・未来、1人称複数。空所には「ある」に相当する quīdam の形容詞形、中性・単数・対格が入る（tempus を修飾する）。

練習問題 40

解答 p.311

和訳しなさい。

1. Ratiō quasi quaedam lux lūmenque vītae. Cic.Acad.2.8.26
2. Sī quisquam est timidus, is ego sum. Cic.Fam.6.14
3. Nec quisquam ex agmine tantō audet adīre virum. Verg.Aen.5.378-379
4. Quaedam tempora ēripiuntur nōbīs, quaedam subdūcuntur, quaedam effluunt. Sen.Ep.1.1
5. Imperat aut servit collecta pecūnia cuīque. Hor.Ep.1.10.47
6. Potest igitur exercitātiō et temperantia in senectūte conservāre aliquid pristīnī rōboris. Cic.Sen.34
7. Magnum pauperiēs opprobrium jubet quidvīs aut facere aut patī. Hor.Carm.3.24.42-43
8. Nēmō vir magnus sine aliquō afflātū dīvīnō umquam fuit. Cic.N.D.2.167
9. Quis nōn rusticōrum aliqua dē causīs nātūrālibus quaerit? Quint.1.16
10. Omnēs artēs habent quoddam commūne vinculum. Cic.Arch.2

注

1. 文末に動詞 est を補う。
2. 後半の文の主語は ego、補語は is である（動詞 sum から見てその逆は不可）。
3. audet の主語は quisquam。
4. ēripiuntur は ēripiō の直説法・受動態・現在、3人称複数。nōbīs は1人称複数代名詞 nōs の与格。subdūcuntur は subdūcō の同形。
5. Imperat と servit はともに与格を取る（cuīque は男性・単数・与格）。

collecta は colligō（集める）の完了分詞、女性・単数・主格。「集められた」を意味する。
6．aliquid は不定代名詞 aliquis の中性・単数・対格。
7．Magnum ... opprobrium は中性・単数・主格。「pauperiēs は magnum opprobrium として」と訳す。quidvīs は facere と patī の目的語。patī は形式受動態動詞 patior の不定法・受動態・現在。
8．fuit は sum の直説法・能動態・完了、3人称単数。
9．rusticōrum（男性・複数・属格）は Quis にかかる「部分の属格」。
10．quoddam は不定形容詞 quīdam の中性・単数・対格で vinculum にかかる。

第7章 動詞3

1 直説法・能動態・完了

　ラテン語の完了は、英文法の過去と現在完了をカバーします。完了は、「完了幹＋人称語尾」の組み合わせで作られます。

● 完了の人称語尾

	単数	複数
1人称	-ī	-imus
2人称	-istī	-istis
3人称	-it	-ērunt または -ēre

完了幹

　完了幹の作り方は多様です。辞書には「直説法・能動態・完了、1人称単数」の形が記載されているので、その形を確認する癖をつけてください。

　第1変化動詞 amō（愛する）の変化：amāv-**ī**, amāv-**istī**, amāv-**it**, amāv-**imus**, amāv-**istis**, amāv-**ērunt**（または amāv-**ēre**）

　第2変化動詞 videō（見る）の変化：vīd-**ī**, vīd-**istī**, vīd-**it**, vīd-**imus**, vīd-**istis**, vīd-**ērunt**（または vīd-**ēre**）

　第3変化動詞 agō（行う）の変化：ēg-**ī**, ēg-**istī**, ēg-**it**, ēg-**imus**, ēg-**istis**, ēg-**ērunt**（または ēg-**ēre**）

　第3変化動詞B capiō（つかむ）の変化：cēp-**ī**, cēp-**istī**, cēp-**it**, cēp-**imus**, cēp-**istis**, cēp-**ērunt**（または cēp-**ēre**）

　第4変化動詞 audiō（聞く）の変化：audīv-**ī**, audīv-**istī**, audīv-**it**, audīv-**imus**, audīv-**istis**, audīv-**ērunt**（audīv-**ēre**）

　不規則動詞も完了幹がわかれば、あとは完了の人称語尾をつけるだけです。

確認問題 次の不規則動詞について、括弧内の完了幹をヒントにして直説法・能動態・完了の活用をさせよ。

1. sum（fu-）
2. dō（ded-）
3. eō（ī- または īv-）
4. ferō（tul-）
5. volō（volu-）

解　答

1. fuī, fuistī, fuit, fuimus, fuistis, fuērunt（fuēre）
2. dedī, dedistī, dedit, dedimus, dedistis, dedērunt（dedēre）
3. iī, iistī, iit, iimus, iistis, iērunt（iēre）／īvī, īvistī, īvit, īvimus, īvistis, īvērunt（īvēre）
4. tulī, tulistī, tulit, tulimus, tulistis, tulērunt（tulēre）
5. voluī, voluistī, voluit, voluimus, voluistis, voluērunt（voluēre）

不定法・能動態・完了

完了の能動態は、完了幹＋isse で表します。「〜したこと」と訳せます。

	完了幹	不定法・能動態・完了
第1変化動詞　amō	amāv-	**amāv**isse
第2変化動詞　moneō	monu-	**monu**isse
第3変化動詞　agō	ēg-	**ēg**isse
第4変化動詞　audiō	audīv-	**audīv**isse

確認問題 次の動詞の直説法・能動態・完了、1人称単数、ならびに不定法・能動態・完了を答えなさい。

1. veniō（来る）
2. noscō（知る）
3. aperiō（開く）
4. videō（見る）
5. agō（行う）
6. faciō（なす）

7. canō（歌う）
8. bibō（飲む）
9. scrībō（書く）
10. currō（走る）

解 答
1. vēnī・vēnisse　　2. nōvī・nōvisse　　3. aperuī・aperuisse
4. vīdī・vīdisse　　5. ēgī・ēgisse　　6. fēcī・fēcisse
7. cecinī・cecinisse　　8. bibī・bibisse　　9. scrīpsī・scrīpsisse
10. cucurrī・cucurrisse

確認問題　括弧内の語を直説法・能動態・完了の適切な形に直しなさい。

1. Nātūra sēmina nōbīs scientiae（dō）. Sen.Ep.120.4
   自然は我々に知識の種を与えた。
2. Deum colit quī（noscō）. Sen.Ep.95.47
   神を知る者は神を敬う。
3. Subitō timor omnem exercitum（occupō）. Caes.B.G.1.39
   突然恐怖が軍全体をとらえた。
4. Bene quī（lateō）bene vīxit. Ov.Tr.3.4.25
   よく隠れる者はよく生きる。
5. In Graeciā mūsicī（flōreō）. Cic.Tusc.1.2.4
   ギリシャでは音楽家が栄えた。
6. Inopem mē cōpia（faciō）. Ov.Met.3.466
   豊かさが私を貧しくした。
7. Urbs antīqua（sum）. Verg.Aen.1.12
   古い都があった。
8. Nōn（obeō）,（abeō）.
   彼は死んだのではない、去ったのだ。（墓碑銘の言葉）
9. Deus（annuō）coeptīs.
   神は企てに同意した。
10. Pater ipse colendī haud facilem esse viam（volō）. Verg.Geo.1.121-122

父（ユッピテル）自ら、農耕の道が容易でないことを望んだ。

注
1. scientiae は sēmina にかかる。
2. quī は関係代名詞、男性・単数・主格（先行詞は省略）。
3. omnem は omnis, -e の男性・単数・対格。exercitum にかかる。
4. quī は関係代名詞、男性・単数・主格（先行詞は省略）。動詞は完了だが、格言的内容を伝えているので、現在として訳す（格言的完了）。
5. mūsicī は第2変化男性名詞 mūsicus の複数・主格。
6. 動詞の目的語は mē、その補語は Inopem。
7. antīqua は antīquus, -a, -um の女性・単数・主格。Urbs にかかる（属性的用法）。
8. Nōn A, sed B. の構文において sed が省略された形。
9. annuō は与格を取る。
10. colendī は colō の動名詞、単数・属格で viam にかかる。viam（単数・対格）は不定法 esse の意味上の主語（対格不定法）。

解答
1. dedit　2. nōvit　3. occupāvit　4. latuit　5. flōruērunt
6. fēcit　7. fuit　8. obiit / abiit　9. annuit　10. voluit

練習問題 41
解答 p.311

括弧内の語を直説法・能動態・完了の適切な形に直しなさい。

1. Fortūna omnia ea victōribus praemia (pōnō). Sall.Cat.20.14
   運命の女神は、それらすべてのものを勝者に褒美として差し出した。
2. Attat, (pereō) hercle ego miser! Pl.Aul.3.1.8
   おっと、ヘルクレースに誓って、俺は惨めに破滅したことになるぞ！
3. Parva saepe scintilla contempta magnum (excitō) incendium.
   しばしば小さい火花が軽視され、大きな火災を引き起こす。
4. Mediās aciēs mediōsque per ignīs (inveniō) viam. Verg.Aen.7.296-297
   彼らは戦列のただ中、炎の間に道を見出した。

5. Quid Syrtēs aut Scylla mihī, quid vasta Charybdis (prōsum)? Verg. Aen.7.302-303
   どうしてシュルテースやスキュッラ、巨大なカリュブディスが私の役に立ったといえようか。
6. Litterās Graecās senex (discō). Cic.Sen.26
   私は老人になってギリシャ文学を学んだ。
7. Prōtinus omne (contremō) nemus et silvae (insonō) profundae. Verg. Aen.7.514-515
   森全体が絶え間なく震え、深い森林が鳴り響いた。
8. (Intonō) polī et crēbrīs micat ignibus aethēr. Verg.Aen.1.90
   天極はとどろき、天空は頻繁な雷火で（何度も雷火で）輝いた。
9. (Constō) hīc arcumque manū celerīsque sagittās (corripiō). Verg. Aen.1.187-188
   彼はここで立ち止まり、弓と素早い矢を手でつかんだ。
10. Caesar Gallōrum animōs verbīs (confirmō). Caes.B.G.1.33
    カエサルはガッリー族の精神を言葉によって励ました。

注

1. omnia と ea は praemia にかかる。
2. miser は副詞的に訳す。
3. 格言的完了。
4. 前置詞 per（〈対格〉の間に）は2つの名詞 aciēs と ignīs とともに副詞句を作る。
5. prōsum は「〈与格〉の役に立つ」。mihi が mihī となるのは韻律の関係。
6. senex は述語的に訳す。「（私は）老人として（老人になって）」。
7. omne は nemus、profundae は silvae にかかる。
8. micat は歴史的現在（形は現在だが意味は過去）。
9. hīc は副詞。manū は第4変化名詞 manus の単数・奪格（手段の奪格）。
10. verbīs は複数・奪格（手段の奪格）。

練習問題 42

解答 p.311

和訳しなさい。

1. Nihil malī accidisse Scīpiōnī putō. Cic.Amic.101
2. Sōcratēs prīmus philosophiam dēvocāvit ē caelō et in urbibus collocāvit et in domōs etiam intrōduxit, et coēgit dē vītā et mōribus rēbusque bonīs et malīs quaerere. Cic.Tusc.5.4.10
3. Nihil sine magnō vīta labōre dedit mortālibus. Hor.Sat.1.9.59-60
4. Cum rērum nātūrā dēlīberā: illa dīcet tibi et diem fēcisse sē et noctem. Sen.Ep.3.6
5. Multōrum obtrectātiō dēvīcit ūnīus virtūtem. Nep.Han.1
6. Urbem Rōmam ā principiō rēgēs habuēre; lībertātem et consulātum L. Brūtus instituit.
7. Sophoclēs ad summam senectūtem tragoediās fēcit. Cic.Sen.22
8. Ariovistus ad postulāta Caesaris pauca respondit, dē suīs virtūtibus multa praedicāvit. Caes.B.G.1.44
9. Vēnit summa diēs et inēluctābile tempus Dardaniae. Fuimus Trōes, fuit Īlium et ingens glōria Teucrōrum. Verg.Aen.2.324-326
10. Quis tē, Palinūre, deōrum ēripuit nōbīs mediōque sub aequore mersit? Verg.Aen.6.341-342

注

1. Nihil（中性・単数・対格）は accidisse（不定法・能動態・完了）の意味上の主語（対格不定法）。
2. prīmus は形容詞の副詞的用法。
3. dedit は格言的完了。
4. fēcisse（不定法・能動態・完了）の意味上の主語は sē。
5. Multōrum（multus, -a, -um の男性・複数・属格）と ūnīus（ūnus, -a, -um の男性・単数・属格）は名詞として使われている。
6. habuēre は habeō の直説法・能動態・完了、3人称複数。L. は Lūcius を指す。instituit は instituō の直説法・能動態・完了、3人称単数。
7. ad summam senectūtem は「きわめて高齢になって」と訳す。
8. pauca（僅かの量）と multa（多くの量）が対比されている。いずれも

形容詞の名詞的用法（中性・複数・対格）。各々和訳の際には適当に意訳する必要がある。
9．Fuimus Trōes を文字通り訳すと「我々はトロイヤ人であった」。時称が完了なので、「今はそうではない」というニュアンスが込められる。
10．deōrum は Quis にかかる（部分の属格）。ēripuit は ēripiō（〈与格〉から〈対格〉を奪う）の直説法・能動態・完了、3人称単数。

2　直説法・能動態・未来完了

完了幹（amō の場合は amāv-）に -erō, -eris, -erit, -erimus, -eritis, -erint を加えます。

● amō の直説法・能動態・未来完了

	単数	複数
1人称	amāv-**erō**	amāv-**erimus**
2人称	amāv-**eris**	amāv-**eritis**
3人称	amāv-**erit**	amāv-**erint**

確認問題　次の動詞の直説法・能動態・未来完了の活用を答えなさい。
1. vīvō（生きる）
2. fugiō（逃げる）
3. putō（考える）
4. agō（行う）
5. sum（〜である）

解　答
1. vīx**erō**, vīx**eris**, vīx**erit**, vīx**erimus**, vīx**eritis**, vīx**erint**
2. fūg**erō**, fūg**eris**, fūg**erit**, fūg**erimus**, fūg**eritis**, fūg**erint**
3. putāv**erō**, putāv**eris**, putāv**erit**, putāv**erimus**, putāv**eritis**, putāv**erint**
4. ēg**erō**, ēg**eris**, ēg**erit**, ēg**erimus**, ēg**eritis**, ēg**erint**
5. fu**erō**, fu**eris**, fu**erit**, fu**erimus**, fu**eritis**, fu**erint**

確認問題　括弧内の語を直説法・能動態・未来完了の適切な形に直しなさい。
1. Glōriam quī (spernō) vēram habēbit. Liv.22.39
   栄光を軽蔑する人は真の栄光を手にするだろう。
2. Ubi Rōmam adveniēs, epistulam (scrībō).

あなたがローマに着く頃には、私は手紙を書き終えているだろう。
3. Quī sapienter (vīvō) aequō animō moriētur.
   賢明に生きた人は平静な心で死ぬだろう。
4. Nullum (putō) esse locum sine teste.
   証人のいない場所はどこにもないと考えなさい。
5. Ea vitia quī (fugiō), is omnia ferē vitia (vītō). Cic.Or.231
   その欠点を逃れた者は、ほとんどすべての欠点を避けることができよう。

注
1. 完了幹は sprēv-。quī は関係代名詞、男性・単数・主格（先行詞は省略）。
2. 完了幹は scrips-。adveniēs は adveniō の直説法・能動態・未来、2人称単数。
3. 完了幹は vīx-。Quī は関係代名詞、男性・単数・主格（先行詞は省略）。moriētur は形式受動態動詞 morior の直説法・受動態・未来、3人称単数。
4. 完了幹は putāv-。Nullum は locum にかかる。
5. 完了幹は fūg- と vītāv-。quī は関係代名詞、男性・単数・主格（先行詞は is）。ラテン語では先行詞が関係代名詞の後に置かれることがある。

解答
1. sprēverit   2. scripserō   3. vīxerit
4. putāveris   5. fūgerit / vītāverit

練習問題 43

解答 p.312

括弧内の語を直説法・能動態・未来完了の適切な形に直しなさい。

1. Dum loquimur, (fugiō) invida aetās: carpe diem. Hor.Carm.1.11.8
   私たちがおしゃべりしている間にも、悪意ある時は逃げ去ってしまうだろう。今日の日を摘み取れ。
2. Quī prior (stringō) ferrum, ējus victōria erit. Liv.24.38
   勝利は先に剣を抜いた者のものとなるだろう。
3. Carmina tum melius, cum (veniō) ipse, canēmus. Verg.Ecl.9.67
   彼自身がやって来たら、私たちはもっと上手に歌を歌うだろう。

4. Sī haec in animō cōgitāre volēs, et mihi et tibi et illīs (dēmō) molestiam. Ter.Ad.817-819

もしあなたがこれらのことを心の中で考えることを望むなら、私やあなた、そして彼らから厄介ごとを取り除いてしまうだろう。

5. Nisi deus istīs tē corporis custōdiīs (līberō), hūc tibi aditus patēre nōn potest. Cic.Rep.6.15

もし神がおまえをその体の牢獄から解放しなければ、ここへの入り口がおまえのために開くことはあり得ない。

注

1. Dum は「～する間に」を意味する接続詞。
2. Quī は関係代名詞、男性・単数・主格（先行詞は省略）。prior（より前の）は副詞的に訳す。ējus は「述語的属格」。
3. tum は cum 以下を指す。canēmus は canō の直説法・能動態・未来、1人称複数。melius は bene（よく）の比較級。
4. volēs は volō の直説法・能動態・未来、2人称単数。
5. patēre は pateō の不定法・能動態・現在。

練習問題 44

解答 p.312

和訳しなさい。

1. Nisi crēdideritis, nōn intellegētis.
2. Nōn possidentem multa vocāveris rectē beātum. Hor.Carm.4.9.45-46
3. Quandō lībertās ceciderit, nēmō līberē dīcere audēbit.
4. Sī ad nōs vēneris, consilium tōtīus reī capiēmus. Cic.Att.3.2
5. Cum Carthāginem dēlēveris, bellum maximum conficiēs. Cic.Rep.6.11
6. Spem, cum in ōtium vēnerimus, habēre volumus. Cic.Att.1.7
7. Frustrā vitium vītāveris illud, sī tē aliō prāvus dētorseris. Hor.Sat.2.2.54-55
8. Dōnec eris fēlix, multōs numerābis amīcōs; tempora sī fuerint nūbila, sōlus eris. Ov.Tr.1.9.5
9. Ignōscent, sī quid peccāverō stultus, amīcī. Hor.Sat.1.3.140

10. Igitur, altē spectāre sī volēs atque hanc sēdem et aeternam domum contuērī, neque tē sermōnibus vulgī dederis nec in praemiīs hūmānīs spem posueris rērum tuārum! Cic.Rep.6.25

注
1. Nisi は「もし〜でなければ」を意味する接続詞。
2. Nōn は vocāveris を否定する。possidentem は possideō の現在分詞、男性・単数・対格。multa は「多く（の量）」を意味する（中性・複数・対格）。
3. ceciderit は cadō の直説法・能動態・未来完了、3人称単数。
4. consilium capere は「決定を行う」を意味する。
5. dēlēveris は dēleō の直説法・能動態・未来完了、2人称単数。
6. Spem は habēre の目的語。
7. prāvus は形容詞の副詞的用法。指示形容詞 illud（ille の中性・単数・対格）は vitium にかかる。aliō（alius の単数・奪格）は ad alium vitium（別の欠点に）と理解する。
8. fuerint は sum の直説法・能動態・未来完了、3人称複数。
9. stultus は形容詞の副詞的用法。「愚かに」と訳す。
10. contuērī は形式受動態動詞 contueor の不定法・受動態・現在。2つの未来完了（dederis と posueris）は命令の意味で使われている。

3 直説法・能動態・過去完了

過去完了は、完了幹に sum の未完了過去の諸形を加えて作ります。

● amō の直説法・能動態・過去完了

	単数	複数
1人称	amāv-**eram**	amāv-**erāmus**
2人称	amāv-**erās**	amāv-**erātis**
3人称	amāv-**erat**	amāv-**erant**

【確認問題】 次の動詞の直説法・能動態・過去完了の活用を答えなさい。

1. scrībō（書く）
2. dō（与える）
3. audiō（聞く）
4. sum（〜である）
5. videō（見る）

【解　答】

1. scrips**eram**, scrips**erās**, scrips**erat**, scrips**erāmus**, scrips**erātis**, scrips**erant**
2. ded**eram**, ded**erās**, ded**erat**, ded**erāmus**, ded**erātis**, ded**erant**
3. audīv**eram**, audīv**erās**, audīv**erat**, audīv**erāmus**, audīv**erātis**, audīv**erant**
4. fu**eram**, fu**erās**, fu**erat**, fu**erāmus**, fu**erātis**, fu**erant**
5. vīd**eram**, vīd**erās**, vīd**erat**, vīd**erāmus**, vīd**erātis**, vīd**erant**

【確認問題】 括弧内の語を直説法・能動態・過去完了の適切な形に直しなさい。

1. Themistoclēs omnium cīvium（percipiō）nōmina. Cic.Sen.7
 テミストクレースはすべての市民の名前を覚えていた。

2. (Scrībō) ad tē epistulam. Cic.Att.9.7.1
   私はあなたへの手紙を書き終えていた。
3. Torquātus fīlium suum quod is contrā imperium in hostem (pugnō) necārī jussit. Sall.Cat.52
   トルクアートゥスは、命令に背いて敵に戦いを仕掛けたという理由から、自分の息子が殺されるよう（を殺すよう）命じた。
4. Vīxī et quem (dō) cursum fortūna perēgī. Verg.Aen.4.653
   私は生きた。そして運命が与えた道のりを最後まで歩き通した。
5. Num quid simile populus Rōmānus (audiō) aut (videō)? Cic.Amic.41
   何か似たようなことをローマ国民は、今まで聞いたり見たりしたことがあっただろうか。

注
1. 完了幹は percēp-。omnium cīvium はともに複数・属格で nōmina にかかる。
2. 完了幹は scrips-。ad tē は「あなたへの」。
3. 完了幹は pugnāv-。quod は理由文を導く。necārī は necō の不定法・受動態・現在。この不定法の意味上の主語は fīlium suum（男性・単数・対格）。
4. 完了幹は ded-。Vīxī は「生きることを終えた」の意味。この言葉はカルターゴーの女王ディードーのもの。彼女はこの台詞の後自ら命を絶つ。quem は関係代名詞、男性・単数・対格。先行詞は cursum。
5. 完了幹は audīv- と vīd-。不定代名詞 aliquis は Num の後で ali- を取った quis の形で代用される。Num quid は Num aliquid のこと。

解答
1. percēperat 2. Scripseram 3. pugnāverat
4. dederat 5. audīverat / vīderat

練習問題 45

解答 p.312

括弧内の語を過去完了の適切な形に直しなさい。

1. Helvētiī jam per angustiās et fīnēs Sēquanōrum suās cōpiās (trādūcō). Caes.B.G.1.11
   ヘルウェーティイー族は、隘路とセークァニー族の領土を通り、すでに自軍を導き終えていた。

2. Magnī saepe ducēs, magnī cecidēre tyrannī, et Thēbae (stō) altaque Trōja fuit. Prop.2.8.9-10
   偉大な指導者も、偉大な僭主も数多く倒れた。テーバエ（の城）もそびえ立っていた（が今はない）。（城の）高いトロイヤもあった（今はない）。

3. Erat enim in illō virō cōmitāte condīta gravitās, nec senectūs mōrēs (mūtō). Cic.Sen.10
   というのも、その人物には好意で味付けされた威厳があり、老年が性格を変えることもなかったからである。

4. Ille avidus pugnae sūrās (inclūdō) aurō. Verg.Aen.12.430
   彼は戦いに心がはやり、すでにふくらはぎを黄金（のすね当て）で包み終えていた。

5. Hectoris hic magnī (sum) comes, Hectora circum et lituō pugnās insignis obībat et hastā. Verg.Aen.6.166-167
   この者こそ偉大なヘクトルの友であった。ヘクトルのそばでラッパと盾を携え際立つ姿で戦いに参加していた。

注

1. 完了幹は trādux-。per（〜を通り、通じて）は対格を取る前置詞。
2. 完了幹は stet-。cecidēre は cadō の直説法・能動態・完了、3人称複数。
3. 完了幹は mūtāv-。Erat は sum の直説法・能動態・未完了過去、3人称単数。
4. 完了幹は inclūs-。avidus は属格を取り、「〈属格〉に心がはやる」を意味する。
5. 完了幹は fu-。lituō と hastā は「随伴の奪格」。「〜を伴って（携えて）」と訳す。

練習問題 46

和訳しなさい。

1. Tantam urbem luctū ac maerōre complēverant. Curt.10.5
2. Dumnorix ex eā cīvitāte Orgetorigis fīliam in mātrimōnium duxerat. Caes.B.G.1.9
3. Equitātum auxiliō Caesarī Haeduī mīserant. Caes.B.G.1.18
4. Massiliēnsēs portās Caesarī clauserant. Caes.B.C.1.34
5. Ut aliōs industria, ita hunc ignāvia ad fāmam prōtulerat. Tac.16.18
6. Nōn tū corpus erās sine pectore. Dī tibi formam, dī tibi dīvitiās dederant. Hor.Ep.1.4.6-7
7. Huic legiōnī Caesar et indulserat praecipuē et propter virtūtem confīdēbat maximē. Caes.B.G.1.40
8. Hūc Caesar omnēs obsidēs Galliae, frūmentum, pecūniam pūblicam, suōrum atque exercitūs impedīmentōrum magnam partem contulerat. Caes.B.G.7.55
9. Hūc magnum numerum equōrum hūjus bellī causā in Italiā atque Hispāniā coemptum mīserat. Caes.B.G.7.55
10. Igitur tālibus virīs nōn labor insolitus, nōn locus ullus asper aut arduus erat, nōn armātus hostis formīdolōsus: virtūs omnia domuerat. Sall.Cat.7

注

1. compleō は「〈奪格〉で〈対格〉を満たす」。
2. in mātrimōnium dūcere は〈対格〉を目的語に取り、「〈対格〉と結婚する、〈対格〉を嫁にもらう」を意味する。dūcere の完了幹は dux-。
3. auxiliō mittere は〈対格〉を目的語に取り、「〈対格〉を援軍として（援軍に）送る」を意味する。mittere の完了幹は mīs-。
4. claudō は「〈与格〉に〈対格〉を閉ざす」。完了幹は claus-。
5. industria の次に動詞 prōfert（あるいは prōtulit）を補う。「他の者たちを（aliōs）勤勉が（industria）駆り立てる（た）ように（Ut）」。ita（そのように）は Ut の導く従属文の内容を指す。
6. erās は sum の直説法・能動態・未完了過去、2 人称単数。

7. indulserat は indulgeō（〈与格〉に好意を持つ）の直説法・能動態・過去完了、3人称単数。
8. omnēs から partem まで contulerat の目的語が列挙される。
9. coemptum（買い集められた）は coemō の完了分詞、男性・単数・対格。numerum にかかる。
10. tālibus virīs（そのような男たちにとって）は「判断者の与格」。erat は sum の直説法・能動態・未完了過去、3人称単数。

第8章　分詞・動名詞・動形容詞

1　分詞（現在分詞・完了分詞・目的分詞・未来分詞）

分詞

ラテン語の分詞を時称に即して大別すると、現在分詞・完了分詞・未来分詞の3つに分かれます。このうち完了分詞から派生した目的分詞にも注意する必要があります。

現在分詞

現在分詞は、不定法から語尾（-āre, -ēre, -ere, -īre）を取り、第1変化動詞は -ans、第2変化動詞と第3変化動詞は -ens、第3変化B動詞と第4変化動詞は -iens を加えて作ります。第3変化形容詞（i 幹形容詞の見出しが1種類のタイプ）の変化をします。

確認問題　次の各々の動詞の現在分詞（男性・単数・主格）の形を答えなさい。

1. amō, -āre　愛する
2. videō, -ēre　見る
3. agō, -ere　行う
4. capiō, -ere　つかむ
5. audiō, -īre　聞く

解答
1. amans　2. videns　3. agens　4. capiens　5. audiens

確認問題　各々の動詞の現在分詞について指示された形を答えなさい。
1. taceō（沈黙する）　　女性・単数・属格
2. petō（欲する）　　　中性・複数・主格

3. fugiō（逃げる）　　　男性・単数・与格
4. fluō（流れる）　　　女性・単数・属格
5. mereō（値する）　　　中性・複数・奪格

解　答
1. tacentis　2. petentia　3. fugientī
4. fluentis　5. merentibus

確認問題　各々の不規則動詞の現在分詞（男性・単数・主格）の形を答えなさい。
1. dō, -are　与える
2. eō, -īre　行く
3. ferō, ferre　運ぶ
4. volō, velle　望む
5. absum, abesse　いない
6. possum, posse　〜できる

解　答
1. dans　2. iens　3. ferens
4. volens　5. absens　6. potens

確認問題　括弧内の語を現在分詞の適切な形に直しなさい。
1. (Taceō) vōcem verbaque vultus habet. Ov.A.A.1.574
   沈黙した顔は声と言葉を持つ。
2. Dūcunt (volō) fāta, (nōlō) trahunt. Sen.Ep.107.11
   運命は望む者（単数）を導き、拒む者（単数）を引きずる。
3. Multa (petō) dēsunt multa. Hor.Carm.3.16.42
   多くを望む者（複数）は多くを欠く。
4. Eunt annī mōre (fluō) aquae. Ov.A.A.3.62
   歳月は流れる川のように進む。
5. Fūmum (fugiō) in ignem incidit.
   彼は煙を避けて火の中に落ちる。

6. (Mereō) laudāre justitia est.
   （賞賛に）値する者をほめることが正しい。
7. Juppiter ex altō perjūria rīdet (amō).
   ユッピテルは高い天から恋人たち（愛す者たち）の不実を笑う。
8. (Ignōrō) quem portum petat, nullus ventus est. Sen.Ep.71.3
   どの港を目指すかわからない者たちに順風はない。
9. Pax (intrō), salūs exeuntibus.
   （街に）入る者たちには平和が、（街から）出る者たちには安全が（ありますように）。
10. (Amō) āmentēs. Ter.And.218
    恋する者たちは正気でない。

注

1. 括弧内の語は現在分詞として vultus（男性・単数・主格）にかかる。
2. 括弧内の語はどちらも男性・単数・対格にする。
3. 括弧内の語は男性・複数・与格。動詞 dēsunt は「〈主語〉は〈与格〉に欠ける」を意味する。主語は2つ目の multa（中性・複数・主格）。
4. 括弧内の現在分詞は aquae と性・数・格が一致。
5. 男性・単数・主格。
6. laudāre の目的語として、男性・単数・対格にする。
7. 男性・複数・属格。
8. 男性・複数・与格。
9. 前半、後半それぞれの文に sit（sum の接続法・能動態・現在、3人称単数）を補う（願望の接続法）。exeuntibus は不規則動詞 exeō（出る）の現在分詞 exiens の男性・複数・与格。
10. 男性・複数・主格。

解 答

1. Tacens　　2. volentem / nōlentem　　3. petentibus
4. fluentis　　5. fugiens　　6. Merentem
7. amantium　　8. Ignōrantibus　　9. intrantibus
10. Amantēs

完了分詞

確認問題 空所に適語を入れて説明文を完成しなさい。

辞書で動詞 amō を引くと、amō, -āre, -āvī, -ātum と記されています。左から順に、①直説法・能動態・（　1　）、1人称単数、②（　2　）・能動態・現在、③直説法・能動態・（　3　）、1人称単数、④（　4　）（スピーヌムとも呼ばれる）が並びます。このうち④の語尾を -us に直した形、すなわち（　5　）は完了分詞の男性・単数・主格、（　6　）は女性・単数・主格、amātum は中性・単数・主格です。amātus, -a, -um は第1・第2変化形容詞 bonus, -a, -um のように変化します。

解答
1．現在　2．不定法　3．完了　4．目的分詞　5．amātus　6．amāta

確認問題 括弧内の語を完了分詞の適切な形に直しなさい。

1. Ālea (jaciō) est. Suet.Caes.32
   賽（さい）は投げられた。
2. Litterae (scrībō) manent.
   書かれた文字はとどまる。
3. Cavē (parō).
   あなたは準備した上で用心せよ。
4. Audit (vocō) Apollō. Verg.Geo.4.7
   アポッローは呼びかけると（呼びかけられたアポッローは）聞いてくれる。
5. Ducis in consiliō (pōnō) est virtūs mīlitum.
   兵士たちの勇気は指揮官の思慮の中に置かれている。
6. Verbum semel (ēmittō) volat irrevocābile. Hor.Ep.1.18.71
   ひとたび放たれた言葉は、呼び戻せないものとして飛び去る（飛び去って呼び戻せない）。
7. Graecia (capiō) ferum victōrem cēpit. Hor.Ep.2.1.156
   征服されたギリシャは野蛮な勝利者を征服した。

8. Jūcundī（agō）labōrēs. Cic.Fin.2.105
成し遂げられた（成し遂げた）仕事は心地よい。
9. （Vincō）vīcimus. Pl.Cas.51
我々は打ち負かされて（負けて）打ち負かした（勝った）のだ。
10. Flūmina pauca vidēs dē magnīs fontibus（orior）. Ov.Rem.97
（あなたは）大きな泉から生まれた少数の川を見る（大きな泉から生まれた川を見ることはほとんどない）。

注
1. 女性・単数・主格。
2. 女性・複数・主格。
3. 男性・単数・主格。
4. 男性・単数・主格。
5. 女性・単数・主格。
6. 中性・単数・主格。
7. 女性・単数・主格。
8. 男性・複数・主格。
9. 男性・複数・主格。
10. 中性・複数・対格。

解 答
1. jacta　　2. scriptae　　3. parātus　　4. vocātus　　5. posita
6. ēmissum　7. capta　　8. actī　　9. Victī　　10. orta

目的分詞
　目的分詞の用例は中性・単数の対格と奪格に限られます。対格は動詞の基本形として辞書に記載される形（amō であれば amātum の形）で、移動を表す動詞とともに用いられ、その目的を表します（例文1と2）。奪格形は対格の語尾 -um が -ū に変わります。主に形容詞とともに用いられ、「〜することにおいて」を意味します（例文3と4）。
1. Cubitum eō.　私は寝に行く。
2. Auxilium postulātum vēnit.　彼は援助を求めに来た。

3. facile dictū　言うのは簡単な
4. miserābile dictū　言うのも惨めな

確認問題　各々の動詞について目的分詞の対格と奪格を答えなさい。
1. dīcō
2. faciō
3. spectō
4. rogō
5. audiō

解　答
1. dictum / dictū　　2. factum / factū　　3. spectātum / spectātū
4. rogātum / rogātū　　5. audītum / audītū

確認問題　括弧内の語を目的分詞の適切な形に直しなさい。
1. (Salūtō) vēnit.　彼は挨拶するために来た。
2. Haeduī lēgātōs ad Caesarem mittunt auxilium (rogō). Caes.B.G.1.11
ハエドゥイー族は援助を乞うためカエサルに使者を送る。
3. (Spectō) veniunt, veniunt spectentur ut ipsae. Ov. A.A.1.99
彼女たち自身は（芝居を）見るために来る。（そして）自分たち自身が見られるために来る。
4. Id est facile (dīcō), sed difficile (faciō).　言うは易く行うは難し。
5. Lībertātis restitūtae dulce (audiō) nōmen mūtāvit eōrum animōs. Liv.24.21
聞くに心地よい「取り戻された自由」という名称は彼らの心を変えた。

注
1. 目的分詞の対格。
2. 同上。
3. 同上。spectentur は spectō の接続法・受動態・現在、3人称複数。ut とともに目的を表す。
4. 2カ所とも目的分詞の奪格。

5. Lībertātis は「説明の属格」。nōmen の内容を説明している。括弧内には目的分詞の奪格が入る。

解答
1. Salūtātum　　2. rogātum　　3. Spectātum
4. dictū / factū　　5. audītū

未来分詞

　未来分詞は完了分詞の語尾（-us, -a, -um）を -ūrus, -a, -um に変えて作ります。amō の未来分詞 amātūrus, -a, -um（愛そうとしている）は bonus, -a, -um（よい）のように変化します。また、能動態・未来の不定法は、未来分詞＋esse です。

確認問題　次の動詞の未来分詞（男性・単数・主格）を答えなさい。
1. faciō　行う、なす
2. morior　死ぬ
3. vīvō　生きる
4. conficiō　完成する
5. oppugnō　攻撃する

解答
1. factūrus　　2. moritūrus　　3. victūrus
4. confectūrus　　5. oppugnātūrus
※2. moritūrus は不規則。

確認問題　括弧内の語を未来分詞の適切な形に直しなさい。
1. Spērō tē id (faciō) esse.
　私はあなたがそれをなすだろうと期待している。
2. Testātur (morior) deōs. Verg.Aen.4.519
　彼女は死を覚悟して（死にゆく者として）神々に誓う。
3. Crās tē (vīvō), crās dīcis, Postume, semper. Mart.5.58.1
　ポストゥムスよ、明日自分は生きるだろう、明日になれば、といつも

君は言う。
4. Crēdēbās dormientī haec tibi (conficiō) deōs? Ter.Ad.693
おまえは信じていたのか、眠っているおまえのために、これらのことを神々が成し遂げてくれるなどと。
5. Gallī ad Clūsium vēnērunt legiōnem Rōmānam castraque (oppugnō). Liv.10.26
ガッリー族はローマの軍団と陣営を攻撃しようとして、クルーシウムにやって来た。

注
1. 未来分詞＋esse は不定法・能動態・未来。tē（対格）はその意味上の主語（対格不定法）。
2. Testātur は形式受動態動詞 testor の直説法・受動態・現在、3人称単数。
3. 未来分詞の次に esse を補う。1と同じ対格不定法の構文。
4. 3と同様未来分詞の次に esse を補う（対格不定法）。
5. 主語 Gallī と性・数・格を一致させる（男性・複数・主格）。

解答
1. factūrum　　2. moritūra　　3. victūrum
4. confectūrōs　5. oppugnātūrī

練習問題 47

解答 p.313

括弧内の語を分詞（現在分詞、完了分詞、目的分詞、未来分詞）の適切な形に直しなさい。

1. Timeō Danaōs et dōna (ferō). Verg.Aen.2.49
私はダナイー人（ギリシャ人）を恐れる、たとえ贈り物を持ってくるとしても。
2. Gallia est omnis (dīvīdō) in partēs trēs. Caes.B.G.1.1
ガッリア全体は3つの部分に分かれている。
3. Pater hūc mē mīsit ad vōs (ōrō) meus. Pl.Am.20
私の父は、懇願するため私をここにいるあなたたちのもとにつかわした。

4. Quō (morior) ruis? Verg.Aen.10.811
   どこに急ぐのだ、死にゆく者よ。
5. Horrescō (referō). Verg.Aen.2.204
   私は語りながら身震いする。
6. Virtūs (laudō) crescit.
   美徳は賞賛されて成長する。
7. Disce quasi semper (vīvō), vīve quasi crās (morior).
   永遠に生きるかのように学べ、明日死ぬかのように生きよ。
8. Nihil difficile (amō). Cic.Or.10
   恋する者（単数）には何事も困難ではない。
9. Rem (agō) agis. Pl.Ps.260
   あなたは行われたことを行っている（終わったことを蒸し返している）。
10. Spērat adulescens diū sē (vīvō). Cic.Sen.68
    若者は自分が長く生きることを期待する。

注

1. et は「たとえ～でも」の意味を表す。
2. 括弧内は完了分詞、女性・単数・主格が入る。
3. 目的分詞の対格が入る。
4. 未来分詞、男性・単数・呼格。
5. 現在分詞、男性・単数・主格。
6. 完了分詞。Virtūs と性・数・格が一致。
7. ともに未来分詞、男性・単数・主格が入る。morior は形式受動態動詞、直説法・受動態・現在、1人称単数。
8. 現在分詞、男性・単数・与格（判断者の与格）。
9. 完了分詞。Rem と性・数・格が一致。
10. esse が省略。sē は未来分詞と esse が作る不定法・能動態・未来の意味上の主語。

練習問題 48

解答 p.313

和訳しなさい。

1. Tum vērō infēlix fātīs exterrita Dīdō mortem ōrat. Verg.Aen.4.450-451
2. Stultitia est vēnātum dūcere invītās canēs. Pl.St.139
3. Audierat hinc populum lātē rēgem bellōque superbum ventūrum excidiō Libyae. Verg.Aen.1.20-22
4. Illa tibi Ītaliae populōs ventūraque bella expediet. Verg.Aen.3.458
5. Mens et animus et consilium et sententia cīvitātis posita est in lēgibus. Cic.Cl.53.146
6. Quīn tū aspicis ad tē venientem Paulum patrem? Cic.Rep.6.14
7. Ējectum lītore, egentem excēpī et regnī dēmens in parte locāvī. Verg.Aen.4.373-374
8. Profectō vidētis nefās esse dictū miseram fuisse tālem senectūtem. Cic.Sen.13
9. Apollō fore tē pontō incolumem fīnīsque canēbat ventūrum Ausoniōs. Verg.Aen.6.345-346
10. Noviodūnum erat oppidum Haeduōrum ad rīpās Ligeris opportūnō locō positum. Caes.B.G.7.55

注

1. infēlix は Dīdō にかかる。ōrat は「歴史的現在」と見てもよい。
2. 主語は dūcere とみなす。vēnātum は目的分詞（対格）。
3. 原文では Audierat (Audīverat の別形) の主語は Jūnō (Juppiter の妻)。ventūrum の次に esse を補う（不定法・能動態・未来）。populum はその意味上の主語（対格不定法）。excidiō は「目的の与格」。ad excidium（破滅のために）と言い換えられる。
4. Illa は「彼女は」と訳す。原文では巫女シビュッラを指す。Ītaliae の Ī は韻律の関係で長い。ventūra は bella にかかる未来分詞。
5. 主語は複数あるが、ひとまとまりのものとして扱われるため動詞は3人称単数。完了分詞 posita の「性・数・格」は位置的に最も近い sententia に一致。posita est は現在完了だが格言的完了とみなせる。
6. venientem Paulum における現在分詞は属性的にも述語的にも訳せる。

すなわち「近づくパウルスを」でも「パウルスが近づくのを」でも可。
7. lītore は「場所の奪格」。excēpī の目的語は名詞的に用いられた2つの分詞。1つ目が Ējectum（打ち上げられた者を）、2つ目が egentem（欠いている者を＝裸同然の者を）。
8. fuisse は sum の不定法・能動態・完了。意味上の主語は senectūtem、補語は miseram（対格不定法）。この不定法句が esse の意味上の主語、nefās が補語になる（対格不定法）。
9. fore は sum の不定法・能動態・未来。tē が意味上の主語（対格不定法）。pontō は「場所の奪格」。ventūrum にも esse を補い、2つ目の不定法・能動態・未来をここに認める（意味上の主語は tē）。
10. pōnō の完了分詞 positum は oppidum を修飾する。opportūnō locō は「場所の奪格」。

2　動名詞

　動名詞は、現在分詞の語尾 -ns を -ndum に変えて対格形を作ります（amō → ama-ns → ama-ndum）。第2変化中性名詞 verbum のように変化します。主格（呼格）を除いた単数のみで使われ、複数形はありません。

確認問題　次の動詞の指示された形を答えなさい。
1．doceō（教える）　　属格
2．agō（行う）　　　　与格
3．eō（行く）　　　　　対格
4．cadō（落ちる）　　　奪格
5．scrībō（書く）　　　属格

解　答
1．docendī　　教えることの
2．agendō　　行うことに
3．eundum　　行くことを
4．cadendō　　落ちることによって
5．scrībendī　書くことの
※eō の動名詞は不規則で、eundī（属格）、eundō（与格）、eundum（対格）、eundō（奪格）である。

確認問題　括弧内の語を動名詞の適切な形に直しなさい。
1．Multae sunt causae (bibō).
　飲む理由はたくさんある。
2．Ego relictīs rēbus Epidicum operam (quaerō) dabō. Pl.Ep.605
　私は万事後回しにし、エピディクスを探すことに全力を尽くそう。
3．Breve tempus aetātis satis longum est ad bene honestēque (vīvō). Cic.Sen.19
　生涯の僅かの時間でも、立派に気高く生きるには十分に長い。
4．(Doceō) discimus.

180

我々は教えることによって学ぶ。
5. Fāma crescit (eō).
噂は進むにつれて大きくなる。

注
1. 属格。causae にかかる。
2. 与格（dabō の間接目的語）。relictīs rēbus は「絶対的奪格」。
3. 対格。ad ＋動名詞で「〜するために」を意味する。
4. 奪格。
5. 奪格。

解 答
1. bibendī 2. quaerendō 3. vīvendum
4. Docendō 5. eundō

練習問題 49

解答 p.314

括弧内の語を動名詞の適切な形に直しなさい。

1. Casta ad virum mātrōna (pāreō) imperat. Syr.108
   貞潔な妻は夫に従うことによって（夫を）支配する。
2. Semper (metuō) sapiens vītat malum.
   いつも恐れることによって賢者は不幸を避ける。
3. Ego nullam aetātem ad (discō) arbitror immātūram.
   私はいかなる年齢も学ぶのに若すぎることはないと思う。
4. Nihil (agō) hominēs male agere discunt. Col.11.1.26
   人は何もしないことによって、悪く行うことを（悪い行いを）学ぶ。
5. (Scrībō) rectē sapere est et principium et fons. Hor.A.P.309
   知恵を持つことは、正しく書くことの始まりであり、源泉である。
6. Gutta cavat lapidem nōn vī sed saepe (cadō).
   雨粒は力によらず繰り返し落下することによって石に穴を開ける。
7. Ea gens propter magnitūdinem sonitūs sensū (audiō) caret. Cic.Rep. 6.19
   その民族は音の大きさのために聞くことの感覚（聴覚）を欠いている。

8. （Audeō）magnus tegitur timor. Lucan.4.702
   大胆に振る舞うことで大きな恐怖も隠される。
9. Triste est nōmen ipsum（careō）. Cic.Tusc.1.36.87
   欠乏しているという言葉はそれ自体が悲しい。
10. （Dēlīberō）saepe perit occāsiō. Syr.163
    何度も熟考することによって好機は消える。

注
1. 奪格。Casta は mātrōna にかかる。
2. 奪格。
3. 対格。arbitror は形式受動態動詞（直説法・受動態・現在、1人称単数）。
4. 奪格。agere は agō の不定法・能動態・現在。
5. 属格。principium と fons にかかる。主語は sapere（sapiō の不定法・能動態・現在）。
6. 奪格。vī は vīs（力）の単数・奪格。
7. 属格。sensū にかかる。
8. 奪格。tegitur は tegō の直説法・受動態・現在、3人称単数。
9. 属格。nōmen にかかる。「説明の属格」。
10. 奪格。

練習問題 50 解答 p.314
和訳しなさい。

1. Audendō virtūs crescit, tardandō timor.
2. Lēgātīs respondit diem sē ad dēlīberandum sumptūrum. Caes.B.G.1.7
3. Nec cōgitandī nec quiescendī in urbe locus est pauperī. Mart.12.5.3-4
4. Sē contentus est sapiens ad beātē vīvendum, nōn ad vīvendum. Sen. Ep.9.13
5. Aenēās celsā in puppī jam certus eundī carpēbat somnōs rēbus jam rīte parātīs. Verg.Aen.4.554-555
6. Nulla est igitur haec amīcitia, cum alter vērum audīre nōn vult, alter ad mentiendum parātus est. Cic.Amic.98

7. Itaque quaerō causās omnēs aliquandō vīvendī arbitrātū meō. Cic. Fam.7.1
8. Neque sōlum vīvī atque praesentēs studiōsōs discendī ērudiunt atque docent, sed hoc idem etiam post mortem monumentīs litterārum assequuntur. Cic.Off.1.156
9. Nulla causa justa cuīquam esse potest contrā patriam arma capiendī. Cic.Phil.2.22.53
10. Cēde repugnantī: cēdendō victor abībis. Ov.A.A.2.197

注

1. Audendō と tardandō は動名詞の奪格。「〜することによって」と訳す。
2. respondit は「歴史的現在」とみなすことも可。sumptūrum (esse) は不定法・能動態・未来。意味上の主語は再帰代名詞 sē（対格）。
3. cōgitandī と quiescendī は動名詞の属格。locus にかかる。
4. ad ＋動名詞で「〜するために」を意味する。nōn ad vīvendum は前後関係から判断し、「単に生きるためでなく」と訳す。
5. certus は「〈属格〉の決意ができている」を意味する。rēbus parātīs は「絶対的奪格」。
6. Nulla est ... haec amīcitia について、主語は haec、補語は nulla ... amīcitia。「これは友情ではない」と訳す。cum は「〜なので」と理由を表す従属文を導く。alter ... alter について、「一方が〜、他方が〜」と訳す。
7. vīvendī は動名詞の属格。causās にかかる。
8. Neque sōlum A sed etiam B の構文は英語の Not only A but also B に相当。vīvī と praesentēs、studiōsōs は形容詞の名詞的用法。このうち studiōsōs は属格を要求。monumentīs は「手段の奪格」。assequuntur は形式受動態動詞 assequor の直説法・受動態・現在、3人称複数。
9. cuīquam（誰にとっても）は quisquam の男性・単数・与格（判断者の与格）。
10. Cēde は与格を取る。repugnantī は repugnō の現在分詞、男性・単数・与格。victor は主語ではなく補語（主語は動詞の形から tū）。「勝者として」と訳す。

3　動形容詞

　動形容詞の形は動名詞（対格）の語尾 -um を -us, -a, -um に変えるだけです。第1・第2変化形容詞の変化と同じです。

確認問題　次の動詞の指示された動形容詞の形を答えなさい。
1. amō, -āre（愛する）　　　男性・単数・主格
2. videō, -ēre（見る）　　　女性・複数・対格
3. agō, -ere（行う）　　　　中性・複数・奪格
4. audiō, -īre（聞く）　　　男性・単数・与格
5. quaerō, -ere（求める）　　女性・単数・主格
6. vīvō, -ere（生きる）　　　中性・単数・主格
7. generō, -āre（生み出す）　中性・単数・属格
8. tollō, -ere（損なう）　　　女性・単数・対格
9. dēmetō, -ere（刈り取る）　男性・複数・与格
10. capiō, -ere（つかむ）　　女性・単数・属格

解答
1. amandus　　2. videndās　　3. agendīs　　4. audiendō
5. quaerenda　6. vīvendum　 7. generandī　8. tollendam
9. dēmetendīs　10. capiendae

確認問題　括弧内の語を動形容詞の適切な形に直しなさい。
1. Hic liber vōbīs（legō）est.
　この本はあなた方にとって読まれるべきものである。
2. Vēna（tangō）est. Sen.Ep.22.1
　血管は触れられるべき（触れるべき）である。
3. Carthāgō（dēleō）est. Plin.N.H.15.20.74
　カルターゴーは滅ぼされるべきである。
4. Libīdō reī pūblicae（capiō）Sall.Cat.5
　手に入れられるべき国家への欲望（国家を手に入れる欲望）

5. Reliqua tempora (dēmetō) frūctibus et (percipiō) accommodāta sunt. Cic.Sen.70
   残りの季節は、収穫を刈り取り、取り入れるのにふさわしい。
6. Hoc praeceptum ad (tollō) amīcitiam valet. Cic.Amic.60
   この教えは、友情を損なう力を持つ。
7. Simul in spem veniēbant ējus affirmātiōne dē reliquīs (adjungō) cīvitātibus. Caes.B.G.7.30
   同時に彼らは、他の部族を味方につけることについての彼の断言によって希望を抱くに至った。
8. Dē omnibus (dubitō) est.
   あらゆる事柄について疑うべきである。
9. (Exeō) ad lībertātem est.
   自由に向かって出発すべきである。
10. Facta fugis, (faciō) petis. Ov.Her.7.15
    あなたは為したことから逃れ、為すべきこと（複数）を追い求める。

注

1. liber と（性・数・格が）一致。vōbīs は「行為者の与格」。
2. Vēna と一致。
3. Carthāgō と一致。
4. reī pūblicae と一致。
5. frūctibus と一致。
6. amīcitiam と一致。
7. cīvitātibus と一致。前置詞 dē は奪格を取る。
8. 非人称表現ゆえ中性・単数・主格にする。
9. 同上。
10. 中性・複数・対格。petis の目的語。

解　答

1. legendus（男性・単数・主格）
2. tangenda（女性・単数・主格）
3. dēlenda（女性・単数・主格）

185

4．capiendae（女性・単数・属格）
5．dēmetendīs（男性・複数・与格）/ percipiendīs（男性・複数・与格）
6．tollendam（女性・単数・対格）
7．adjungendīs（女性・複数・奪格）
8．dubitandum（中性・単数・主格）
9．Exeundum（中性・単数・主格）
10．facienda（中性・複数・対格）

練習問題 51
解答 p.314

括弧内の語を動形容詞の適切な形に直しなさい。

1. Vīnum novum in utrēs novōs（mittō）est.
   新しい酒は新しい革袋に入れねばならない。
2. Ab hōc（incipiō）est. Sen.Ep.17.5
   ここから始めなければならない。
3. （Superō）omnis fortūna ferendō est. Verg.Aen.5.710
   すべての運命は耐えることによって克服されねばならない。
4. （Quaerō）pecūnia prīmum est, virtūs post nummōs. Hor.Ep.1.1.53-54
   第一に金銭が求められねばならない。美徳は金の次だ。
5. （Dēlīberō）est saepe:（statuō）est semel. Syr.155
   熟慮は何度もすべきである。決断は一度になさねばならない。
6. Nīl（dēspērō）. Hor.Carm.1.7.27
   絶望すべきものは何もない。
7. Tantus amor flōrum et（generō）glōria mellis. Verg.Geo.4.205
   花への愛、蜜を生み出す栄光はこれほど大きい。
8. Aliēnō mōre（vīvō）est mihi. Ter.And.152
   私は他人のやり方に従って生きなければならない。
9. Et post malam segetem（serō）est. Sen.Ep.81.1
   悪い収穫（不作）の後でも種は蒔かねばならない。
10. Etiam senī est（discō）. Sen.Ep.76.3
    老人もまた学ばねばならない。

注

1. Vīnum と（性・数・格が）一致。
2. 動形容詞の非人称表現。
3. fortūna と一致。
4. pecūnia と一致。
5. 非人称表現。
6. Nīl（中性・単数・主格）と一致。
7. mellis と一致。flōrum は flōs の複数・属格。
8. 非人称表現。mihi は「行為者の与格」。
9. 非人称表現。
10. 同上。senī は「行為者の与格」。

練習問題 52

解答 p.315

和訳しなさい。

1. Omnia suō tempore facienda sunt.
2. Nihil igitur fierī dē nihilō posse fatendum est. Lucr.1.205
3. Ad eās rēs conficiendās biennium sibi satis esse duxērunt. Caes.B.G. 1.3
4. Nulla possessiō, nulla vīs aurī et argentī plūris quam virtūs aestimanda. Cic.Par.48
5. Est quaedam calamitās in amīcitiīs dīmittendīs nōn numquam necessāria. Cic.Amic.76
6. Sunt nōnnullī acuendīs puerōrum ingeniīs nōn inūtilēs lūsūs. Quint. 1.3.11
7. Locum oppidō condendō cēpērunt. Liv.39.22
8. Resistendum senectūtī est ējusque vitia dīligentiā compensanda sunt. Cic.Sen.35
9. Dūcendum ad sēdēs simulācrum ōrandaque dīvae nūmina conclāmant. Verg.Aen.2.232-233
10. Nullī potest sēcūra vīta contingere quī dē prōdūcendā nimis cōgitat, quī inter magna bona multōs consulēs numerat. Sen.Ep.4.4

注

1. suō tempore（それ自身の時に）は「それにふさわしい時に」と訳す。
2. fierī（生じること）は fīō の不定法・受動態・現在。形式受動態動詞 fateor の動形容詞 fatendum（中性・単数・主格）は不定法句を主語に取る。不定法句の直訳は「無が無から生じ得ること」、すなわち「いかなるものも無から生じないこと」。
3. conficiendās は rēs と（性・数・格が）一致。
4. plūris（いっそう重要な）は「価値の属格」。
5. nōn numquam で「時には」。主語は calamitās（損失）、補語は necessāria。in amīcitiīs dīmittendīs（解消されるべき友情において）は、「友情を解消する際」と訳す。
6. nōnnullī（少なからぬ）は lūsūs にかかる。動形容詞 acuendīs は ingeniīs と一致（時の奪格）。「～する上で」「～するに際して」と訳す。
7. oppidō condendō（築かれるべき街のための）は「街を築くための」と訳し locum にかける。
8. Resistendum ... est は非人称表現。dīligentiā（注意深さ）は「手段の奪格」。compensanda は vitia と一致。
9. 動形容詞（Dūcendum と ōranda）の次に esse を補う。simulācrum（像）と nūmina（神意）は不定法句の意味上の主語。なお原文において simulācrum は木馬の像を意味する。
10. quī は関係代名詞、男性・単数・主格（先行詞は Nullī）。prōdūcendā の次に vītā を補う。「長くされるべき人生について」は「人生を長くすることについて」、すなわち「長生きすることについて」と意訳できる。

第9章 動詞4

1 直説法・受動態（1）現在、未完了過去、未来

直説法・受動態・現在

受動態・現在の人称語尾は次の通りです。

	単数	複数
1人称	-r	-mur
2人称	-ris(-re)	-minī
3人称	-tur	-ntur

確認問題 空所に適語を入れなさい。

amō: amor, (　1　), amātur, amāmur, amāminī, amantur
videō: videor, vidēris(vidēre), (　2　), vidēmur, vidēminī, videntur
agō: agor, ageris(agere), agitur, (　3　), agiminī, aguntur
capiō: capior, caperis(capere), capitur, capimur, (　4　), capiuntur
audiō: audior, audīris(audīre), audītur, audīmur, audīminī, (　5　)
ferō: (　6　), ferris(ferre), fertur, ferimur, feriminī, feruntur

解答
1. amāris / amāre　　2. vidētur　　3. agimur
4. capiminī　　5. audiuntur　　6. feror

　不定法の受動態・現在は、現在幹（不定法・能動態の語尾から -re を取った形）に -rī をつけます。第3変化と第3変化 B は、現在幹から幹末母音 e を取り -ī をつけます。

	不定法・能動態	不定法・受動態
amō（1）	amā-**re**	amā-**rī**
videō（2）	vidē-**re**	vidē-**rī**
agō（3）	age-**re**	ag-**ī**
capiō（3 B）	cape-**re**	cap-**ī**
audiō（4）	audī-**re**	audī-**rī**

確認問題　次の動詞の不定法・受動態・現在の形を答えなさい。
1．laudō　ほめる
2．moneō　注意する
3．dūcō　導く
4．vocō　呼ぶ
5．misceō　混ぜる

解　答
1．laudārī　　2．monērī　　3．dūcī　　4．vocārī　　5．miscērī

確認問題　括弧内の語を受動態・現在の適切な形に直しなさい。
1．Amīcus in necessitāte（probō）.
　友人は困窮の中で試される。
2．Oculī pictūrā（teneō）, aurēs cantibus.
　目は絵によって、耳は歌によってとらえられる。
3．Ignis nōn（exstinguō）igne.
　火は火によって消されない。
4．Vitium（alō）tegendō.
　悪徳は隠すことで養われる。
5．Voluptāte（capiō）omnēs.
　我々は皆欲望にとらわれる。
6．Sī vīs（amō）, amā. Sen.Ep.9.6
　愛されたいなら愛しなさい。
7．Vīnō（alō）vīrēs, sanguis, calorque hominum. Plin.N.H.23.37.1

人間の力、血、熱は酒によって養われる。
8. Mōmentō mare (ēvertō). Sen.Ep.4.7
   一瞬で海は覆る。
9. Fors et virtūs (misceō) in ūnum. Verg.Aen.12.714
   運と武勇が一つに混ぜ合わされる（渾然一体となる）。
10. Nōs satis facere reī pūblicae (video), sī istīus furōrem ac tēla vītāmus. Cic.Cat.1.2
    我々は国家に十分貢献するように見られる、もし（君の言う）その者の激情と武器を我々が拒否するならば。

注

1. 主語は Amīcus。
2. 主語は Oculī。pictūrā と cantibus は「手段の奪格」。
3. 主語は Ignis。
4. 主語は Vitium。tegendō は動名詞（奪格）。
5. 主語は省略された Nōs。これを omnēs が修飾。
6. 不定法・受動態・現在。
7. 主語は vīrēs とみなす。-que は「そして」を意味する。
8. 主語は mare。Mōmentō は「時の奪格」。
9. 主語は Fors と virtūs。3人称複数とみなす。
10. 主語は1人称複数。

解 答

1. probātur　　2. tenentur　　3. exstinguitur　　4. alitur
5. capimur　　6. amārī　　7. aluntur　　8. ēvertitur
9. miscentur　　10. vidēmur

受動態・未完了過去

　受動態・未完了過去は、第1、第2変化動詞の場合、現在幹に -ba-（または -bā-）をつけ、受動態の人称語尾を加えて作ります。第3変化動詞は現在幹末尾の母音を長くし、第3変化 B 動詞ならびに第4変化動詞は現在幹末尾の母音を iē に変えます。

確認問題 各々の動詞の指示された受動態・未完了過去の形を答えなさい。

1．amō　　　1人称単数
2．retineō　　2人称単数
3．relinquō　　3人称単数
4．videō　　　1人称複数
5．agō　　　　2人称複数
6．audio　　　3人称複数

解　答

1．amābar　　　2．retinēbāris / retinēbāre　　3．relinquēbātur
4．vidēbāmur　　5．agēbāminī　　6．audiēbantur

確認問題 括弧内の語を受動態・未完了過去の適切な形に直しなさい。

1．Vīta hominum sine cupiditāte (agitō). Sall.Cat.2.1
人間の生活は欲望なしに営まれていた。

2．Ex quō omnia mihi contemplantī praeclāra cētera et mīrābilia (videō). Cic.Rep.6.16
そこからすべてを眺める私には、他（の星々）は見事で驚嘆すべきものに見られた。

3．Hominēs bellandī cupidī magnō dolōre (afficiō). Caes.B.G.1.2
戦うことに貪欲な人間たちは、大きな苦しみに苦しめられていた（大いに苦しんでいた）。

4．(Relinquō) ūna per Sēquanōs via, quā Sēquanīs invītīs propter angustiās īre nōn poterant. Caes.B.G.1.9
セークァニー族の間を通る道が1本残されていた。狭さのためセークァニー族が承知しないなら、狭さのためここを通って進むことはできなかった。

5．Is pāgus (appellō) Tigurīnus. Caes.B.G.1.12
それはティグリーヌス郷と呼ばれていた。

注
1. 主語は Vīta。
2. 主語は cētera。quō は関係代名詞、男性・単数・奪格（先行詞省略）。
3. 主語は Hominēs。bellandī は bellō の動名詞（属格）。cupidus, -a, -um は属格を要求する。
4. 主語は via。Sēquanīs invītīs は「絶対的奪格」。
5. 主語は Is。

解 答
1. agitābātur　　2. vidēbantur　　3. afficiēbantur
4. Relinquēbātur　5. appellābātur

受動態・未来

　第1、第2変化動詞：現在幹に -bi- と受動態の人称語尾を加えて作ります。第3、第4変化動詞：現在幹と受動態の人称語尾の間に -a-（1人称単数）または -e-（または -ē-）をはさんで作ります。

確認問題　各々の動詞の指示された受動態・未来の形を答えなさい。
1. amō　　　　2人称単数
2. amō　　　　1人称複数
3. videō　　　 3人称単数
4. videō　　　 2人称複数
5. agō　　　　1人称単数
6. agō　　　　3人称複数
7. audiō　　　 2人称単数
8. audiō　　　 1人称複数
9. ferō　　　　1人称単数
10. ferō　　　 3人称複数

解 答
1. amāberis / amābere　2. amābimur　　3. vidēbitur
4. vidēbiminī　　　　　5. agar　　　　　6. agentur

7．audiēris / audiēre　　8．audiēmur　　9．ferar
10．ferentur

[確認問題] 括弧内の語を受動態・未来の適切な形に直しなさい。
1．Date et（dō）vōbīs. Ev.Luc.6.38
　　与えよ、そうすれば汝らに与えられるだろう。
2．Spoliīs ego jam raptīs（laudō）opīmīs. Verg.Aen.10.449-450
　　見事な戦利品を奪うなら、今にも私は賞賛されるだろう。
3．Aliēnīs perīmus exemplīs:（sānō）, sī sēparēmur modo ā coetū. Sen. Vit.1.4
　　我々は他人の流儀によって（他人の真似をして）滅びる。ただ集団から離れているだけで、我々は癒やされるだろう。
4．Tū（dēligō）iterum consul. Cic.Rep.6.11
　　あなたは再び執政官に選ばれるだろう。
5．Vōtīsque deōs（veneror）sērīs. Verg.Aen.7.597
　　そしておまえは遅い祈願によって神々を崇めることになろう（祈願によって神々を崇めても手遅れになろう）。

注
1．Date は dō の命令法・能動態・現在、2人称複数。省略された目的語（単数）が主語になり「与えられるだろう」と言われる。括弧内の語は3人称単数にする。
2．Spoliīs raptīs は「絶対的奪格」。
3．exemplīs は「手段の奪格」。sēparēmur は sēparō の接続法・受動態・現在、1人称複数（観念的条件文）。
4．括弧内の語は2人称単数にする。
5．括弧内の veneror は形式受動態動詞。deōs を目的語に取る。

[解答]
1．dabitur
2．laudābor
3．sānābimur

4．dēligeris / dēligere　※原文は後者。
5．venerāberis / venerābere　※原文は後者。

練習問題 53
解答 p.315

括弧内の語を受動態の適切な形に直しなさい。

1．Occāsiō aegrē (offerō), facile (āmittō).
　好機はやっとのことで与えられ、容易に失われる。
2．(Premō) et agricultūrā (prohibeō). Caes.B.G.4.1
　彼らは抑圧されていた、そして農業を禁じられていた。
3．Blandō patriae (retineō) amōre. Ov.Tr.1.3.49
　祖国への魅惑的な愛によって私は引き留められていた。
4．Extemplō Aenēae (solvō) frīgore membra. Verg.Aen.1.92
　突然アエネーアースの四肢は寒さによって弱められる。
5．Pulsāte et (aperiō) vōbīs. Ev.Matt.7.7
　叩け、そうすれば、あなたたちのために開かれるだろう。
6．Nōlite jūdicāre, et nōn (jūdicō). Ev.Luc.6.37
　裁くな、そうすればあなたたちは裁かれないだろう。
7．(Nūtriō) ventō, ventō (restinguō) ignis.
　火は風によって養われ、風によって消される。
8．(Pandō) portae. Verg.Aen.2.27
　門が開かれる。
9．(Dō), Troiāne, quod optās. Verg.Aen.7.260
　トロイヤ人よ、おまえが望むものは与えられるだろう（授けよう）。
10．Eōdem tempore Lūcius Fabius centuriō quīque ūnā mūrum ascenderant circumventī atque interfectī mūrō (praecipitō). Caes.B.G.7.50
　同じ時、百人隊長ルーキウス・ファビウスと、（彼と）一緒に城壁を登った者たちが、（敵に）囲まれて殺され、城壁から投げ落とされていた。

注
1．文の主語は Occāsiō。
2．prohibeō は「〈対格〉に〈奪格〉を禁じる」。

3. patriae は「目的語的属格」。
4. frīgore は「手段の奪格」。
5. Pulsāte の目的語（単数）は省略。それが aperiō の主語。
6. Nōlite ＋不定法で2人称複数に対する禁止を表す。
7. ventō は「手段の奪格」。
8. 主語 portae は複数・主格。
9. quod は関係代名詞、中性・単数・対格（先行詞省略）。quod optās で「おまえが望むもの」。
10. quīque は「そして（-que）〜する（ところの）者たちは」。関係代名詞、男性・複数・主格（先行詞省略）。ascenderant は ascendō の直説法・能動態・過去完了、3人称複数。

練習問題 54
解答 p.315

和訳しなさい。

1. Virtūs sōla neque datur dōnō neque accipitur.
2. Numquam perīculum sine perīculō vincitur. Syr.428
3. Amīcus certus in rē incertā cernitur. Cic.Amic.64
4. Nihil rectē sine exemplō docētur aut discitur. Col.11.1.4
5. Nihil rērum hūmānārum sine deī nūmine geritur. Nep.Timo.4
6. Sentit animus sē vī suā, nōn aliēnā movērī. Cic.Tusc.1.23.55
7. Ad eās rēs conficiendās Orgetorix dēligitur. Caes.B.G.1.3
8. Corpora exercitātiōnum dēfatīgātiōne ingravescunt, animī autem exercendō levantur. Cic.Sen.36
9. Nōn vīribus aut vēlōcitāte aut celeritāte corporum rēs magnae geruntur, sed consiliō, auctōritāte, sententiā. Cic.Sen.17
10. Sīcut avēs ad volātum, equī ad cursum, ad saevitiam ferae gignuntur, ita nōbīs propria est mentis agitātiō atque sollertia. Quint.1.1

注

1. dōnō は「目的の与格」。「贈り物として」と訳す。
2. 主語は perīculum。
3. 主語は Amīcus。

4．主語は Nihil。英語の nothing に相当。「いかなるものも〜されない」と訳すと自然。
5．rērum hūmānārum は Nihil にかかる（部分の属格）。
6．再帰代名詞 sē（対格）は不定法・受動態・現在 movērī の意味上の主語。
7．conficiendās は動形容詞、女性・複数・対格。前置詞 ad との組み合わせで「〜ために」という目的を表す。
8．exercendō は exerceō の動名詞、単数・奪格。
9．Nōn A sed B は英語の Not A but B に相当。「A でなく B」。
10．gignuntur の主語は avēs, equī, ferae。ad ＋対格は「〜のために」と訳す。

2 直説法・受動態（2）完了、未来完了、過去完了

　直説法・受動態・完了、直説法・受動態・未来完了、直説法・受動態・過去完了の受動態は、完了分詞と sum の諸形を組み合わせて作ります。

完了の受動態：　　　　完了分詞＋sum の現在
未来完了の受動態：　　完了分詞＋sum の未来
過去完了の受動態：　　完了分詞＋sum の未完了過去

確認問題　空所に適語を入れなさい。
1．彼は愛された。　　　（　　　　）est.
2．彼女は愛された。　　（　　　　）est.
3．私たちは愛された。　（　　　　　）sumus.
4．私は愛されてしまうだろう。　　Amātus（　　　　　）.
5．彼らは愛されてしまうだろう。　Amātī（　　　　　）.
6．あなたは（すでに）愛されていた。　　Amātus（　　　　　）.
7．あなたたちは（すでに）愛されていた。　Amātī（　　　　　）.

解　答
1．Amātus
2．Amāta
3．Amātī　（主語が女性の場合は Amātae）
4．erō
5．erunt
6．erās
7．erātis

受動態・完了
確認問題　括弧内の語を適切な形に直しなさい。
1．Plaudite,（agō）est fābula.
　　拍手を。芝居は終わった。

2. Ālea (jaciō) est. Suet.Caes.32
   賽（さい）は投げられた。
3. Frustrā, cum ad senectam (veniō) est, repetās adulescentiam. Syr.215
   老年に至って青春時代を再び求めても無駄である。
4. Alta diē sōlō nōn est (exstruō) Corinthus.
   そびえるコリントゥスもたった一日で築かれたのではない。
5. Rōma diē ūnō nōn (aedificō) est.
   ローマは一日にして成らず。

注

1. 括弧内の語は完了分詞。fābula と性・数・格が一致。Plaudite は plaudō の命令法・能動態・現在、2人称複数。
2. 括弧内の語は完了分詞。Ālea と性・数・格が一致。
3. 括弧内の語は完了分詞。中性・単数・主格にする。自動詞の受動態は非人称的表現。repetās は repetō, -ere の接続法・能動態・現在、2人称単数。
4. 括弧内の語は完了分詞。Corinthus と性・数・格が一致。Corinthus は第2変化名詞だが地名なので女性名詞。
5. 括弧内の語は完了分詞。Rōma と性・数・格が一致。

解答

1. acta   2. jacta   3. ventum   4. exstructa   5. aedificāta

練習問題 55   解答 p.315

括弧内の語を適切な形に直しなさい。

1. Nōn nōbīs sōlum (nascor) sumus. Cic.Off.1.7.22
   我々は自分のためだけに生まれたのではない。
2. (Faciō) est consul bis. Cic.Amic.11
   彼は2度執政官になった。
3. Passer (morior) est meae puellae. Catul.3
   私の恋人の雀が死んだ。
4. Mihi quidem Scīpiō, quamquam est subitō (ēripiō), vīvit tamen semperque vīvet. Cic.Amic.102

スキーピオーは私から突然奪い取られたが、それでも今も彼は生きているし、永遠に生きるだろう。
5. Ea rēs est Helvētiīs per indicium (ēnuntiō). Caes.B.G.1.4
   そのことは密告によってヘルウェーティイー族に明かされた。

注
1. 括弧内の nascor は形式受動態動詞。完了分詞、男性・複数・主格にする。
2. 完了分詞、男性・単数・主格。fīō（なる）の完了系時称は faciō（つくる、〜にする）の受動態を用いる。
3. 括弧内の morior は形式受動態動詞。完了分詞、男性・単数・主格にする。Passer と一致。
4. 完了分詞、男性・単数・主格。Scīpiō と一致。
5. 完了分詞、女性・単数・主格。rēs と一致。

受動態・未来完了と過去完了
練習問題 56　　　　　　　　　　　　　　　　　　　解答 p.315
括弧内の語を適切な形に直しなさい。
1. Erit id cognōmen tibi per tē (pariō). Cic.Rep.6.11
   その添え名はあなた自身によってあなたのために獲得されたものとなるだろう。
2. Hīc ego, etsī eram (perterreō) nōn tam mortis metū quam insidiārum ā meīs, quaesīvī tamen, vīveretne ipse et Paulus pater et aliī. Cic.Rep.6.14
   ここで私は、死の恐怖よりも近親者による陰謀にひどく恐れを抱いたが、それでも彼自身や父のパウルスや他の人々が生きているのか、と尋ねた。
3. Hannibal ūnō locō sē tenēbat, in castellō quod eī ā rēge datum (sum). Nep.Han.12
   ハンニバルは1つの場所に、すなわちかつて王によって自らに与えられた城塞の中に自分をとどめていた。
4. Inter fīnēs Helvētiōrum et Allobrogum, quī nūper (pācō) erant, Rhodanus fluit. Caes.B.G.1.6

ヘルウェーティイー族と最近平定されたアッロブロゲース族の領土の間に、ロダヌス川が流れていた。

5. In castrīs tabulae repertae sunt litterīs Graecīs confectae, quibus in tabulīs ratiō（conficiō）erat, quī numerus domō exisset eōrum quī arma ferre possent. Caes.B.G.1.29
陣地にてギリシャ文字で書かれた石版が発見された。その石版の中で、武器を取れる者のうちどれだけの数が故郷から外に出たか、（すでに）計算がなされていた。

注

1. Erit は sum の直説法・能動態・未来、3人称単数。括弧内は pariō の完了分詞、中性・単数・主格。両者を合わせると受動態の未来完了ができる。cognōmen と性・数・格が一致。
2. vīveret（ne）は vīvō の接続法・能動態・未完了過去、3人称単数。-ne は「～か？」を意味する。間接疑問文は接続法になる。
3. quod は関係代名詞、中性・単数・主格（先行詞は castellō）。eī は指示代名詞 is の男性・単数・与格。括弧内の sum は未完了過去、3人称単数。datum と合わせ、受動態・過去完了ができる。
4. quī は関係代名詞、男性・複数・主格（先行詞は Allobrogum）。括弧内は pācō の完了分詞、男性・複数・主格。fluit は歴史的現在ゆえ、形は現在だが過去として訳す。
5. quibus は関係形容詞。tabulīs にかかる。石版が（tabulae）「見つかった」（repertae sunt：受動態・完了）時点で、すでに ratiō（計算）は「なされていた」（conficiō の受動態・過去完了）。2つの quī の1つ目は疑問形容詞、男性・単数・主格。2つ目は関係代名詞、男性・複数・主格（先行詞は eōrum）。exisset は exeō の接続法・能動態・過去完了、3人称単数。possent は possum の接続法・能動態・未完了過去、3人称複数。

練習問題 57

解答 p.316

和訳しなさい。

1. Pars superat coeptī, pars est exhausta labōris. Ov.A.A.1.771

2. Ex malīs mōribus bonae lēgēs nātae sunt.
3. Ille discessit; ego somnō solūtus sum. Cic.Rep.6.29
4. Ubi dē ējus adventū Helvētiī certiōrēs factī sunt, lēgātōs ad eum mittunt. Caes.B.G.1.3
5. Ibi Orgetorīgis fīlia atque ūnus ē fīliīs captus est. Caes.B.G.1.26
6. Postquam Xerxēs in Graeciam dēscendit, sextō ferē annō quam erat expulsus, populī scītō in patriam restitūtus est. Nep.Aris.1
7. Dēmosthenēs cum cēterīs populī scītō in exsilium erant expulsī. Nep.Phoc.2
8. Ējus pater regnum in Sēquanīs multōs annōs obtinuerat et ā senātū populī Rōmānī amīcus appellātus erat. Caes.B.G.1.3
9. Similī senātūs consultō C. Mariō et L. Valeriō consulibus est permissa rēs pūblica. Cic.Cat.1.4
10. Cum eris currū in Capitōlium invectus, offendēs rem pūblicam consiliīs perturbātam nepōtis meī. Cic.Rep.6.11

注

1. coeptī は1つ目の Pars、labōris は2つ目の pars にかかる。
2. 主語は lēgēs。
3. somnō は「起源の奪格」。「眠りから」と訳す。
4. ējus は指示代名詞 is の男性・単数・属格。mittunt は「歴史的現在」とみなし、過去で訳す。
5. 主語は fīlia と ūnus (fīlius)。動詞は近い ūnus に合わせている。
6. scītō は「手段の奪格」。
7. 主語は Dēmosthenēs だが、動詞は3人称複数の形になっている。cum cēterīs (他の者たちとともに) も主語に数えるため。
8. obtinuerat は obtineō の直説法・能動態・過去完了。multōs annōs (長年) は「広がりの対格」。
9. C. Mariō et L. Valeriō consulibus は est permissa の間接目的語 (すなわち与格)。
10. eris ... invectus は直説法・受動態・未来完了。consiliīs は「手段の奪格」。

3　形式受動態動詞

　ラテン語の動詞の中には、形は受動で意味は能動というものがあります。活用の仕方は一般的な受動態と同じです。
　現在分詞と未来分詞の形成法は一般動詞と同じです。

確認問題　各々の動詞について指示された形を答えなさい。

1．opīnor, -ārī（推測する）　　現在、1人称単数
2．vereor, -ērī（恐れる）　　未完了過去、2人称単数
3．loquor, -ī（語る）　　未来、3人称単数
4．orior, -īrī（昇る）　　完了、1人称複数（男性）
5．patior, -ī（受ける、被る）　　未来、2人称単数
6．loquor, -ī（語る）　　未完了過去、3人称複数

解　答

1．opīnātur　　2．verēbāris, verēbāre　　3．loquētur
4．ortī sumus　　5．patiēris, patiēre　　6．loquēbantur

半形式受動態動詞

	不定法・現在	完了	意味
audeō	audēre	ausus sum	あえて行う
fīdō	fīdere	fīsus sum	信頼する
gaudeō	gaudēre	gāvīsus sum	喜ぶ
soleō	solēre	solitus sum	習慣としている

確認問題　括弧内の語を適切な形に直しなさい。

1．Rēs ipsa (loquor).
　事実そのものが語る。
2．Laus in amōre (morior). Prop.2.1.47
　愛の中で死ぬことは誉れ。
3．Sapiens numquam (īrascor).

賢者は決して怒らない。
4. （Sequor）nātūram.
自然に従え。
5. Sopor fessōs（complector）artūs. Verg.Aen.2.253
疲れた体を眠りがとらえる。
6. Nōn omnis（morior）. Hor.Carm.3.30.6
私の一切が滅びるのではないだろう。（未来）
7. Patent portae;（proficiscor）. Catul.1.5.10
門は開いている。出発せよ。
8. Nescit vox missa（revertor）. Hor.A.P.390
放たれた声は戻ることを知らない。
9. Quī sapienter vīxerit aequō animō（morior）.
賢明に生きた人は平静な心で死ぬだろう。（未来）
10. Praestat tacēre quam stultē（loquor）.
愚かに語るより沈黙を守る方がよい。

解 答

1. loquitur（直説法・受動態・現在、3人称単数）
2. morī（不定法・受動態・現在）
3. īrascitur（直説法・受動態・現在、3人称単数）
4. Sequere（命令法・受動態・現在、2人称単数）
5. complectitur（直説法・受動態・現在、3人称単数）
6. moriar（直説法・受動態・未来、1人称単数）
7. proficiscere（命令法、受動態・現在、2人称単数）
8. revertī（不定法・受動態・現在）
9. moriētur（直説法・受動態・未来、3人称単数）
10. loquī（不定法・受動態・現在）

練習問題 58
解答 p.316

括弧内の語を適切な形に直しなさい。

1. Fugācēs（lābor）annī. Hor.Ep.2.14.1
歳月は逃げ足速く過ぎ去る。

2. Beātī aevō sempiternō (fruor). Cic.Rep.6.13
   幸福な者たちは永遠の命を享受する。
3. Poēta (nascor), nōn fit.
   詩人は生まれる、作られない。
4. Mors fugācem (persequor) virum. Hor.Carm.3.2.14
   死は逃げ足速い男の後を追う。
5. (Orior), (morior).
   我々は生まれ、死ぬ。
6. Parturiunt montēs; (nascor) rīdiculus mūs. Hor.A.P.139
   山が産気づいている。滑稽な鼠が一匹生まれるだろう。（未来）
7. Deum (imitor) quī ignoscit.
   許す者は神を模倣する。
8. Voluptātem maeror (sequor).
   快楽の後を悲しみが追う。
9. Dormiunt aliquandō lēgēs, numquam (morior).
   法律は時に居眠りするが、決して死ぬことはない。
10. Tē senātus, tē omnēs bonī, tē sociī, tē Latīnī (intueor). Cic.Rep.6.12
    元老院、すべての善き人々、盟友、ラティーニー人がおまえを見つめるだろう。（未来）

注

1. Fugācēs は述語的に訳す（形容詞の副詞的用法）。
2. fruor は奪格を目的語に取る。
3. fit は「〜になる、作られる」。努力によって詩人に「なる」ことはできないの意。
4. fugācem は virum にかかる。
5. ともに直説法・受動態・現在、1人称複数に変える。
6. 主語は mūs。
7. quī は関係代名詞、男性・単数・主格（先行詞省略）。
8. 主語 maeror に合わせ、sequor は直説法・受動態・現在、3人称単数に変える。
9. 主語は lēgēs。

10. 主語の候補は複数あるが、Latīnī に合わせ、直説法・受動態・未来、3人称複数に変える。

練習問題 59

解答 p.316

和訳しなさい。

1. Caesar dandō, sublevandō, ignoscundō, Catō nihil largiundō glōriam adeptus est. Sall.Cat.54
2. In bibliothēcīs loquuntur dēfunctōrum immortālēs animae. Plin.N.H. 35.2.9
3. Magnōs hominēs virtūte mētimur, nōn fortūnā. Nep.Eum.1
4. Tot mala sum passus quot in aethere sīdera lūcent. Ov.Tr.1.5.47
5. Belgae ab extrēmīs Galliae fīnibus oriuntur, pertinent ad inferiōrem partem flūminis Rhēnī, spectant in septentriōnem et orientem sōlem. Caes.B.G.1.1
6. Nītimur in vetitum semper, cupimusque negāta. Ov.Am.3.4.17
7. Prō multitūdine hominum et prō glōriā bellī atque fortitūdinis angustōs sē fīnēs habēre arbitrābantur. Caes.B.G.1.2
8. Dīviciācus multīs cum lacrimīs Caesarem complexus obsecrāre coepit. Caes.B.G.1.20
9. Pōne caput fessōsque oculōs fūrāre labōrī. Verg.Aen.5.845
10. Haec studia adulescentiam alunt, senectūtem oblectant, secundās rēs ornant, adversīs perfugium ac sōlācium praebent, dēlectant domī, nōn impediunt forīs, pernoctant nōbīscum, peregrīnantur, rusticantur. Cic.Arch.16

注

1. dandō, sublevandō, ignoscundō, largiundō はいずれも動名詞の奪格（手段の奪格）。adeptus est は位置的に近い Catō に従い単数となっている。
2. 主語は animae。loquuntur は「語る」。読者に「語りかける」ということ。
3. virtūte と fortūnā は「判断の奪格」。判断の基準が示される。

4．Tot（それほど多くの）は quot 以下を指す。
5．spectant in ＋〈対格〉で「〈対格〉に向いている」。
6．negāta は negō の完了分詞、中性・複数・対格（名詞的用法）。「拒絶されたものを」。
7．Prō は名詞の奪格を伴い「〈奪格〉の割に」を意味する。sē は不定法 habēre の意味上の主語（対格不定法）。
8．complexus は形式受動態動詞 complector（すがりつく）の完了分詞。「カエサルにすがりつき」。
9．fūrāre は fūror の命令法・受動態・現在、2人称単数。fūror は「〈与格〉から〈対格〉を遠ざける」。
10．domī（家で）は domus の地格。nōbiscum は cum nōbīs のこと。

4 不定法

不定法の種類

不定法は、現在、未来、完了の3つの時称で現れ、それぞれに能動態と受動態があります。amō を例に取ると、それぞれ次のような形になります。

	能動態	受動態
現在	amāre（愛すること）	amārī（愛されること）
完了	amāvisse（愛したこと）	amātus esse（愛されたこと）
未来	amātūrus esse（愛するだろうこと）	amātum īrī（愛されるだろうこと）

確認問題 日本文に合うよう括弧内の語を適切な形に直しなさい。

1. Nec（sciō）fās est omnia. Hor.Carm.4.4.22
   すべてを知ることは許されていない。
2. Fortūna opēs（auferō）potest, nōn animum. Sen.Med.176
   運命は財産を奪うことができるが、心を奪うことはできない。
3. Nescit nātūram（mūtō）pecūnia pūram.
   金銭は清廉な性格を変えることはできない。
4. Difficile est modum（teneō）in omnibus. Tib.3.33
   万事において慎みを保つことは困難である。
5. Hūmānum amāre est, hūmānum autem（ignoscō）est.
   愛することは人間的である。一方、許すことも人間的である。
6. Sī quid tē vetat bene vīvere, bene（morior）nōn vetat. Sen.Ep.17.5
   もし何かがあなたがよく生きることを禁じるとしても、よく死ぬことを禁じることはない。
7. （Errō）hūmānum est.
   間違うことは人間的なことである。
8. Nescit vox missa（revertor）. Hor.A.P.390
   発せられた声は引き返す術を知らない。
9. Dīves quī（fīō）vult et citō vult（fīō）. Juv.14.176
   金持ちになりたい者は、すぐになりたいと望む。

10. Chrȳsippus āit sapientem nullā rē (egeō). Sen.Ep.9.14
クリューシッポスは言う、賢者はいかなるものも欠いていない、と。

注
1. Nec は否定文を作る。fās est ＋不定法で「～することは正しい、許されている」。
2. opēs は ops（力）の複数・対格。ops は複数で「財産」を意味する。
3. nesciō（知らない）は不定法を伴い「～できない」を意味する。
4. Difficile は difficilis の中性・単数・主格。不定法は中性・単数扱いする。omnibus は中性・複数・奪格とみなす（名詞的用法）。
5. 前半の amāre は主語、hūmānum は補語。後半も同じ文型。
6. quid は aliquid を意味する（Sī の後では ali- を取った形で代用される）。
7. 不定法が主語、hūmānum（中性・単数・主格）が補語。
8. missa は mittō の完了分詞、女性・単数・主格。
9. quī は関係代名詞、男性・単数・主格（先行詞省略）。
10. sapientem（男性・単数・対格）は不定法句の意味上の主語。

解 答
1. scīre　　2. auferre　　3. mūtāre　　4. tenēre　　5. ignoscere
6. morī　　7. Errāre　　8. revertī　　9. fierī / fierī　　10. egēre

練習問題 60
解答 p.317

日本文に合うよう括弧内の語を適切な形に直しなさい。
1. Āit omnia pecūniā (efficiō) posse. Cic.Verr.2.3.155
すべては金銭によって実現され得ると彼は言う。
2. (Sciō) volunt omnēs; mercēdem (solvō) nēmō. Juv.7.157
すべての人間は知ることを欲する。誰も代価を支払うことは望まない。
3. Stultitia est timōre mortis (morior). Sen.Ep.70.8
死の恐怖を抱いて死ぬことは愚かである。
4. Vēritās (mūtō) nullō modō potest.
真理はいかなる方法によっても変えられ得ない。
5. Difficile est (imitor) gaudia falsa.

偽りの喜びを模倣する（見かけで演じる）ことは難しい。
6. Scīre (loquor) decus est; decus est et scīre (taceō).
語ること（語る術）を知ることは誉れである。黙ること（術）を知ることも誉れである。
7. (Flectō) sī nequeō superōs, Acheronta movēbō. Verg.Aen.7.312
天上の神々を動かすことができぬなら、アケローン（冥界の川）を動かそう。
8. Nec tamen omnēs possunt (sum) Scīpiōnēs aut Maximī.
だが、皆がスキーピオーやマクシムスのような人物になれるわけではない。
9. Jubet arma (trādō), principēs (prōdūcō). Caes.B.G.7.89
彼は武器が引き渡され、指導者たちが差し出されることを命じる。
10. Neque enim (disputō) sine reprehensiōne nec cum īrācundiā aut pertināciā rectē (disputō) potest. Cic.Fin.1.28
というのも、反駁なしに議論されることも、または怒りや強情を伴って正しく議論されることも、あり得ないからだ。

注

1. efficiō の不定法・受動態・現在。omnia は中性・複数・対格（不定法の意味上の主語）。
2. nēmō は「誰も〜ない」。
3. timōre は timor の単数・奪格。「随伴の奪格」（〜とともに）と解する。
4. 括弧内は不定法・受動態・現在に直す。
5. gaudia は第 2 変化名詞 gaudium の複数・対格。
6. Scīre は sciō の不定法・能動態・現在で文の主語。sciō は不定法を目的語に取る。
7. movēbō は moveō の直説法・能動態・未来、1 人称単数。
8. omnēs は omnis の男性・複数・主格（名詞的用法）。
9. 括弧内はいずれも不定法・受動態・現在に直す。
10. Neque A nec B は「A も B も〜ない」。括弧内はいずれも不定法・受動態・現在。

練習問題 61　　　　　　　　　　　　　　　　　　　解答 p.317

和訳しなさい。

1. Deus ōs hominī sublīme dedit, caelumque vidēre jussit. Ov.Met.1.85-86
2. Et dubitāmus adhūc virtūtem extendere factīs? Verg.Aen.6.806
3. Versibus expōnī tragicīs rēs cōmica nōn vult. Hor.A.P.89
4. Possum multa tibī veterum praecepta referre. Verg.Geo.1.176
5. Omnēs jūrant esse mē Jovis fīlium, sed vulnus hoc hominem mē esse clāmat. Sen.Ep.59.12
6. Epamīnōndās fidibus praeclārē cecinisse dīcitur. Cic.Tusc.1.2.4
7. Sed nōs fāta deum vestrās exquīrere terrās imperiīs ēgēre suīs. Verg.Aen.7.239-240
8. Nōn potest studium salūtāre fierī sine frūgālitātis cūrā. Sen.Ep.17.5
9. 'Sentiō,' inquit, 'tē sēdem etiam nunc hominum ac domum contemplārī.' Cic.Rep.6.20
10. In puerīs ēlūcet spēs plūrimōrum: quae cum ēmoritur aetāte, manifestum est nōn nātūram dēfēcisse sed cūram. Quint.1.1.2

注

1. dedit は dō、jussit は jubeō の直説法・能動態・完了、3人称単数。
2. factīs は factum の複数・奪格（手段の奪格）。
3. rēs は「主題」の意。vult は volō の直説法・能動態・現在、3人称単数。
4. veterum は vetus の男性・複数・属格。「昔の人たちの」と訳す（名詞的用法）。tibī の語末は韻律の関係で長い。
5. mē は不定法 esse の意味上の主語、hominem は補語。
6. fidibus は「手段の奪格」。cecinisse は canō の不定法・能動態・完了。
7. deum は deus の複数・属格。nōs は不定法 exquīrere の意味上の主語。ēgēre は agō の直説法・能動態・完了、3人称複数。ēgērunt の別形。
8. salūtāre は形容詞 salūtāris の中性・単数・主格。
9. tē は contemplārī（不定法・受動態・現在）の意味上の主語。
10. quae は関係代名詞、女性・単数・主格。この文では spēs を指す代名詞として使われている。nātūram（素質）と cūram（配慮）は、完了

の不定法 dēfēcisse の意味上の主語（対格不定法）。不定法は中性・単数の名詞として扱われる。

第10章 代名詞2・その他

1 関係代名詞

関係代名詞の変化表は「疑問形容詞」の表と同じです。

確認問題 次の表を完成しなさい。

	男性	女性	中性
単数・主格	(1)	quae	quod
属格	cūjus	(2)	cūjus
与格	cuī	cuī	(3)
対格	(4)	quam	quod
奪格	quō	(5)	quō
複数・主格	quī	quae	(6)
属格	(7)	quārum	quōrum
与格	quibus	(8)	quibus
対格	quōs	quās	(9)
奪格	(10)	quibus	quibus

解答

1. quī   2. cūjus   3. cuī   4. quem   5. quā
6. quae 7. quōrum 8. quibus 9. quae 10. quibus

確認問題 括弧内に関係代名詞の適切な形を入れなさい。

1. (　　　) tacet consentīre vidētur.
   沈黙する者は同意しているとみなされる。
2. Quam miser est (　　　　) est ingrāta misericordia! Syr.570

213

人の情けをありがたく思わない者は、なんと惨めなことか。
3. Nōn omne（　　　　）nitet aurum est.
輝くものすべてが黄金とは限らない。
4. Urbem marmoream relinquō（　　　　）latericiam accēpī. Suet. Aug.28
私は煉瓦造りのまま受け取った都を、大理石にして後に残す。
5. Stultum est timēre（　　　　）vītāre nōn potes.
（あなたが）避けられないものを恐れることは愚かである。
6. （　　　　）parcit malīs nocet bonīs.　悪人を許す者は善人を害する。
7. Dī,（　　　　）imperium est animārum. Verg.Aen.6.264
生命あるものへの支配権を有する神々よ。
8. Stultum facit Fortūna（　　　　）vult perdere. Syr.671
運命の女神は滅ぼしたいと思う者を愚かにする。
9. （　　　　）potuī perfēcī.　私はできるかぎりのことをした。
10. Nōn convalescit planta（　　　　）saepe transfertur. Sen.Ep.2.3
しばしば移し替えられる植物は元気にならない。

注

1. 先行詞 Ille は省略。関係代名詞は tacet の主語。
2. 空所の関係代名詞は「判断者の与格」。先行詞 ille は省略。
3. 先行詞は omne（中性・単数・主格）。関係代名詞は nitet の主語。
4. 先行詞は Urbem（女性・単数・対格）。関係代名詞は accēpī の目的語。
5. 先行詞 id は省略。関係代名詞は vītāre の目的語。
6. 先行詞 ille は省略。関係代名詞は parcit の主語。
7. 先行詞は Dī（男性・複数・呼格）。関係代名詞は「所有の与格」。
8. 先行詞 illum は省略。関係代名詞は perdere の目的語。
9. 先行詞 Id は省略。従属文に facere を補う。関係代名詞は potuī facere の目的語。
10. 先行詞は planta（女性・単数・主格）。関係代名詞は transfertur の主語。

解答

1. Quī（男性・単数・主格）
2. cuī（男性・単数・与格）
3. quod（中性・単数・主格）
4. quam（女性・単数・対格）
5. quod（中性・単数・対格）
6. Quī（男性・単数・主格）
7. quibus（男性・複数・与格）
8. quem（男性・単数・対格）
9. Quod（中性・単数・対格）
10. quae（女性・単数・主格）

練習問題 62

解答 p.317

括弧内に関係代名詞の適切な形を入れなさい。

1. Tacēre（　　　　）nescit, nescit loquī.
   沈黙することを知らぬ者は語ることも知らない。
2. Nīl prōdest oculus ā（　　　　）rēs nulla vidētur.
   それによって何も見られないところの目は役に立たない。
3. Nōn sōlum Fortūna ipsa est caeca sed etiam eōs caecōs facit（　　　　）semper adjuvat.
   運命の女神は自らが盲目であるだけでなく、いつも助力する者たちを盲目にする。
4. Damnant（　　　　）nōn intellegunt.
   彼らは理解できないもの（単数）を非難する。
5. Vīxī et（　　　　）dederat cursum fortūna perēgī. Verg.Aen.4.653
   私は生きた。そして運命が与えた道のりを歩み通した。
6. Vidēsne illam urbem,（　　　　）pārēre populō Rōmānō coacta per mē renovat pristina bella? Cic.Rep.6.11
   おまえには見えるか、私によってローマ国民に従うことを余儀なくされたが、以前の戦争を再び始めるあの都が。
7. Ō fortūnātī,（　　　　）jam moenia surgunt! Verg.Aen.1.437
   ああ幸いなるかな、その者の城壁がすでにそびえ立つところの者たちは（すでにそびえ立つ城壁を持つ者たちは）！
8. Numquam est ille miser（　　　　）facile est morī. Sen.Oet.111
   死ぬことがたやすい者は惨めでは決してない。
9. Arborēs serit dīligens agricola,（　　　　）aspiciet bācam ipse numquam. Cic.Tusc.1.31

農夫は熱心にその実を自分自身決して見ることのないところの木々を植える。
10. (　　　　) dīcam, trāde memoriae!
私が言うこと（複数）を記憶に委ねよ（留めよ）！ Cic.Rep.6.10

注
1. 男性・単数・主格。先行詞は省略。
2. 男性・単数・奪格。先行詞は oculus。
3. 男性・複数・対格。先行詞は eōs。
4. 中性・単数・対格。先行詞は省略。
5. 男性・単数・対格。先行詞は cursum。
6. 女性・単数・主格。先行詞は urbem。
7. 男性・複数・属格。先行詞は省略。
8. 男性・単数・与格。先行詞は ille。
9. 女性・複数・属格。先行詞は arborēs。
10. 中性・複数・対格。先行詞は省略。

関係形容詞
[確認問題] 括弧内に関係形容詞の適切な形を入れなさい。

1. (　　　　) dē causā Helvētiī quoque reliquōs Gallōs virtūte praecēdunt. Caes.B.G.1.1
この理由から、ヘルウェーティイー族も他のガッリー族を武勇の点でしのいでいる。
2. (　　　　) in templō vehiculum, quō Gordium vectum esse fāma erat, aspexit.
その神殿の中で、彼はゴルディウスがそれによって運ばれたと噂される馬車を見た。
3. (　　　　) bellō cum propter timiditātem tuam, tum propter libīdinēs dēfuistī. Cic.Phil.2.71
おまえは臆病のために、とりわけ放埓のために、その戦争に荷担しなかった。
4. (　　　　) rē quid invidendum Mūrenae aut cuīquam nostrum sit

in hōc praeclārō consulātū nōn videō. Cic.Mur.81
このため、この誉れある執政官職に関して、なぜムーレーナ、あるいは私たちの誰かが妬まれねばならないのか、私にはわからない。

5．(　　　　) quidem tempore sī meum consilium auctōritāsque valuisset, tū hodiē egērēs, nōs līberī essēmus, rēs pūblica nōn tot ducēs et exercitūs āmīsisset. Cic.Phil.2.37
実際その時、もし私の忠告や助言が力を持ったなら、おまえは今欠乏し、私たちは自由であり、国家はあれほどの指揮官や軍隊を失うことはなかっただろう。

注
1．causā にかかる。
2．templō にかかる。
3．bellō（単数・与格）にかかる。bellō は dēfuistī の要求による与格。cum A tum B は「A のみならずとりわけ B も」。
4．rē にかかる。invidendum...sit は「動形容詞の非人称表現」。
5．tempore にかかる。sī の条件文の valuisset も、主文の動詞 essēmus と āmīsisset も接続法・能動態・過去完了。過去の事実に反する条件文を表す。

解 答
1．Quā（女性・単数・奪格）　2．Quō（中性・単数・奪格）
3．Cuī（中性・単数・与格）　4．Quā（女性・単数・奪格）
5．Quō（中性・単数・奪格）

不定関係代名詞
(1) quisquis (m.f.), quidquid（または quicquid）(n.)
(2) quīcumque(m.), quaecumque (f.), quodcumque (n.)
いずれも「〜する人（物）は誰（何）でも」を意味します。(1)は代名詞的に、(2)は代名詞的にも形容詞的にも使います。

確認問題　括弧内に不定関係代名詞の適切な形を入れなさい。
1．(　　　　) habet nummōs sēcūrā nāvigat aurā. Petr.137

金銭を持つ者は誰でも安全な風によって航海する。
2. Consequitur（　　　　）petit.
   彼は自分の求めるものは何であれ追い求める。
3. （　　　　）praecipiēs, estō brevis. Hor.A.P.335
   あなたが何を教えるにせよ、短くあれ。
4. （　　　　）est fortūna, mea est. Verg.Aen.12.694
   運命がどのようなものであれ、それは私のものだ。
5. （　　　　）es,（　　　　）tibi nōmen est, ... Pl.Men.811
   おまえが誰であれ、おまえの名前が何であれ、…

注
1. quisquis の男性・単数・主格。
2. quīcumque の中性・単数・対格。
3. quisquis の中性・単数・対格。
4. quīcumque の女性・単数・主格。
5. quisquis の男性・単数・主格 / quisquis の中性・単数・主格。

解 答
1. Quisquis　　2. quodcumque
3. Quidquid　　4. Quaecumque
5. Quisquis / quidquid または quicquid（原文は quicquid）

関係副詞

　ubi（～するところに）、ubicumque（～するところはどこであれ）、unde（～するところのその場所から）、quō（～するところのその場所へ）

確認問題　括弧内に適切な関係副詞を入れなさい。
1. （　　　　）amīcī ibidem sunt opēs.
   友のいるところ、そこには富がある。
2. Hōc negōtiō confectō Labiēnus revertitur Agedincum,（　　　　）impedīmenta tōtīus exercitūs relicta erant. Caes.B.G.7.62
   この任務を終えるとラビエーヌスは、全軍の荷物がすでに置いてあっ

たアゲディンクムへ戻った。
3. (　　　　) homō est, ibi beneficiī locus est. Sen.Vit.24.3
   人間のいるところはどこであれ、そこには善行の機会がある。
4. Fidēs, ut anima, (　　　　) abiit, eō numquam redit.
   信義は魂のように、（そこから）立ち去った（ところの）その場所に決して戻らない。
5. (　　　　) fāta trahunt, retrahuntque, sequāmur. Verg.Aen.5.709
   運命が（我々を）運び、連れ戻すところに、我々は従おう。

注
1. 英語の where に相当するラテン語が入る。amīcī の次に sunt を補って理解する。
2. Hōc negōtiō confectō は「絶対的奪格」。形式受動態動詞 revertitur は「歴史的現在」、relicta erant は直説法・受動態・過去完了、3人称複数。
3. 英語の wherever に相当するラテン語が入る。
4. 英語の from which を1語で表すラテン語が入る。
5. 英語の to which を1語で表すラテン語が入る。

解 答
1. Ubi   2. ubi   3. Ubicumque   4. unde   5. Quō

練習問題 63　　　　　　　　　　　　　　　　　解答 p.317

和訳しなさい。
1. Nōn quī parum habet, sed quī plūs cupit pauper est.
2. Bis peccat quī crīmen negat.
3. Ibi semper est victōria, ubi concordia est.
4. Vītāte quaecumque vulgō placent. Sen.Ep.8.3
5. Ita fit vērum illud, quod initiō dīxī, amīcitiam nisi inter bonōs esse nōn posse. Cic.Amic.65
6. Beātus ille quī procul negōtiīs paterna rūra bōbus exercet suīs. Hor.Epod.2.1-3
7. 'Grātēs,' inquit, 'tibi agō, summe Sōl, vōbīsque reliquī caelitēs, quod,

antequam ex hāc vītā migrō, conspiciō in meō regnō et hīs tectīs P. Cornelium Scīpiōnem, cūjus ego nōmine ipsō recreor. Cic.Rep.6.9
8. Tū eris ūnus, in quō nītātur cīvitātis salūs. Cic.Rep.6.12
9. Sed sīc, Scīpiō, ut avus hic tuus, ut ego, quī tē genuī, justitiam cole et pietātem, quae cum magna in parentibus et propinquīs tum in patriā maxima est. Cic.Rep.6.16
10. Gallia est omnis dīvīsa in partēs trēs, quārum ūnam incolunt Belgae, aliam Aquītānī, tertiam quī ipsōrum linguā Celtae, nostrā Gallī appellantur. Caes.B.G.1.1

注

1. Nōn A sed B の構文は「A でなく B」と解する。quī の先行詞は省略。
2. peccat の主語は「quī 以下のような者」。quī の先行詞は省略。
3. Ibi（そこに）は ubi 以下を指す。
4. Vītāte は vītō の命令法・能動態・現在、2 人称複数。
5. illud は指示代名詞 ille の中性・単数・主格で quod の先行詞。「quod 以下のこと、そのことは（illud）真実となる（fit vērum）」。
6. ille の次に est を補って読む。bōbus suīs は「手段の奪格」。bōbus は bōs の複数・奪格。
7. quod は理由文を導く。cūjus は代名詞として用いられている。「そして彼の（cūjus）名前そのものによって（nōmine ipsō）」。
8. in +〈奪格〉+ nītor で「〈奪格〉を頼みとする」。quō の先行詞は ūnus。ūnus（唯一の人）は名詞として用いられている。
9. ut は「～のように」。quae の先行詞は justitiam と pietātem（これら 2 つの名詞は一体となったものとして扱われている）。quae は従属文の主語、est が動詞、maxima が補語。cum A tum B（A のみならずとりわけ B）の構文に注意。
10. quārum の先行詞は partēs。ūnam, aliam, tertiam の次にそれぞれ partem が省略。Aquītānī と tertiam の次に incolunt を補う。quī の先行詞として illī（または eī）を補って読む。「quī 以下の者たちが（illī）3 つ目の部分に（tertiam partem）住む（incolunt）」。

2　副　詞

[確認問題] 空所に入る語を選択肢から選びなさい。

1. Vīve (　　　　).
   今日生きよ。
2. Ingenium mala (　　　　) movent. Ov.A.A.2.43
   不幸はしばしば才能を駆り立てる。
3. (　　　　) fit aliquid. Ter.And.314
   その間に、何かが起きる。
4. Hodiē nōn (　　　　).
   今日こそ、明日でなく。
5. Festīnā (　　　　).
   ゆっくり急げ。
6. (　　　　) senex mūtat sententiam.
   老人はめったに意見を変えない。
7. (　　　　) vīve. Sen.Brev.9.1
   ただちに生きよ。
8. (　　　　), bene, (　　　　). Hor.A.P.428
   美しく、善く、正しく。
9. Superbus et avārus (　　　　) quiēscunt.
   傲慢で貪欲な者は決して安らかになれない。
10. Bis dās, sī (　　　　) dās.
    あなたがすぐに与えれば、二度与えることになる。

[選択肢]

citō　　crās　　hodiē　　interim　　lentē　　numquam
prōtinus　　pulchrē　　rārō　　rectē　　saepe

[解　答]

1. hodiē　2. saepe　3. Interim　4. crās　5. lentē
6. Rārō　7. Prōtinus　8. Pulchrē / rectē　9. numquam　10. citō

練習問題 64

解答 p.318

空所に入る語を選択肢から選びなさい。

1. （　　　　）labōrat quī omnibus placēre studet.
   万人に気に入られようと努める者は努力しても無駄である。
2. （　　　　）damnātur quī semper timet.
   いつも恐れる者は毎日断罪される。
3. （　　　　）est quī ubīque est. Sen.Ep.2.2
   どこにでもいる者はどこにもいない。
4. （　　　　）peccat quī crīmen negat.
   罪を認めない者は二度罪を犯す。
5. Miseram servitūtem（　　　　）pācem vocātis. Tac.H.4.17
   あなた方は惨めな隷属を誤って平和と称している。
6. （　　　　）ignōta loquor. Verg.Aen.2.91
   私は誰もが知っていることを語っている。
7. Nēmō fortūnam（　　　　）accūsat.
   誰も運命を正当に非難できない。
8. Amāre et sapere（　　　　）deō concēditur. Syr.22
   恋することと賢明であることは、神によってほとんど認められていない。
9. Inīqua numquam regna（　　　　）manent. Sen.Med.196
   不正な王国は決して永遠には留まらない。
10. （　　　　）sed graviter sapiens īrascitur. Syr.695
    ゆっくりと、しかし、重々しく、賢者は怒る。

選択肢

bis　　cottīdiē　　falsō　　frustrā　　haud
jūre　　nusquam　　perpetuō　　tardē　　vix

練習問題 65

解答 p.318

和訳しなさい。

1. Annōsus stultus nōn diū vīxit, diū fuit.
2. Nunc populus est domī leōnēs, forīs vulpēs. Petr.44
3. Inopī beneficium bis dat quī dat celeriter. Syr.274

4. Corpora nostra lentē augescunt, citō exstinguuntur. Tac.Ag.3.1
5. Sēra, tamen tacitīs Poena venit pedibus. Tib.1.9.4
6. Ita sensim sine sensū aetās senescit nec subitō frangitur, sed diūturnitāte exstinguitur. Cic.Sen.38
7. Est quiētē et pūrē atque ēleganter actae aetātis placida ac lēnis senectūs. Cic.Sen.13
8. Haec effāta silet, pallor simul occupat ōra. Verg.Aen.4.499
9. Citharoedus rīdētur chordā quī semper oberrat eādem. Hor.A.P.355-356
10. Illī nōn sōlum pecūniam sed etiam vītam prō patriā profūdērunt.

注

1. vīxit は vīvō、fuit は sum の直説法・能動態・完了、3人称単数。
2. domī と forīs、leōnēs と vulpēs の対比に注意。
3. Inopī は dat の間接目的語（名詞的用法）。quī の先行詞は省略。dat の次に beneficium を補う。
4. exstinguuntur は exstinguō の直説法・受動態・現在、3人称複数。
5. Sēra は形容詞の副詞的用法。「ゆっくりと」と訳す。tacitīs...pedibus は「随伴の奪格」。
6. frangitur は frangō の直説法・受動態・現在、3人称単数。
7. 主語は senectūs、動詞は行頭の Est である。「～な老年がある」と訳す。
8. effāta は形式受動態動詞 effor（言う）の完了分詞。「彼女はこれらを（Haec）言うと（effāta）」と訳す（「彼女は」とするのは完了分詞が女性・単数・主格だからである）。
9. chordā ... eādem は「場所の奪格」。「同じ弦で」と訳す。quī の先行詞は Citharoedus。
10. nōn sōlum A sed etiam B は英語の not only A but also B に相当。profūdērunt は profundō の直説法・能動態・完了、3人称複数。

3　前置詞

名詞の対格や奪格と組み合わせます。どちらの格と組み合わせるかは辞書に記されています。

確認問題　空所に入る適切な前置詞を選択肢から選んで入れなさい。

1. (　　　) ventīs lītigō. Petr.83
   私は風と喧嘩する（暖簾に腕押し）。
2. Amantēs (　　　) formā jūdicāre nōn possunt.
   恋する者たちは姿について判断することができない。
3. Ab ōvō usque (　　　) māla. Hor.Sat.1.3.6-7
   卵からリンゴまで。
4. (　　　) tenebrās lux.
   暗闇の後に光。
5. (　　　) ōre parvulōrum vēritās.
   幼い者の口から真理（が聞かれる）。
6. Tū vīperam (　　　) ālā nūtrīcās. Petr.77
   あなたは腋の下にマムシを飼っている。
7. (　　　) bonō pūblicō.
   公共の利益のために。
8. Ad astra (　　　) aspera. Sen.Herc.437
   苦難を通じて栄光へ。
9. Exitus (　　　) dubiō est. Ov.Met.12.522
   結果がどうなるかは疑わしい。
10. (　　　) arma silent lēgēs.
    戦争の間、法律は沈黙する。

選択肢

ad　　cum　　dē　　ex　　in
inter　　per　　post　　prō　　sub

解 答
1. Cum　　2. dē　　3. ad　　4. Post　　5. Ex
6. sub　　7. Prō　　8. per　　9. in　　10. Inter

練習問題 66

解答 p.318

空所に入る適切な前置詞を選択肢から選んで入れなさい。

1. Aquam（　　　　）pūmice postulās. Pl.Pers.41
   あなたは軽石から水を得ようとしている。
2. Beātus esse（　　　　）virtūte nēmō potest.
   誰も美徳なしに幸福であり得ない。
3. Numquid（　　　　）Parthōs Armeniōsque latet? Mart.5.58.4
   まさか、それはパルティア人やアルメニア人のところに隠れているのではあるまいね。
4. Est ingens gelidum lūcus（　　　　）Caeritis amnem. Verg.Aen. 8.597
   大きな聖林が、カエレの冷たい川のそばにある。
5. Caelum nōn animum mūtant quī（　　　　）mare currunt. Hor.Ep. 1.11.27
   海を越えて行く者たちは心でなく空を変える。
6. Cantābit vacuus（　　　　）latrōne viātor. Juv.10.22
   手ぶらの旅人は盗賊の前で鼻歌を歌うだろう。
7. Tacitum vīvit（　　　　）pectore vulnus. Verg.Aen.4.67
   傷は胸の下で静かに生きている。
8. （　　　　）multīs lacrimīs.
   多くの涙ととともに。
9. Ōrā（　　　　）nōbīs.
   我々のために祈り給え。
10. （　　　　）tenebrīs tantīs tam clārum extulit lūmen. Lucr.3.1
    彼は、これほどの暗闇の中からこれほど明るい光を掲げた。

選択肢

ā　　apud　　cōram　　cum　　ē

prō　　prope　　sine　　sub　　trans

練習問題 67　　　　　　　　　　　　　　　　　　解答 p.318
和訳しなさい。
1. Suprā lūnam sunt aeterna omnia. Cic.Rep.6.17
2. Crescit in adversīs virtūs. Lucan.3.614
3. Ex concordiā fēlīcitās prōfluat.
4. Temeritās sub titulō fortitūdinis latet. Sen.Ep.45.7
5. Allobrogēs magnā cum cūrā et dīligentiā suōs fīnēs tuentur. Caes. B.G.7.65.3
6. Imperiī vel dīvitiārum causā bella atque certāmina omnia inter mortālēs sunt. Hor.Carm.4.12.27-28
7. Per variōs cāsūs, per tot discrīmina rērum tendimus in Latium. Verg. Aen.1.204-205
8. Impedit consilium voluptās, ratiōnī inimīca est, mentis praestringit oculōs, nec habet ullum cum virtūte commercium. Cic.Sen.42
9. Quā dē causā Helvētiī quoque relīquōs Gallōs virtūte praecēdunt. Caes.B.G.1.1
10. Adulescentēs senum praeceptīs gaudent, quibus ad virtūtum studia dūcuntur. Cic.Sen.26

注
1. sunt aeterna omnia は omnia が主語、aeterna が補語。
2. adversīs は adversum の複数・奪格。adversum は複数で「逆境」の意味を持つ。
3. prōfluat は接続法・能動態・現在（願望）。
4. fortitūdinis は「説明の属格」。sub titulō fortitūdinis で「勇気の名の下に」と訳す。
5. tuentur は形式受動態動詞 tueor の直説法・受動態・現在、3人称複数。
6. causā＋名詞の属格は「〈属格〉が原因で」と訳す。
7. Per＋〈対格〉で「〈対格〉を通じ」。
8. 主語は voluptās。

9. 関係形容詞 Quā は文頭に置かれ、代名詞的に使われている。「その（Quā）理由（causā）から（dē）」。
10. senum は senex の複数・属格。quibus の導く形容詞節は先行詞 praeceptīs を修飾する。

4 比 較

　形容詞の語幹に -ior をつけて比較級を作りますが、これは男性・女性・単数・主格の形です。語幹は形容詞の男性・単数・属格から -ī（第1・第2変化形容詞）または -is（第3変化形容詞）を取った形です。ラテン語の比較級は第3変化形容詞に準じて次のように変化します（中性・単数・主格と対格の語尾が -ius となる点に注意）。

longior, -ius （より長い）の変化

	男性・女性	中性
単数・主格(呼格)	longior	longius
属格	longiōris	longiōris
与格	longiōrī	longiōrī
対格	longiōrem	longius
奪格	longiōre (-ī)	longiōre (-ī)
複数・主格(呼格)	longiōrēs	longiōra
属格	longiōrum	longiōrum
与格	longiōribus	longiōribus
対格	longiōrēs	longiōra
奪格	longiōribus	longiōribus

確認問題　指示された比較級の形を答えなさい。
1. audax, -ācis（大胆な）の女性・単数・与格
2. bellus, -a, -um（美しい）の男性・単数・属格
3. brevis, -e（短い）の中性・単数・主格
4. longus, -a, -um（長い）の中性・複数・主格
5. sapiens, -entis（賢明な）の男性・単数・対格
6. beātus, -a, -um（幸福な）の中性・単数・主格
7. bonus, -a, -um（よい）の女性・複数・与格
8. parvus, -a, -um（小さい）の中性・複数・対格

9．malus, -a, -um（悪い）の中性・複数・主格
10．magnus, -a, -um（大きい）の女性・単数・与格

解 答
1．audācī　2．belliōris　3．brevius　4．longiōra　5．sapientiōrēs
6．beātius　7．meliōribus　8．minōra　9．pējōra　10．mājōrī

確認問題　次の括弧内の語を適切な形に直しなさい。

1．Nihil est annīs（vēlox）. Ov.Met.10.520
　歳月より素早いものはない。
2．（Beātus）est magis dare quam accipere.
　受け取る以上に与えることの方が幸いである。
3．（Vīlis）argentum est aurō, virtūtibus aurum. Hor.Ep.1.1.52
　銀は黄金より値打ちがない。黄金は徳より値打ちがない。
4．Cūrātiō vulneris（gravis）vulnere saepe fuit.
　傷の治療は、しばしば傷より大きな痛みを伴う。
5．Ō mātre pulchrā fīlia（pulcher）. Hor.Carm.1.16.1
　おお、美しい母よりさらに美しい娘よ。
6．Calamus gladiō（fortis）.
　ペンは剣より強し。
7．Fāmā nihil est（celer）.
　噂より速いものはない。
8．Quid est（stultus）quam incerta prō certīs habēre, falsa prō vērīs? Cic.Sen.68
　不確実を確実、偽りを真実とみなす以上に愚かしいことがあろうか。
9．Honesta mors turpī vītā（potis）. Tac.Ag.33
　高潔な死は恥ずべき生より好ましい。
10．（Malus）odiō amōris simulātiō.
　愛の見せかけは憎しみより悪い。

注
1．annīs は「比較の奪格」。「〜よりも」と訳す。

2．quam は比較級とともに用いて「〜よりも」を表す。
3．aurō と virtūtibus は「比較の奪格」。
4．fuit は「格言的完了」。vulnere は「比較の奪較」。
5．mātre は「比較の奪格」。
6．gladiō は「比較の奪格」。est が省かれている。
7．Fāmā は「比較の奪格」。
8．incerta と certīs は形容詞の名詞的用法。
9．vītā は「比較の奪格」。動詞として est が省かれている。
10．odiō は「比較の奪格」。est が省かれている。

解答
1．vēlōcius　2．Beātius　3．Vilius　4．gravior　5．pulchrior
6．fortior　7．celerius　8．stultius　9．potior　10．Pējor

練習問題 68   解答 p.319
次の括弧内の語を正しく直しなさい。

1．Quid magis est dūrum saxō, quid (mollis) undā? Ov.A.A.475
   石より硬いものがあるだろうか。水より軟らかいものがあるだろうか。
2．(Bonus) est canis vīvus leōne mortuō.
   死んだライオンより生きた犬の方がましである。
3．Nihil est vēritātis lūce (dulcis). Cic.Acad.2.10.31
   真理の光より快いものはない。
4．Exēgī monumentum aere (perennis). Hor.Carm.3.30.1
   私は青銅より永続する記念碑を完成した。
5．(Magnus) fortūnae locum fēcit injūria. Sen.Ep.91.13
   災難はより大きな幸運への機会を作った。
6．Quid enim est (jūcundus) senectūte stīpātā studiīs juventūtis? Cic. Sen.28
   というのも、若者の熱意に取り囲まれた老年以上に快いものは何があろうか。
7．Id dictū quam rē (facilis) est. Liv.31.38
   それは行うより言うことにかけてより容易である。

8. Ex ējus linguā melle（dulcis）fluēbat ōrātiō. Cic.Sen.31
   彼の舌からは蜜より甘い言葉が流れ出た。
9. Dolor animī（gravis）est quam corporis. Syr.166
   心の痛みは肉体の痛みより重い。
10. Pudōre et līberālitāte līberōs retinēre（satis）esse crēdō quam metū. Ter.Ad.32-33
    廉恥心と寛大な態度で子ども（の心）をつかむ方が、脅しによるより望ましいと私は信じる。

注
1. saxō, undā は「比較の奪格」。
2. leōne は「比較の奪格」。
3. lūce は「比較の奪格」。
4. Exēgī は exigō の直説法・能動態・完了、1人称単数。aere は「比較の奪格」。
5. 括弧内の語は fortūnae と性・数・格が一致。
6. senectūte は「比較の奪格」。
7. dictū は dīcō（言う）の目的分詞（奪格）。rē は rēs（行為）の単数・奪格。
8. melle は「比較の奪格」。fluēbat は fluō の直説法・能動態・未完了過去。
9. quam を用いた比較文。quam の次に dolor が省略。
10. Pudōre, līberālitāte, metū はいずれも「手段の奪格」。不定法は中性・単数の名詞として扱う。

形容詞の最上級

　形容詞の単数・属格の語尾（-ī または -is）の代わりに -issimus, -a, -um を添えます。中には -limus, -a, -um を添える語もあり注意が必要です。

確認問題　次の形容詞の最上級、男性・単数・主格を答えなさい。
1. longus（長い）
2. brevis（短い）
3. audax（勇敢な）

4. facilis（容易な）
5. difficilis（難しい）
6. similis（似ている）
7. bonus（よい）
8. malus（悪い）
9. magnus（大きい）
10. parvus（小さい）

解　答
1. longissimus　2. brevissimus　3. audācissimus　4. facillimus
5. difficillimus　6. simillimus　7. optimus　8. pessimus
9. maximus　10. minimus

確認問題　括弧内の語を適切な形に直しなさい。

1. Famēs est（bonus）coquus.
   空腹は最良の料理人である。
2. （Altus）quaeque flūmina minimō sonō lābuntur. Curt.7.4
   （極めて）深い川はめいめいほとんど音も立てずに流れる。
3. Optimum quodque（rārus）est. Cic.Fin.2.81
   各々最高のものはきわめてまれである。
4. Conscientia bene actae vītae（jūcundus）est. Cic.Sen.9
   よく営まれた人生の意識（よく生きたという意識）は最も喜ばしい。
5. （Magnus）dēbētur puerō reverentia. Juv.14.47
   最大の敬意が子どもに払われるべきである。
6. （Bonus）medicīna temperantia est.
   最良の医療は自制である。
7. Amor magister（bonus）. Plin.Ep.4.19.4
   愛は最良の教師である。
8. Hominum homō（stultus）!
   人間の中で最も愚かな者よ！
9. Flūmina（tranquillus）saepe sunt（altus）.
   最も平穏な川がしばしば最も深い。

10. Apud Helvētiōs longē (nōbilis) fuit et (dīs) Orgetorix. Caes.B.G.1.2
ヘルウェーティイー族の間では、オルゲトリクスがずば抜けて家柄がよく富裕であった。

注
1. 括弧内の語は coquus と性・数・格が一致。
2. quaeque は不定形容詞 quisque の中性・複数・主格。sonō は「仕方の奪格」。
3. quodque は不定形容詞 quisque の中性・単数・主格として Optimum を修飾。Optimum は名詞として「最高のもの」を意味する（中性・単数・主格）。
4. vītae は Conscientia にかかる「説明の属格」。
5. 括弧内の語は reverentia と性・数・格が一致。
6. 括弧内の語は medicīna と性・数・格が一致。
7. 動詞 est が省かれている。Amor が主語、magister が補語。
8. Hominum は「部分の属格」。homō は男性・単数・呼格。
9. 括弧内の語は Flūmina と性・数・格が一致。
10. 括弧内の語は Orgetorix と性・数・格が一致。

解答
1. optimus   2. Altissima   3. rārissimum   4. jūcundissima
5. Maxima   6. Optima   7. optimus   8. stultissime
9. tranquillissima / altissima   10. nōbilissimus / dītissimus

副詞の比較・最上級

　副詞の比較級は、形容詞の比較級の中性・単数・対格（語尾が -ius で終わる形）を用います。副詞の最上級は、形容詞の最上級の語を -us から -ē に変えた形です。

確認問題　次の語の比較級と最上級を答えなさい。
1. līberē（自由に）
2. audāciter（大胆に）

3. citō（速く）
4. fortiter（勇敢に）
5. facile（容易に）
6. bene（よく）
7. male（悪く）
8. saepe（しばしば）
9. multum（大いに）
10. altē（高く）

解　答
1. līberius / līberrimē
2. audācius / audācissimē
3. citius / citissimē
4. fortius / fortissimē
5. facilius / facillimē
6. melius / optimē
7. pējus / pessimē
8. saepius / saepissimē
9. plūs / plūrimē
10. altius / altissimē

確認問題　括弧内の語を比較級または最上級に直しなさい。

1. Dīcit (līberē) atque (audāciter). Caes.B.G.1.18
   彼はいっそう自由かつ大胆に語る。
2. Citius, altius (, fortiter).
   より速く、より高く、より強く。
3. (Facile) crescit dignitās quam incipit.
   威厳は始まるより成長する方がやさしい。
4. Aliēna nōbīs, nostra (multum) aliīs placent. Syr.28
   他人のものは我々にとって、我々のものは他人にとってよりいっそう好ましい。
5. Omnia (prior) experīrī quam armīs sapientem decet. Ter.Eun.789
   武器に訴える前にあらゆる手段を尽くすことが賢者にはふさわしい。
6. (Saepe) ventīs agitātur ingens pīnus. Hor.Carm.2.10.9-10
   巨大な松の木は、風に揺さぶられることがより多い。
7. Neptūnus dictō (citō) tumida aequora plācat. Verg.Aen.1.142
   ネプトゥーヌスは言葉より速くふくれあがった海を静める。

8. Pārēs cum pāribus (facile) congregantur. Cic.Sen.7
   似た者は似た者と最も容易に集まる。
9. Frōns, oculī, vultus persaepe mentiuntur; ōrātiō vērō (saepe). Cic. Quint.1.15
   額、目、表情は非常にしばしば偽るが、弁舌が最もしばしば偽るのである。
10. Itaque suae domī sacellum Automatiās cōnstituerat idque (sanctē) colēbat. Nep.Timo.4
    それゆえ彼は自宅にアウトマティアの祠（ほこら）を建てていたし、それを最も厳粛な態度で拝んでいた。

解答
1. līberius / audācius　　2. fortius　　3. Facilius　　4. plūs
5. prius　　6. Saepius　　7. citius　　8. facillimē
9. saepissimē　　10. sanctissimē

練習問題 69
解答 p.319

和訳しなさい。

1. Sērius aut citius sēdem properāmus ad ūnam. Ov.Met.10.33
2. Omnium hīs temporibus potentissimus rēx Antiochus fuit. Nep.Han.2
3. Hominēs amplius oculīs quam auribus crēdunt. Sen.Ep.1.6
4. Melior tūtiorque est certa pāx quam spērāta victōria; haec in tuā, illa in deōrum manū est. Liv.30.30
5. Ita numquam ex animō meō discēdit illīus optimī atque invictissimī virī memoria. Cic.Rep.6.9
6. Et secundās rēs splendidiōrēs facit amīcitia, et adversās partiēns commūnicānsque leviōrēs. Cic.Amic.22
7. Sī senex habet aliquod tamquam pābulum studiī atque doctrīnae, nihil est ōtiōsā senectūte jūcundius. Cic.Sen.49
8. Trīstius haud illīs mōnstrum, nec saevior ūlla pestis et īra deum Stygiīs sēsē extulit undīs. Verg.Aen.3.214-215
9. Lītore quot conchae, tot sunt in amōre dolōrēs. Ov.A.A.2.519

10. Nihil est enim illī principī deō, quī omnem mundum regit, quod quidem in terrīs fīat, acceptius quam concilia coetūsque hominum jūre sociātī, quae 'cīvitātēs' appellantur. Cic.Rep.6.13

注
1. Sērius aut citius は英語の Sooner or later（遅かれ早かれ）に相当する熟語（ただし単語の配置は逆）。
2. Omnium は「部分の属格」。
3. crēdunt は与格を取る。
4. haec と illa の対比に注意。haec は本来位置的に近いものを指すが（この文の場合 victōria）、書き手にとって心理的に近い（意識の上で重要）ものを指す場合もある。この文の場合 haec を pax、illa を victōria と解する。
5. 主語は memoria。
6. partiens と commūnicans はそれぞれ現在分詞、女性・単数・主格。adversās を目的語とする。文脈上、「～することによって」と訳す。
7. 不定形容詞 aliquod（中性・単数・対格）は pābulum にかかる。
8. haud（まったく～ない）は extulit にかかる。extulit は efferō の直説法・能動態・完了、3人称単数。sēsē（= sē）を目的語とし、「姿を現した」と訳す。Stygiīs ... undīs は「起源の奪格」。「ステュクスの流れから」。主語は monstrum, pestis, īra。deum は deus の複数・属格。
9. 前半の文に動詞 sunt を補う。Lītore は「場所の奪格」。quot ... tot の関係に注意。「quot 以下ほど（浜辺に conchae があるほど）、それほど多くの（tot）～」。
10. 全体の骨組みは、Nihil est ... acceptius quam ... の構文。「quam 以下より好ましいものは（acceptius）何もない（Nihil est）」。illī principī deō は「判断者の与格」。「あの最高の神にとって」。quī（男性・単数・主格）の先行詞は deō。quod（中性・単数・主格）の先行詞は Nihil。quae（中性・複数・主格）の先行詞は concilia。いずれも関係代名詞の制限的用法。fīat は fīō の接続法・能動態・現在、3人称単数。

5 数　詞

基数詞

数字	基数詞	序数詞
1　I	ūnus, -a, -um	prīmus
2　II	duo, -ae, -o	secundus
3　III	trēs, tria	tertius
4　IV	quattuor	quartus
5　V	quinque	quintus
6　VI	sex	sextus
7　VII	septem	septimus
8　VIII	octō	octāvus
9　IX	novem	nōnus
10　X	decem	decimus
11　XI	undecim	undecimus
12　XII	duodecim	duodecimus
13　XIII	tredecim	tertius decimus
14　XIV	quattuordecim	quartus decimus
15　XV	quindecim	quintus decimus
16　XVI	sēdecim	sextus decimus
17　XVII	septendecim	septimus decimus
18　XVIII	duodēvīgintī	duodēvīcēsimus
19　XIX	undēvīgintī	undēvīcēsimus
20　XX	vīgintī	vīcēsimus（vīcensimus）
21　XXI	vīgintī ūnus （ūnus et vīgintī）	vīcēsimus prīmus （ūnus et vīcēsimus）
22　XXII	vīgintī duo	alter et vīcēsimus
28　XXVIII	duodētrīgintā	duodētrīcēsimus
29　XXIX	ūndētrīgintā	ūndētrīcēsimus
30　XXX	trīgintā	trīcēsimus（trīcensimus）
40　XL	quadrāgintā	quadrāgēsimus

50 L	quinquāgintā	quinquāgēsimus
60 LX	sexāgintā	sexāgēsimus
70 LXX	septuāgintā	septuāgēsimus
80 LXXX	octōgintā	octōgēsimus
90 XC	nōnāgintā	nōnāgēsimus
100 C	centum	centēsimus
200 CC	ducentī, -ae, -a	ducentēsimus
300 CCC	trecentī, -ae, -a	trecentēsimus
400 CD	quadringentī, -ae, -a	quadringentēsimus
500 D	quingentī, -ae, -a	quingentēsimus
600 DC	sescentī, -ae, -a	sescentēsimus
700 DCC	septingentī, -ae, -a	septingentēsimus
800 DCCC	octingentī, -ae, -a	octingentēsimus
900 CM	nōngentī, -ae, -a	nōngentēsimus
1000 M	mille	millēsimus
2000 MM	duo mīlia	bis millēsimus
10000 CCIƆƆ	decem mīlia	deciēs millēsimus
100000 CCCIƆƆƆ	centum mīlia	centiēs millēsimus

※序数詞の語尾 -us は男性・単数・主格の例。bonus, -a, -um のように変化する。

確認問題 空所に適切な基数詞を入れなさい。

1. Uxōrem duxit: nātī fīliī（　　　　）. Ter.Ad.46-47
   彼は妻をめとった。2人の息子が生まれた。
2. （　　　　）tantum rēs anxius optat, pānem et circensēs. Juv.10.80-81
   彼（民衆）は熱心に2つのものを求める、パンと戦車競技を（である）。
3. Gallia est omnis dīvīsa in partēs（　　　　）. Caes.B.G.1.1
   ガッリア全体は3つの部分に分かれている。
4. Ēn（　　　　）ārās. Verg.Ecl.5.65
   ほら、4つの祭壇がある。
5. （　　　　）tenent caelum zōnae. Verg.Geo.1.233

238

5つの帯が天を支えている。

6. Haec dum dubitās, mēnsēs abiērunt (　　　　). Ter.Ad.691
   おまえがこれらのことをためらう間に、十月（とつき）が過ぎてしまったのだ。

7. (　　　　) Dionȳsius tyrannus annōs fuit opulentissimae et beātissimae cīvitātis. Cic.N.D.3.81
   ディオニューシウスは、38年の間、最も豊かで繁栄を極めた国の僭主であった。

8. Fuit Arganthōnius quīdam Gādibus, quī (　　　　) regnāvit annōs, (　　　　) vīgintī vīxit. Cic.Sen.69
   ガーデースにアルガントーニウスという者がいて、80年統治し、120歳まで生きた。

9. Ipse ab hostium castrīs nōn longius mille et (　　　　) passibus aberat. Caes.B.G.1.22
   彼自身は敵の陣営から1500パッスス（1.5ローマ・マイル）足らず離れたところにいた。

10. Hostēs sub monte consēdērunt (　　　　) passuum ab ējus castrīs octō. Caes.B.G.1.21
    敵は彼の陣営から8000パッスス離れた山の麓に野営した。

注

1. duxit は dūcō の直説法・能動態・完了、3人称単数。uxōrem dūcere で「妻をめとる」。nātī の次に sunt が省略されている。nātī sunt は nascor の直説法・受動態・完了、3人称複数。
2. anxius は形容詞の副詞的用法。
3. dīvīsa は dīvīdō の完了分詞、女性・単数・主格。est と合わせ「分けられた状態である」と解する。
4. ārās は āra の複数・対格。
5. 空所の語は zōnae にかかる。
6. abiērunt は abeō の直説法・能動態・完了、3人称複数。
7. annōs は「広がりの対格」。
8. quī は et ille（そして彼は）とみなして訳す（関係代名詞の非制限的用

法)。
9. aberat は absum の直説法・能動態・未完了過去、3人称単数。空所の形、ならびに passibus は「差異の奪格」。
10. 空所の形は「広がりの対格」。passuum（複数・属格）は「部分の属格」とみなされる。

解　答

1. duo　　　2. Duās　　　3. trēs　　　4. quattuor
5. Quinque　6. decem　　7. Duodēquadrāgintā
8. octōgintā / centum　　9. quingentīs　　10. mīlia

序数詞・数副詞・配分数詞

確認問題　空所に適切な数字を入れなさい。
1. nōnus　　（　　　　）番目の
2. bis　　　（　　　　）度
3. quaternī　（　　　　）つずつ
4. duodecimus（　　　　）番目の
5. quater　　（　　　　）度
6. septēnī　（　　　　）つずつ
7. vīcēnsimus（　　　　）番目の
8. noviēs　　（　　　　）度
9. dēnī　　　（　　　　）ずつ
10. octōgēsimus（　　　　）番目の

解　答

1. 9（番目の）　2. 2（度）　3. 4（つずつ）　4. 12番目の
5. 4（度）　　　6. 7（つずつ）　7. 20（番目の）　8. 9度
9. 10（ずつ）　10. 80（番目の）

確認問題　空所に適切な序数詞、数副詞、配分数詞を入れなさい。
1. Prīmum indōtāta est: tum praetereā, quae（　　　　）eī dōs erat, periit. Ter.Ad.345-346

240

第一、うちの娘には持参金がないのです。次に、彼女にとって第二の持参金であったものを失いました。

2. (　　　　) lux gelidam caelō dīmōverat umbram. Verg.Aen.11.210
　3日目の光が冷たい闇を天から取り去っていた。

3. In fīnēs Vocontiōrum diē (　　　　) pervēnit. Caes.B.G.1.10.5
　彼はウォコンティイー族の領土に7日目に着いた。

4. Platō (　　　　) et (　　　　) annō scrībens est mortuus. Cic.Sen.13
　プラトーンは81歳の時に書きながら亡くなった。

5. Haud (　　　　) partem dixī. Pl.Mil.763-764
　私はまだ100分の1も話していない。

6. Haec (　　　　) repetīta placēbit. Hor.A.P.365
　これ（この詩）は10回求められても喜びを与えるだろう。

7. Ō (　　　　)que (　　　　)que beātī, quīs ante ōra patrum Trōjae sub moenibus altīs contigit oppetere! Verg.Aen.1.94-96
　おお3度も4度も幸福な者たちよ、彼らには、父たちの面前で、そして高いトロイヤの城壁の下で死ぬという出来事が起きたのだから！

8. Sunt mihi (　　　　) septem praestantī corpore Nymphae. Verg.Aen.1.71
　私には14人の飛び抜けて美しいニンフがいる。

9. Discrībēbat censōrēs (　　　　) in singulās cīvitātēs. Cic.Verr.2.2.133
　彼は各都市に2人ずつの監察官を割り当てた。

10. Agnoscit suōs laetusque ad līmina dūcit, et multum lacrimās verba inter (　　　　) fundit. Verg.Aen.3.347-348
　彼は仲間の者たち（の姿）を認めると喜んで（館の）入り口まで案内し、一つ一つの言葉の間に（一つ一つの言葉を交わす中で）、大いに涙をこぼす。

注

1. quae は関係代名詞、女性・単数・対格（先行詞 eam は省略）。eī は指示代名詞 is の女性・単数・与格。「彼女にとって（eī）第二の持参金で

あった（dōs est）ところの（quae）それを（eam）」。
2. dīmōverat は dīmōveō の直説法・能動態・過去完了、3人称単数。
3. pervēnit は perveniō の直説法・能動態・完了、3人称単数。
4. scrībens は scrībō の現在分詞、男性・単数・主格。「書きながら」と訳す。est mortuus は形式受動態動詞 morior の直説法・受動態・完了、3人称単数。
5. 分母が1の時、分母は序数詞＋pars の変化となる。
6. 空所には数副詞が入る。
7. 2つの空所には数副詞が入る。quīs は quibus（男性・複数・与格）の別形（先行詞は beātī）。contigit は contingō の直説法・能動態・完了、3人称単数。不定法と与格を伴い非人称構文を作る。「〈与格〉（の身）に〈不定法〉（の出来事）が起こる」と訳す。
8. mihi は「所有の与格」。praestantī corpore は「性質の奪格」。空所の語と septem で7の2倍（すなわち14）を意味する。
9. 空所には配分数詞が入る。
10. 同上。

解答

1. secunda　　2. Tertia　　3. septimō
4. ūnō / octōgēsimō（octōgensimō）
5. centēsimam　6. deciens（deciēs）　7. ter / quater
8. bis　　9. bīnōs　　10. singula

練習問題 70

解答 p.319

空所に適切な数詞を入れなさい。

1. Quartum agō annum et （　　　　）. Cic.Sen.32
   私は84歳になる。
2. Conscientia （　　　　） testēs. Quint.5.11.41
   良心は1000の証人。
3. Tot lectī procerēs （　　　　） dēnīs nāvibus ībant subsidiō Trōjae. Verg.Aen.10.213-214
   これだけ多くの選ばれた指揮官たちが、30隻の船に乗り込みトロイヤ

の援軍にはせ参じていた。

4. Cūjus quidem annī nōndum (　　　　) partem scītō esse conversam. Cic.Rep.6.24
実際にはその1年のまだ20分の1もめぐっていないことを知りなさい。

5. Hamilcar, (　　　　) annō postquam in Hispāniam vēnerat, in proeliō pugnans adversus Vettōnēs occīsus est. Nep.Ham.4
ハミルカルはヒスパーニアに来て9年目に、ウェットーネース族に対する戦いのさなか、戦いながら命を落とした。

6. Dīxit sē cum sōlā (　　　　) legiōne itūrum. Caes.B.G.1.40
自分は第10軍団だけを率いて進軍するだろうと彼は言った。

7. Cum aetās tua (　　　　) octiens sōlis anfractūs reditūsque converterit, ... Cic.Rep.6.12
おまえの年齢が太陽の循環と回帰を7回ずつ8度回す（行う）時、…

8. Eōdem diē castra prōmōvit et (　　　　) passuum sex ā Caesaris castrīs sub monte consēdit. Caes.B.G.1.48
同日彼は陣営を前進させ、カエサルの陣営から6000パッス（6ローマ・マイル）離れた山麓に野営した。

9. Hoc scīs, putō, Platōnī dīligentiae suae beneficiō contigisse quod nātālī suō dēcessit et annum ūnum atque (　　　　) implēvit sine ūllā dēductiōne. Sen.Ep.58
このことは君も知っていると思うが、自らの注意深さのおかげでプラトーンには次のことが生じたのだ。誕生日に他界し1日の差もなく81年（の生涯）を全うできたということが。

10. (　　　　) terrā diē prīmum sē attollere tandem vīsa est. Verg. Aen.3.205-206
4日目についに初めて陸地が姿を現すのが見られた。

注

1. 序数詞が入る。
2. 基数詞が入る。動詞 est が省略されている。
3. 3の数副詞が入る。subsidiō は「目的の与格」。
4. 序数詞が入る。Cūjus は代名詞として用いられている。

5. 序数詞が入る。occīsus est は occīdō の直説法・受動態・完了、3人称単数。
6. 序数詞が入る。文末に esse を補う。itūrum esse は eō の不定法・能動態・未来。意味上の主語は sē（対格不定法）。
7. 配分数詞が入る。anfractūs, reditūs(que) と性・数・格が一致する。
8. 基数詞が入る（差異の奪格）。
9. 序数詞が入る。contigisse は contingō の不定法・能動態・完了。意味上の主語は quod 以下の名詞節。
10. 序数詞が入る。vīsa est は videō の直説法・受動態・完了、3人称単数で主語は terra（女性・単数・主格）。sē attollere は熟語で「姿を現すこと」。「陸地が（terra）姿を現すのが（sē attollere）見られた（vīsa est）」の部分が文の骨組み。

練習問題 71

解答 p.319

和訳しなさい。

1. Centum errant annōs volitantque haec lītora circum. Verg.Aen.6.329
2. In quattuor partēs honestum dīvīdī solet: prūdentiam, justitiam, fortitūdinem, et temperantiam. Cic.Off.5
3. Adulescentulus mīles ad Capuam prōfectus sum quintōque annō post ad Tarentum. Cic.Sen.10
4. Īsocratēs eum librum quartō et nōnāgēsimō annō scripsisse sē dīcit. Cic.Sen.13
5. Gorgiās centum et septem complēvit annōs neque umquam in suō studiō atque opere cessāvit. Cic.Sen.13
6. Phorcī prōgeniēs, septem numerō, septēnaque tēla conjiciunt. Verg. Aen.10.328-330
7. Prō multitūdine autem hominum et prō glōriā bellī atque fortitūdinis angustōs sē fīnēs habēre arbitrābantur, quī in longitūdinem mīlia passuum CCXL（ducenta quadrāgintā）, in lātitūdinem CLXXX（centum octōgintā）patēbant. Caes.B.G.1.2
8. Ubi jam sē ad eam rem parātōs esse arbitrātī sunt, oppida sua omnia, numerō ad duodecim, vīcōs ad quadringentōs, reliqua prīvāta aedificia

incendunt. Caes.B.G.1.5
9. Quō proeliō sublātī Helvētiī, quod quingentīs equitibus tantam multitūdinem equitum prōpulerant, audācius subsistere nōn numquam et novissimō agmine proeliō nostrōs lacessere coepērunt. Caes.B.G. 1.15
10. Quarta restat causa, quae maximē angere atque sollicitam habēre nostram aetātem vidētur, appropinquātiō mortis, quae certē ā senectūte nōn potest esse longē. Cic.Sen.66

注

1. annōs は「広がりの対格」。Centum と合わせ「100年の間」と訳す。haec lītora circum は「この岸のまわりを」。前置詞 circum が支配する名詞より後に置かれる例。
2. dīvīdī は dīvīdō の不定法・受動態・現在。
3. Adulescentulus mīles は省略された主語 ego の補語。「私は若年の兵として」。
4. scrīpsisse は scrībō の不定法・能動態・完了。目的語は eum librum。意味上の主語は sē（対格不定法）。
5. complēvit は compleō の直説法・能動態・完了、3人称単数。cessāvit は cessō の同形。in＋〈奪格〉＋cessāre で「〈奪格〉を怠る」。
6. conjiciunt の時称は現在。これを「歴史的現在」とみなし、過去として訳してもよい。
7. Prō は奪格支配の前置詞。「〈奪格〉の割に」を意味する。arbitrābantur は形式受動態動詞 arbitror（考える）の直説法・受動態・未完了過去、3人称複数。対格不定法（意味上の主語は sē、不定法は habēre）を目的語に取る。habēre の目的語は angustōs ... fīnēs。in longitūdinem は「長さにして」、in lātitūdinem は「幅にして」。
8. arbitrātī sunt は arbitror の直説法・受動態・完了、3人称複数。対格不定法を目的語に取る（意味上の主語は sē、不定法は esse、parātōs は補語）。incendunt を「歴史的現在」とみなし過去で訳してもよい。
9. sublātī は tollō の完了分詞、男性・複数・主格。「（士気を）上げられて」。quod は理由文を導く。nōn numquam は「一度ならず」。novissimō

agmine は「後衛で」。
10. 1つ目の quae の先行詞は causa（原因）。この文脈における habēre は、「目的語（nostram aetātem）を補語（sollicitam）の状態にする」と訳す。2つ目の quae は代名詞として用いられている。先行詞は appropinquātiō（接近）。

第11章　動詞5

1　接続法の活用と単文での用法

接続法の活用

確認問題　表の空所を適語で埋めなさい。

● 接続法・能動態・現在

	1	2	3	3b	4
単数1人称	amem	videam	agam	capiam	audiam
2人称	(1)	videās	agās	capiās	audiās
3人称	amet	(2)	agat	capiat	audiat
複数1人称	amēmus	videāmus	(3)	capiāmus	audiāmus
2人称	amētis	videātis	agātis	(4)	audiātis
3人称	ament	videant	agant	capiant	(5)

解　答
1．amēs　　2．videat　　3．agāmus　　4．capiātis　　5．audiant

● 接続法・受動態・現在

	1	2	3	3b	4
単数1人称	(1)	videar	agar	capiar	audiar
2人称	amēris(-re)	videāris(-re)	(3)	capiāris(-re)	audiāris(-re)
3人称	amētur	videātur	agātur	capiātur	(5)
複数1人称	amēmur	(2)	agāmur	capiāmur	audiāmur
2人称	amēminī	videāminī	agāminī	(4)	audiāminī
3人称	amentur	videantur	agantur	capiantur	audiantur

247

[解 答]

1. amer 2. videāmur 3. agāris または agāre 4. capiāminī 5. audiātur

● 接続法・能動態・未完了過去

	1	2	3	3b	4
単数1人称	amārem	vidērem	agerem	caperem	(5)
2人称	amārēs	vidērēs	(3)	caperēs	audīrēs
3人称	(1)	vidēret	ageret	caperet	audīret
複数1人称	amārēmus	vidērēmus	agerēmus	(4)	audīrēmus
2人称	amārētis	(2)	agerētis	caperētis	audīrētis
3人称	amārent	vidērent	agerent	caperent	audīrent

[解 答]

1. amāret 2. vidērētis 3. agerēs 4. caperēmus 5. audīrem

● 接続法・受動態・未完了過去

	1	2	3	3b	4
単数1人称	(1)	vidērer	agerer	caperer	audīrer
2人称	amārēris(-re)	vidērēris(-re)	agerēris(-re)	(4)	audīrēris(-re)
3人称	amārētur	(2)	agerētur	caperētur	audīrētur
複数1人称	amārēmur	vidērēmur	agerēmur	caperēmur	(5)
2人称	amārēminī	vidērēminī	(3)	caperēminī	audīrēminī
3人称	amārentur	vidērentur	agerentur	caperentur	audīrentur

[解 答]

1. amārer 2. vidērētur 3. agerēminī 4. caperēris または caperēre
5. audīrēmur

sum の接続法・現在

 (1), sīs, sit, (2), sītis, sint

248

sum の接続法・未完了過去
　(3), essēs, (4), essēmus, (5), essent

解　答
1．sim　　2．sīmus　　3．essem　　4．esset　　5．essētis

確認問題　空所に適語を入れて説明文を完成しなさい。

接続法・能動態・完了

　1人称単数が -erim で終わる以外は、すべて直説法・能動態・(　　1　　)と同じ形です。amō を例に取ると次のように活用します。
　amāverim, (　　2　　), amāverit, amāverimus, (　　3　　), amāverint

接続法・受動態・完了

　完了分詞＋sum の接続法・現在の組み合わせになります。amō の場合、単数が (　　4　　), -a, -um ＋ (　　5　　), sīs, sit、複数が amātī, -ae, -a ＋ sīmus, sītis, sint です。

接続法・能動態・過去完了

　母音の長短を無視すれば、(　　6　　) の不定法＋人称語尾と記憶するとよいでしょう。amō を例に取ると、
　(　　7　　), amāvissēs, amāvisset,
　amāvissēmus, (　　8　　), amāvissent となります。

接続法・受動態・過去完了

　完了分詞＋sum の接続法・未完了過去の変化となります。amō を例に取ると、単数が amātus, -a, -um ＋ (　　9　　), essēs, esset、複数が amātī, -ae, -a ＋ (　　10　　), essētis, essent です。

解　答
1．未来完了　2．amāveris　3．amāveritis　4．amātus　5．sim
6．完了　　7．amāvissem　8．amāvissētis　9．essem　10．essēmus

接続法の単文での用法

意志・勧奨

確認問題 括弧内の語を接続法の適切な形に直しなさい。

1. (Vīvō), mea Lesbia, atque (amō). Catul.5.1
   生きよう、私のレスビア、そして愛し合おう。
2. Bibere hūmānum est; ergō (bibō).
   （酒を）飲むことは人間的である。だから飲もう。
3. Ex nōtō fictum carmen (sequor). Hor.A.P.240
   私はありふれたものから作られた詩を目指す。
4. Dēsine plūra, puer, et quod nunc instat (agō). Verg.Ecl.9.66
   少年よ、これ以上望むのはやめよ。今差し迫っていることをやろう。
5. Paulō mājōra (canō). Verg.Aen.4.1
   我々は少し大きなことを歌おう。
6. Vulnera lymphīs (abluō). Verg.Aen.4.683-684
   私は傷口を水で洗おう。
7. (Amō) patriam, (pāreō) senātuī. Cic.Sest.68.143
   我々は祖国を愛し、元老院に従おうではないか。
8. Quō fāta trahunt, retrahuntque, (sequor). Verg.Aen.5.709
   運命が導くところ、連れ戻すところに我々は従おう。
9. Omnia vincit Amor: et nōs (cēdō) Amōrī. Verg.Ecl.10.69
   愛の神はすべてに打ち勝つ。我々も愛の神に屈しよう。
10. Nē difficilia (optō). Cic.Verr.2.4.15
    我々は困難なことを望まぬようにしよう。

解 答

1. Vīvāmus / amēmus　　2. bibāmus　　3. sequar
4. agāmus　　5. canāmus　　6. abluam
7. Amēmus / pāreāmus　　8. sequāmur　　9. cēdāmus
10. optēmus

※3.と6.のように接続法・現在の1人称単数は、直説法・未来の1人称単数と区別がつかない点に注意。

命令

確認問題 括弧内の語を接続法の適切な形に直しなさい。

1. Aura,（veniō）. Ov.Met.7.813
   そよ風よ、おいで。
2. （Cēdō）arma togae. Cic.Off.1.77
   武器はトガに譲るべし。
3. Animī bonum animus（inveniō）. Sen.Vit.2.2
   精神の立派さは精神に見つけさせよ。
4. Bella（gerō）fortēs. Ov.Her.17.256
   戦争は強い者たちにさせておけばよい。
5. Hanc animam（servō）. Verg.Aen.10.525
   この命を守りたまえ。
6. （Audiō）et altera pars.
   別の側（の意見）も聞かれるべきである。
7. （Absum）invidia.
   悪意は去るべきである（悪意を抱くな）。
8. Nē animōs（dēmittō）.
   彼らに気力を失わせてはならない。
9. （Luō）peccāta. Verg.Aen.10.32
   彼らに罪を贖（あがな）わせるがよい。
10. Studium semper（adsum）, cunctātiō（absum）. Cic.Amic.44
    熱意が常にあるように、そして、ためらいはないようにせよ。

解 答
1. veniās　2. Cēdant　3. inveniat　4. gerant　5. servēs
6. Audiātur　7. Absit　8. dēmittant　9. Luant　10. adsit / absit

禁止・譲歩

確認問題 括弧内の語を接続法の適切な形に直しなさい。

1. Immortālia nē（spērō）. Hor.Carm.4.7.7
   （あなたは）不死なるものを望まないようにせよ。（現在）
2. Nē vōs mortem（timeō）. Cic.Tusc.1.41

（あなたたちは）死を恐れてはいけない。（完了）
3. Nē (sum) miser ante tempus. Sen.Ep.13.4
   時が来る前にみじめになるな（取り越し苦労するな）。（現在）
4. Ignem ignī nē (addō).
   火に火を加えるな。（現在）
5. Nē mājor quam facultās (sum) benignitās.
   恩恵は資力を超えて大きくなってはならない。（現在）
6. (Sum) malus cīvis, ...
   たとえ彼が悪い市民であったとしても、…（現在）
7. Nē (sum) summum malum dolor, malum certē est. Cic.Tusc.2.14
   苦痛は最高の悪ではないにせよ、確かに悪ではある。（現在）
8. (Sum) sānē superbī: quid id ad vōs attinet? Cat.Orig.5.7
   確かに彼らが傲慢であるにせよ、それがあなたたちに何の関係があるのか。（現在）
9. (Sum) difficile; experiar tamen.
   それが困難であるとしよう。しかし私は挑戦する。（現在）
10. Senectūs quamvīs nōn (sum) gravis, tamen aufert viriditātem. Cic. Amic.11
    老年は重苦しいものでないにせよ、若々しさを奪うものではある。（完了）

解　答
1. spērēs   2. timueritis   3. sīs   4. addās   5. sit
（1～5は禁止の例文）
6. Sit   7. sit   8. Sint   9. Sit   10. fuerit
（6～10は譲歩の例文）

願望
実現可能な願望
　（イ）現在の願望……接続法・現在
　（ロ）過去の願望……接続法・完了
実現不可能な願望
　（ハ）現在の願望……接続法・未完了過去

（二）過去の願望……接続法・過去完了

確認問題 括弧内の語を接続法の適切な形に直しなさい。

1. Ut tē (perdō) Juppiter! Ter.Ad.713
   ユッピテルがおまえを滅ぼしてくれますように！
2. Tē ustus (amō). Prop.3.15.4
   私は焼かれても（灰になっても）あなたを愛したい。
3. Utinam hinc (abeō) in malam crucem! Pl.Poen.799
   願わくは、あいつがここから忌まわしい十字架に立ち去ったのならよいのだが！
4. (Stō) fortūna domūs.
   家運が安泰でありますように。
5. Nē tenerās glaciēs (secō) aspera plantās. Verg.Ecl.10.49
   硬い氷が（君の）柔らかな足の裏を切りませんように。
6. Utinam avis (sum)!
   私は鳥だったらいいのに！
7. Utinam ego tertius vōbīs amīcus (ascrībō). Cic.Tusc.5.63
   願わくは、私があなたがたの第3の友人として加えられるといいのだが（第3の友人に加えてもらえるといいのだが）。
8. Utinam ille omnīs sēcum suās cōpiās (ēdūcō)! Cic.Cat.2.4
   彼が自分のすべての軍勢を（国外に）連れ出したならよかったのに！
9. Utinam līberōrum nostrōrum mōrēs nōn ipsī (perdō). Quint.1.2.6
   我々自身が自分の子どもたちの習慣を損なわなければよいのだが。
10. Cūjus exemplum utinam imperātōrēs nostrī sequī (volō)! Nep.Ages.4
    我が国の支配者たちもこの例にならっていればよかったのに！

解 答

1. perdat（能動態・現在）
2. amem（能動態・現在）
3. abierit（能動態・完了）
4. Stet（能動態・現在）
5. secet（能動態・現在）

6. essem（能動態・未完了過去）
7. ascrīberer（受動態・未完了過去）
8. ēduxisset（能動態・過去完了）
9. perderēmus（能動態・未完了過去）
10. voluissent（能動態・過去完了）

可能性・懐疑・反問

確認問題 括弧内の語を接続法の適切な形に直しなさい。

1. Aliquis hoc (faciō).
   誰かがこれをするかもしれない。（可能性）
2. (Crēdō) victōs. Liv.2.43
   あなたは彼らが打ち負かされたと信じただろう。（可能性）
3. Haud facile (discernō) utrum Hannibal imperātōrī an exercituī cārior esset. Liv.21.4
   ハンニバルが将軍と軍隊のどちらにとってより大切であったか、このことをあなたは容易に判断することはできなかっただろう。（可能性）
4. Quid (faciō)? Dīcam frātris esse hanc? Ter.Ad.625
   どうしたらいいのだろう。この娘が弟のものだと言おうか。（懐疑）
5. Quid (faciō)? Ov.Tr.1.3.49
   私はどうすべきだったのか。（懐疑）
6. Quid (faciō) lēgēs ubi sōla pecūnia regnat, aut ubi paupertās vincere nulla potest? Petr.14
   金銭だけが支配する時、また貧困がいっさい勝利できない場所で、法律に一体何ができようか。（反問）
7. Quis fallere (possum) amantem? Verg.Aen.4.296
   誰が愛する者を欺くことができようか。（反問）
8. Quid Rōmae (faciō)? Juv.3.41
   私はローマで何をしたらよいのだろう。（懐疑）
9. Heu! Quid (agō)? Verg.Aen.4.283
   ああ！彼はどうすればよいのか。（懐疑）
10. Quis pōma (dō) Alcinoō? Ov.Pont.4.2.9-10
    誰がアルキノウスに果実を与えようか。（反問）

解 答

1. faciat（能動態・現在）
2. Crēderēs（能動態・未完了過去）
3. discernerēs（能動態・未完了過去）
4. faciam（能動態・現在）
5. facerem（能動態・未完了過去）
6. faciant（能動態・現在）
7. possit（能動態・現在）
8. faciam（能動態・現在）
9. agat（能動態・現在）
10. det（能動態・現在）

練習問題 72

解答 p.320

括弧内の語を接続法の適切な形に直しなさい。

1. Quī dedit beneficium (taceō); narret quī accēpit. Sen.Ben.2.11.2
   恩恵を与えた者は沈黙せよ、受け取った者は語るがよい。（命令）
2. Tē ratiō (dūcō), nōn fortūna. Liv.22.39
   理性にあなたを導かせるように、運命ではなく。（命令）
3. (Spērō) quae volumus, sed quod acciderit ferāmus.
   我々は望むことを希望しよう。だが、起きたことには耐えていこう。（意志）
4. Fēcī quod potuī, (faciō) meliōra potentēs.
   私はできるかぎりのことをした。力ある者たちはよりよきことをするがよい（力ある者たちによりよきことをさせるがよい）。（命令）
5. Summum nec (metuō) diem nec (optō).
   最後の一日をあなたは恐れるな、また望むな。（禁止）
6. Ante mortem nē (laudō) hominem quemquam.
   死の前は（在命中は）いかなる人もほめてはならない。（禁止）
7. Rem (faciō), rem; sī possīs, rectē. Hor.Ep.1.1.65
   金を作れ、金をだ。できるなら、正しい方法で。（命令）
8. Quid prīmum dēserta (queror)? Verg.Aen.4.677
   一人残されて私は真っ先に何を嘆けばよいのだろう。（懐疑）
9. (Dīligō) proximum tuum sīcut tē ipsum.
   あなたは身近な人をあなた自身のように愛すべきである。（命令）
10. Quis genus Aeneadum, quis Trōjae (nesciō) urbem? Verg.Aen.1.565
    誰がアエネーアースの血を引く者たち（トロイヤ人）を、誰がトロイヤの都を知らないだろうか。（反問）

注

1. 能動態・現在、3人称単数。
2. 能動態・現在、3人称単数。
3. 能動態・現在、1人称複数。acciderit は accidō の接続法・完了、3人称単数。
4. 能動態・現在、3人称複数。
5. ともに能動態・現在、2人称単数。
6. 能動態・現在、2人称単数。
7. 能動態・現在、2人称単数。sī possīs は「観念的条件文」(possīs は接続法・能動態・現在)。
8. 受動態・現在、1人称単数。
9. 能動態・現在、2人称単数。
10. 能動態・現在、3人称単数。

練習問題 73

解答 p.320

和訳しなさい。

1. Sit tibi terra levis.
2. Purpureōs spargam flōrēs. Verg.Aen.6.884
3. Tū mihi sōla placēs: placeam tibi, Cynthia, sōlus. Prop.2.7.19
4. Carpāmus dulcia: post enim mortem cinis et fābula fīes. Pers.151-152
5. Crās amet, quī numqum amāvit; quisque amāvit, crās amet. 作者不詳 Pervigilium Veneris『ウェヌスの宵宮』1
6. Quid dīcam dē mōribus facillimīs, dē pietāte in mātrem, lībertāte in sorōrēs, bonitāte in suōs, justitiā in omnēs? Cic.Amic.11
7. Quamquam ista assentātiō, quamvīs perniciōsa sit, nocēre tamen nēminī potest nisi eī quī eam recipit atque eā dēlectātur. Cic.Amic.97
8. Quō deus et quō dūra vocat Fortūna sequāmur. Verg.Aen.12.677
9. Ō mihi praeteritōs referat sī Juppiter annōs. Verg.Aen.8.560
10. Utinam tam facile vēra invenīre possem quam falsa convincere! Cic.N.D.1.91

注

1. Sit は sum の接続法・能動態・現在、3人称単数（願望）。
2. spargam は spargō の接続法・能動態・現在、1人称単数（意志）。
3. placeam は placeō の接続法・能動態・現在、1人称単数（意志）。
4. Carpāmus は carpō の接続法・能動態・現在、1人称複数（意志）。fīēs は fīō の直説法・能動態・未来、2人称単数。
5. amet は amō の接続法・能動態・現在、3人称単数（命令）。
6. dīcam は dīcō の接続法・能動態・現在、1人称単数（反問）。in mātrem は「母への、母に対する」。
7. sit は sum の接続法・能動態・現在、3人称単数（譲歩）。nisi は「〜を除き」。
8. sequāmur は sequor の接続法・受動態・現在、1人称複数（意志）。
9. referat は referō の接続法・能動態・現在、3人称単数（願望）。
10. possem は possum の接続法・能動態・現在、1人称単数（願望）。

2　接続法の複文での用法（1）名詞節、形容詞節での用法

時称のルール

	主文「以前」	主文と「同時」	主文「以後」
第1時称	完了	現在	未来分詞＋sim
第2時称	過去完了	未完了過去	未来分詞＋essem

第1時称は「現在、未来、現在完了、未来完了」を指し、第2時称は「未完了過去、歴史的完了、過去完了」を指します。

名詞節での用法
1-1　間接話法における接続法
引用される文が、
　イ）平叙文の場合、単文ならびに複文の主文は対格＋不定法。
　ロ）疑問文の場合、間接疑問文に接続法。
　ハ）命令文の場合、接続法。
　ニ）複文の場合、従属文に接続法。

イ）平叙文を引用する例
確認問題　括弧内の語を適切な形に直しなさい。
1. Idem（sum）dīcēbat Sōcratēs vēritātem et virtūtem. Sen.Ep.71.16
　ソークラテースは真理と美徳は同じものだと言っていた。
2. Nihil malī（accidō）Scīpiōnī putō. Cic.Amic.10
　スキーピオーには何も不幸は起きなかったと私は思う。
3. Lēgātīs respondit diem sē ad dēlīberandum（sūmō）. Caes.B.G.1.7
　彼は使者たちに答える、自分は熟慮するため日時を費やすだろうと。

注
1. vēritātem と virtūtem（ともに単数・対格）は不定法の意味上の主語。括弧内の時称は主文の動詞（dīcēbat）と「同時」ゆえ、不定法・現在とする。

2. Nihil（中性・単数・対格）は不定法の意味上の主語。括弧内の時称は主文の動詞（putō）より「以前」の出来事ゆえ、不定法・能動態・完了とする。
3. sē（単数・対格）は不定法の意味上の主語。括弧内の時称は主文の動詞（respondit）より「以後」ゆえ、不定法・能動態・未来とする。

解 答
1. esse
2. accidisse
3. sumptūrum esse ※カエサルのテキストでは esse は省略されている。

ロ) 疑問文を引用する例
確認問題 括弧内の語を適切な形に直しなさい。
1. Quis (sum) dīvitiārum modus quaeris? Sen.Ep.2.6
   富の限度は何かと君は尋ねるのか。
2. Āh, nescis quam (doleō). Ter.Heaut.5.1.61
   ああ、私がどれだけ悲しんでいるか、あなたにはわからない。
3. At senātuī, quae (sum) gerenda, praescrībō et quō modo. Cic.Sen.18
   だが、私は元老院に対し何をどのような仕方でなすべきかを指示している。
4. Nōnne aspicis, quae in templa (veniō)? Cic.Rep.6.17
   あなたは、自分がどのような聖域の中に入ったか、気づかないのか。
5. Quid dē tē aliī (loquor), ipsī videant! Cic.Rep.6.25
   あなたについて他人が何を言うかは彼ら自身に考えさせよ！
6. Mīrābar quid maesta deōs, Amarylli, (vocō). Verg.Ecl.1.36
   私はいぶかしく思っていた、アマリュリスよ、なぜあなたが悲しげに神々を呼ぶのかと。
7. Quaerō vester deus quō modo beātus (sum), quō modo aeternus. Cic.N.D.1.104
   私は尋ねる、あなた方の神はどのような仕方で幸福であり永遠であるのかと。
8. Sed diū magnum inter mortālīs certāmen fuit, vīne corporis an virtūte

animī rēs mīlitāris magis(prōcēdō).
しかし長い間人間たちの間には、肉体の力か精神の力かどちらによって軍事はよりうまくいくのか、という論争があった。

9. Is sē praesente dē sē ter sortibus consultum dīcēbat, utrum ignī statim (necō) an in aliud tempus (reservō). Caes.B.G.1.53
彼は自分がいるところで自分について3度くじによって相談が行われたと言った、ただちに火によって殺される（殺す）べきか、別の時までそのまま残される（残しておく）べきかと。

10. Vērum, quoniam sententiae atque opīniōnis meae voluistis esse participēs, nihil occultābō et, quoad poterō, vōbīs expōnam, quid dē quāque rē（sentiō）. Cic.D.O.1.172
だが、あなた方は私の考えや意見に関わろうと望んだので、私はできるかぎり何も隠すことはせず、各々の事柄について私がどのように考えるのかをあなた方に説明することにしよう。

注
1. 主文（第1時称）と従属文の動詞は「同時」。
2. 同上。
3. 同上。
4. 主文（第1時称）に比べ、従属文の動詞は「以前」。
5. 主文（第1時称）と従属文の動詞は「同時」。
6. 主文（第2時称）と従属文の動詞は「同時」。
7. 主文（第1時称）と従属文の動詞は「同時」。
8. 主文（第2時称）と従属文の動詞は「同時」。
9. 主文（第2時称）と従属文の動詞は「同時」
10. 主文（第1時称）と従属文の動詞は「同時」。

解答
1. sit（能動態・現在）
2. doleam（能動態・現在）
3. sint（能動態・現在）
4. vēneris（能動態・完了）
5. loquantur（受動態・現在）
6. vocārēs（能動態・未完了過去）
7. sit（能動態・現在）
8. prōcēderet（能動態・未完了過去）

9. necārētur（受動態・未完了過去）/ reservārētur（受動態・未完了過去）
10. sentiam（能動態・現在）

ハ) 命令文を引用する例
確認問題 括弧内の語を適切な形に直しなさい。
1. Eōs cohortātus est nē (perturbō) incommodō. Caes.B.G.7.29
   彼は敗北によって心を乱されないよう彼らを励ました。
2. Nuntius vēnit bellum Athēniensēs et Boeōtōs indixisse Lacedaemoniīs; quārē venīre nē (dubitō). Nep.Ages.4
   アテーナエ人とボエオーティー人がラケダエモニイー人に宣戦布告した、それゆえ帰国をためらうなという知らせが届いた。
3. Redditur eīs respōnsum: nōndum tempus pugnae esse; castrīs sē (teneō). Liv.2.45
   彼らのもとに返答がもたらされた、今はまだ戦いの時ではない、（おまえたちは）陣営の中に自らを保て、と。

注
1. 主文（第2時称）と従属文の動詞は「同時」。
2. 同上。
3. Redditur は「歴史的現在」。形は現在だが完了として用いられている。つまり主文は第2時称。

解 答
1. perturbārentur（接続法・未完了過去）　※直接話法は、nōlīte perturbārī
2. dubitāret（接続法・未完了過去）　※直接話法は、nōlīte dubitāre
3. tenērent（接続法・未完了過去）　※直接話法は、castrīs vōs tenēte

二) 複文を引用する例
直説法の従属文
伝達動詞（「言う」など）の時称に基づき、次の原則に従います。
従属文の動詞が直説法・現在、未来の時、
　（1）伝達動詞が第1時称→接続法・現在

（2）伝達動詞が第2時称→接続法・未完了過去
従属文の動詞が他の4時称（完了、未完了過去、未来完了・過去完了）の時、
　　（3）伝達動詞が第1時称→接続法・完了
　　（4）伝達動詞が第2時称→接続法・過去完了

【確認問題】　括弧内の語を適切な形に直しなさい。
1．Dīcit: Rosam（quī）carpō puellae dabō.
　　彼は言う、「私は摘んでいるバラを少女に与えるだろう」。
2．Dīcit sē rosam quam（carpō）puellae datūrum esse.
　　彼は、自分の摘んでいるバラを少女に与えるだろうと言う。
3．Dīxit sē rosam quam（carpō）puellae datūrum esse.
　　彼は、自分の摘んでいるバラを少女に与えるだろうと言った。
4．Dīcit: Rosam quam carpsī puellae（dō）.
　　彼は言う、「私は摘んだバラを少女に与えるだろう」。
5．Dīcit sē rosam quam（carpō）puellae datūrum esse.
　　彼は、自分の摘んだバラを少女に与えるだろうと言う。
6．Dīxit sē rosam quam（carpō）puellae datūrum esse.
　　彼は、自分の摘んだバラを少女に与えるだろうと言った。

【解　答】
1．quam　　2．carpat　　3．carperet
4．dabō　　5．carpserit　　6．carpsisset

【確認問題】　和訳しなさい。
Tum dēmum Liscus ōrātiōne Caesaris adductus quod anteā tacuerat prōpōnit: esse nōnnūllōs, quōrum auctōritās apud plēbem plūrimum valeat, quī prīvātim plūs possint quam ipsī magistrātūs. Caes.B.G.1.17

注
quod の先行詞 id は省略。tacuerat は（直説法・能動態・）過去完了。主文の動詞 prōpōnit は完了（prōposuit）とすべきところ現在。これは「歴

史的現在」（形は現在だが意味は完了）とみなせる。esse 以下の伝達文は不定法句。その意味上の主語は nōnnullōs（男性・複数・対格）。quōrum, quī の導く従属文には接続法が用いられている（関係文での接続法）。

解答
その時（Tum）ついに（dēmum）リスクスは（Liscus）カエサルの（Caesaris）言葉に（ōrātiōne）動かされ（adductus）、今まで（anteā）黙っていた（tacuerat）ところのことを（id quod）打ち明ける（prōpōnit）。一部の者が（nōn nullōs）いて（esse）、その者たちの（quōrum）影響力は（auctōritās）民衆の間で（apud plēbem）最も（plūrimum）力があり（valeat）、彼らは（quī）私人でありながら（prīvātim）高官自身（ipsī magistrātūs）より（quam）勢力がある（possint）と。

接続法の従属文
　直接話法の従属文に接続法が使われている場合の原則は次の通りです。
　（1）伝達動詞が第1時称の場合、不変。
　（2）伝達動詞が第2時称の場合、第2時称に変える。

確認問題　括弧内の語を適切な形に直しなさい。
1．Dīcit: Sī hoc faciās, (laudō).
　　彼は言う、「もし君がこれを行えば、君はほめられるだろう」。
2．Dīcit, sī hoc (faciō), tē laudātum īrī.
　　彼は、もし君がこれを行えば、君はほめられるだろうと言う。
3．Dixit, sī hoc (faciō), tē laudātum īrī.
　　彼は、もし君がこれを行えば、君はほめられるだろうと言った。

注
1．括弧内の時称は未来。
2．伝達動詞は第1時称。tē（対格）は不定法・受動態・未来（laudātum īrī）の意味上の主語（対格不定法）。
3．伝達動詞は第2時称。

解　答
1. laudāberis または laudābere（直説法・受動態・未来、2人称単数）
2. faciās（接続法・能動態・現在、2人称単数）
3. facerēs（接続法・能動態・未完了過去、2人称単数）

非現実的条件文を引用する例

　事実に反する仮定を行う場合、伝達動詞の時称にかかわらず、次の原則に従います。
　　（1）条件節の動詞は不変。主文の主語→対格、動詞→未来分詞＋fuisse
　　（2）主文の動詞が未来分詞のない動詞や受動態、形式受動態動詞の場合
　　　　→futūrum fuisse ut＋接続法・未完了過去に変える。

確認問題　括弧内の語を適切な形に直しなさい。
1. Dīcit: Sī avis (sum), ad tē volārem.
　彼は言う、「もし私が鳥であれば、あなたのところに飛んでいくのに」。
2. Dīcit (dixit) sē, sī avis (sum), ad tē volātūrum fuisse.
　彼は、もし自分が鳥であれば、あなたのところに飛んで行くのにと言う（言った）。
3. Dīcit: Sī hoc (faciō), laudātus essēs.
　彼は言う、「もし君がこれを行っていたら、君はほめられただろう」。
4. Dīcit (dixit), sī hoc fēcissēs, futūrum fuisse ut (laudō).
　彼は、もし君がこれを行っていたら、君はほめられただろうと言う（言った）。

解　答
1. essem（接続法・能動態・未完了過去、1人称単数）
2. essem（接続法・能動態・未完了過去、1人称単数）
3. fēcissēs（接続法・能動態・過去完了、2人称単数）
4. laudārēris または laudārēre（接続法・受動態・未完了過去、2人称単数）

1-2　目的文・結果文
ut, nē の導く名詞的目的文

確認問題　括弧内の語を適切な形に直しなさい。

1. Cūrā ut (valeō). 　健康でいるように注意せよ。
2. Monet ut in reliquum tempus omnēs suspiciōnēs (vītō). Caes.B.G. 1.20
   彼は今後あらゆる嫌疑を避けるようにと警告する。
3. Caesar suīs imperāvit nē quod omnīnō tēlum in hostēs (rēiciō). Caes. B.G.1.46
   カエサルは自軍の兵士たちに、敵に向かって一切飛び道具を投げ返すことのないようにと命じた。
4. Inter mājōrēs caveās nē multa (loquor).
   年上の人たちの中では多くを語らないよう注意せよ。
5. Phaethōn optāvit ut in currum patris (tollō). Cic.Off.3.94
   パエトーンは父の馬車に乗せられること（乗ること）を望んだ。

注

1. Cūrā は cūrō の命令法・能動態・現在、2人称単数。
2. 主文の動詞（Monet）は第1時称（現在）。従属文の動詞はそれと「同時」ゆえ接続法・現在。
3. 主文の動詞（imperāvit）は第2時称（完了）。従属文の動詞はそれと「同時」ゆえ接続法・未完了過去。
4. 主文の動詞（caveās）は第1時称。従属文の動詞は「同時」。
5. 主文の動詞（optāvit）は第2時称（完了）。従属文の動詞は「同時」かつ受動の意味を持つため、接続法・受動態・未完了過去。

解　答

1. valeās（接続法・能動態・現在、2人称単数）
2. vītet（接続法・能動態・現在、3人称単数）
3. rēicerent（接続法・能動態・未完了過去、3人称複数）
4. loquāris または loquāre（接続法・受動態・現在、2人称単数）
5. tollerētur（接続法・受動態・未完了過去、3人称単数）

quīn（＝ut nōn), nē, quōminus の導く名詞節

確認問題 括弧内の語を適切な形に直しなさい。

1. Nōn dubium est quīn uxōrem（nōlō）fīlius. Ter.And.172
   息子が妻（結婚）を望まぬことに疑いはない。
2. Quis dubitet quīn in virtūte dīvitiae（sum）? Cic.Par.48
   美徳の中に富があることを誰が疑うだろうか。
3. Orgetorix mortuus est; neque abest suspīciō, ut Helvētiī arbitrantur, quīn ipse sibi mortem（consciscō）. Caes.B.G.1.4
   オルゲトリクスが死んだ。ヘルウェーティイー族が考えるように、彼が自殺したことについて疑いがないわけではない。
4. Nihil impedit nē（amō）.
   私たちが愛することを妨げるものは何もない。
5. Nōn dēterret sapientem mors quōminus in omne tempus reī pūblicae（consulō）. Cic.Tusc.1.91
   死は賢者が始終国家への配慮を行うことを妨げるものではない。

注
1. 主文の動詞（est）は第1時称。従属文は「同時」ゆえ接続法・現在。
2. 主文の動詞（dubitet）は第1時称（接続法・現在）。従属文は「同時」。
3. 主文の動詞（abest）は第1時称。従属文は「以前」ゆえ接続法・完了。
4. 主文の動詞（impedit）は第1時称。従属文は「同時」。
5. quōminus は妨害の意味を持つ動詞の従属節を導き、「～することを」と訳す。

解 答
1. nōlit（接続法・能動態・現在、3人称単数）
2. sint（接続法・能動態・現在、3人称複数）
3. conscīverit（接続法・能動態・完了、3人称単数）
4. amēmus（接続法・能動態・現在、1人称複数）
5. consulat（接続法・能動態・現在、3人称単数）

ut の導く名詞的結果文、説明の ut

確認問題 括弧内の語を適切な形に直しなさい。

1. Eādem nocte accidit ut（sum）lūna plēna. Caes.B.G.4.29
   その夜はたまたま満月であった。
2. Hoc cotīdiē meditāre, ut（possum）aequō animō vītam relinquere. Sen.Ep.4.5
   このことを毎日思案するようにせよ、あなたが平静な心で人生を後にできることを。
3. Haec igitur prīma lex amīcitiae sanciātur, ut ab amīcīs honesta（petō）, amīcōrum causā honesta faciāmus. Cic.Amic.44
   従って、これが友情の第一の取り決めと定められるべきだ、すなわち、友人には立派なことを求めるべし、友人のためには立派なことをなすべし、と。
4. Hīs rēbus fīēbat ut et minus lātē（vagor）et minus facile fīnitimīs bellum inferre（possum）. Caes.B.G.1.2
   これらの事柄から次のことが起きた、すなわち、彼らが広く動き回ったり、容易に近隣に戦いをしかけることが十分できなくなるということが。
5. Fit enim ferē, ut cōgitātiōnēs sermōnēsque nostrī（pariō）aliquid in somnō tāle, quāle dē Homērō scrībit Ennius. Cic.Rep.6.10
   実際次のことがよく起きる、すなわち、眠りの中で、私たちの思考や話がホメーロスについてエンニウスが書いているようなあるもの（現象）を生み出すということが。

注
1. 主文の動詞（accidit）は第2時称（完了）。従属文は「同時」ゆえ接続法・未完了過去。
2. 主文の動詞（meditāre）は第1時称（現在）。従属文は「同時」。
3. 主文の動詞（sanciātur）は第1時称（接続法・受動態・現在）。3人称に対する命令。従属文は「同時」。
4. 主文の動詞（fīēbat）は第2時称（未完了過去）。従属文は「同時」ゆえ接続法・未完了過去。
5. 主文の動詞（Fit）は第1時称（現在）。従属文は「同時」。

解 答
1．esset（接続法・能動態・未完了過去、3人称単数）
2．possīs（接続法・能動態・現在、2人称単数）
3．petāmus（接続法・能動態・現在、1人称複数）
4．vagārentur（接続法・受動態・未完了過去、3人称複数）/ possent（接続法・能動態・未完了過去、3人称複数）
5．pariant（接続法・能動態・現在、3人称複数）

2　形容詞節での用法
関係文での接続法
イ）目的を表す関係文。「～のための」と訳せます。
ロ）傾向・結果を表す関係文。「～のような、（その結果）～するほどの」と訳せます。
ハ）理由の用法。「～ので」と訳せます。

確認問題　括弧内の語を適切な形に直しなさい。

1. Quālis esset nātūra montis et quālis in circuitū ascensus quī (cognoscō) mīsit. Caes.B.G.1.21
   彼は山の特徴や周囲の坂道がどのようなものかを調査するため、人員を派遣した。
2. Caesar equitātum omnem praemittit, quī (video) quās in partēs hostēs iter faciant. Caes.B.G.1.15
   カエサルはどの方向に敵が行軍するかを見定めるため、全騎兵を先に送る。
3. Tum Jūnō omnipotens longum miserāta dolōrem difficilīsque obitūs Īrim dēmīsit Olympō quae luctantem animam nexōsque (resolvō) artūs. Verg.Aen.4.695
   この時全能のユーノーは長引く痛みと困難な死（死に切れない苦悩）を憐れと思い、苦闘する魂と絡み合った四肢を解放するためオリュンプスからイーリスを遣わした（オリュンプスからイーリスを遣わし、苦闘する魂を絡み合った四肢から解放させようとした）。
4. Tū eris ūnus, in quō (nītor) cīvitātis salūs. Cic.Rep.6.12

あなたは国の安全が頼みとする唯一の人になるだろう。

5. Serit arborēs, quae alterī saeclō (prōsum). Cic.Sen.24
彼は次の世代に役立つような木を植えている。

6. Oculīs dē homine nōn crēdō. Habeō melius et certius lūmen quō ā falsīs vēra (dījūdicō). Animī bonum animus inveniat. Sen.Beat.2.2
人間について（人間を判断する上で）私は（自分の）目を信じない。偽りと真理を見分けるよりよく確かな光を私は持っている。魂の善は魂が見出すべきである。

7. Sed quoniam rēs hūmānae fragilēs cadūcae sunt, semper aliquī anquīrendī sunt quōs (dīligō) et ā quibus (dīligō). Cic.Amic.102
だが、人間に関わる出来事はもろくはかないものなので、私たちは愛し、愛される人を誰か、常に探し求めなければならない。

8. Nam quid ego tē āthlētās putem dēsīderāre, quī gladiātōrēs (contemnō)? In quibus ipse Pompējus confitētur sē et operam et oleum perdidisse. Cic.Fam.7.1
というのも、あなたが運動家に熱を上げるとどうして私が考えようか。剣闘士たちを軽蔑していたあなたなのだから。これらの者についてはポンペイユス自身、自分が労力と油を失ったと認めている。

9. Numquam satis dignē laudārī philosophia poterit, cuī quī (pāreō), omne tempus aetātis sine molestiā possit dēgere. Cic.Sen.2
哲学は（いくらほめても）決して十分それにふさわしくほめられることはできないだろう。それに従う者は、生涯のすべての時間を煩いなしに過ごすことができるのだから。

10. Sed in omnī ōrātiōne mementōte eam mē senectūtem laudāre, quae fundāmentīs adulescentiae cōnstitūta (sum). Cic.Sen.62
だが、（私の語る）あらゆる談話の中で、私が青年期の基礎の上に築かれた老年を讃えていることを忘れないでほしい。

注

1. 主文の動詞（mīsit）は第2時称（完了）。quīの導く従属文において動詞は「同時」ゆえ接続法・未完了過去。quīの先行詞 eōs（または illōs）は省略。

2．主文の動詞（praemittit）は第1時称（現在）。quī の導く従属文において動詞は「同時」ゆえ接続法・現在。

3．主文の動詞（dēmīsit）は第2時称（完了）。quae の導く従属文において動詞は「同時」ゆえ接続法・未完了過去。

4．主文の動詞（eris）は第1時称（未来）。quō の導く従属文において動詞は「同時」ゆえ接続法・現在。

5．主文の動詞（Serit）は第1時称（現在）。quae の導く従属文において動詞は「同時」ゆえ接続法・現在。

6．主文の動詞（Habeō）は第1時称（現在）。quō の導く従属文において動詞は「同時」ゆえ接続法・現在。

7．主文の動詞（sunt）は第1時称（現在）。quōs の導く従属文において2つの動詞はいずれも「同時」ゆえ接続法・現在。

8．主文の動詞（putem）は第1時称（現在）。quī の導く従属文において動詞は「以前」ゆえ接続法・完了。

9．主文の動詞（poterit）は第1時称（未来）。quī の導く従属文において動詞は「同時」ゆえ接続法・現在。

10．主文の動詞（mementōte）は第1時称（現在）。quae の導く従属文において動詞は「以前」ゆえ接続法・完了、ただし受動態。constitūta と sum の変化形でこれを表す。

解 答

1．cognōscerent　　2．videant　　3．resolveret
4．nītātur　　5．prōsint　　6．dījūdicem
7．dīligāmus / dīligāmur　　8．contempserīs　　9．pāreat
10．sit

練習問題 74
解答 p.320

括弧内の言葉を接続法の適切な形に直して入れなさい。

1．Equitātum quī (sustineō) impetum mīsit. Caes.B.G.1.24
   彼は攻撃を食い止めるため、騎兵隊を送った。

2．Ignōrantī quem portum (petō), nūllus ventus est. Sen.Ep.71.3
   どの港を目指すか知らない人（単数）には、いかなる順風も（吹か）

ない。

3. Ōrandum est ut (sum) mens sāna in corpore sānō. Juv.10.356
健全な肉体に健全な精神が宿るよう祈るべきである。

4. Quis scit an (adiciō) hodiernae crastina summae tempora dī superī? Hor.Carm.4.7.17-18
誰が知ろう、天上の神々が今日一日の全体に明日の時を加えてくれるかどうかなどは。

5. Nec tellūs obstat quīn omnia (dispiciō). Lucr.3.26
大地は万物が観察されることを妨げない。

6. Caesar mīlitēs hortātur quō fortius (pugnō).
カエサルは兵士たちがいっそう勇敢に戦うよう励ます。

7. Quaesō ā vōbīs ut (patior) mē dē studiīs hūmānitātis ac litterārum paulō loquī līberius. Cic.Arch.3
私は君たちに、私が人間の教養や文学への情熱について少し自由に話すことを許してくれるように求める。

8. Rogās mē quid tristis ego (sum)? Ter.Ad.82-83
なぜわしがさえない顔をしているか尋ねるつもりか。

9. Nunc sciō quid (sum) Amor. Verg.Ecl.8.43
今なら愛の神が何であるかが私にはわかる。

10. Neque satis Brūtō neque tribūnīs mīlitum constābat, quid (agō). Caes.B.G.3.14
ブルートゥスも軍団司令官たちも、自分たちがどうすればよいか、十分決めきれずにいた。

注

1. 目的を現す関係文。主文の動詞（mīsit）は第2時称（完了）。従属文の動詞はこれと「同時」ゆえ接続法・未完了過去。
2. 主文の動詞（est）は第1時称。従属文の動詞はこれと「同時」ゆえ接続法・現在。
3. 同上。
4. 主文の動詞は第1時称。従属文の動詞は内容的に「以後」とも考えられるが、詩人は「同時」とみなして言葉を選んでいる。

5. 「妨害」を表す動詞が否定される時、quīnの導く名詞節は本来の否定の意味を失い、「～すること」を意味する。
6. quō＋比較級は「いっそう～するように」を意味する。
7. 主文の動詞は第1時称。従属文は主文と「同時」。
8. 同上。
9. 同上。amor（愛）は語頭が大文字の場合「愛の神」を意味する。
10. 主文の動詞は第2時称（未完了過去）。従属文はこれと「同時」ゆえ接続法・未完了過去。

練習問題 75

解答 p.321

和訳しなさい。

1. Philosophia unde dicta sit appāret; ipsō enim nōmine fatētur quid amet. Sen.Ep.89.4
2. Hīc ego quaesīvī, vīveretne ipse et Paulus pater et aliī, quōs nōs exstinctōs arbitrārēmur. Cic.Rep.6.13
3. Sufficit mihi conscientia mea; nōn cūrō quid dē mē loquantur hominēs.
4. Ariovistus respondit: sī quid ipsī ā Caesare opus esset, sēsē ad eum ventūrum fuisse; sī quid ille sē velit, illum ad sē venīre oportere. Caes. B.G.1.34
5. Agesilaus persuāsit Lacedaemoniīs, ut exercitūs ēmitterent in Asiam bellumque rēgī facerent. Nep.Ages.2
6. Hōrae quidem cēdunt et diēs et mensēs et annī; nec praeteritum tempus umquam revertitur; nec quid sequātur scīrī potest. Cic.Sen.69
7. Deinde, ut cubitum discessimus, mē et dē viā fessum, et quī ad multam noctem vigilāvissem, artior, quam solēbat, somnus complexus est. Cic.Rep.6.10
8. Cīvitātī persuāsit ut dē fīnibus suīs cum omnibus cōpiīs exīrent. Caes. B.G.1.2
9. Ita fit ut māter omnium bonārum rērum sit sapientia, ā quōjus amōre Graecō verbō philosophia nōmen invēnit, quā nihil ā dīs immortālibus ūberius, nihil flōrentius, nihil praestābilius hominum vītae datum est. Cic.Leg.1.58

10. Vōs hortor ut ita virtūtem locētis, sine quā amīcitia esse nōn potest, ut eā exceptā nihil amīcitiā praestābilius putētis. Cic.Sen.104

注

1. philosophia は語源となるギリシャ語において「知を愛する」の意。
2. 主文の動詞（quaesīvī）は第2時称（完了）。従属文の動詞（vīveretne, arbitrārēmur）はそれと「同時」ゆえ接続法・未完了過去。
3. cūrō（気にかける）は間接疑問の名詞節を目的語に取る。
4. sī quid の quid は aliquid を意味する。opus est ＋〈与格〉で、「〈与格〉にとって〈主語〉は必要である」。
5. 主文の動詞（persuāsit）は第2時称（完了）。従属文の動詞はいずれもそれと「同時」ゆえ接続法・未完了過去。
6. quid sequātur は間接疑問の名詞節。動詞 sequātur は内容的に見て主文の動詞（potest）「以後」とも考えられるが、書き手は「同時」とみなしている。
7. cubitum は cubō の目的分詞（対格）。主文の主語は artior ... somnus、動詞は complexus est（直説法・受動態・完了）、目的語は mē。quī の導く従属文において動詞 vigilāvissem は主節の動詞（第2時称）「以前」ゆえ、接続法・能動態・過去完了。
8. 主文の動詞 persuāsit は第2時称（直説法・能動態・完了）。従属文は「同時」ゆえ、接続法・能動態・未完了過去。
9. 関係代名詞 quōjus は cūjus（女性・単数・属格）の古い形。これは「目的語的属格」。invēnit は inveniō（手に入れる）の直説法・能動態・完了、3人称単数。関係代名詞 quā（女性・単数・奪格）の先行詞は philosophia で、これは「比較の奪格」。quā 以下の従属文において、主語は nihil、動詞は datum est、vītae が間接目的語。
10. ita は ut 以下を指す。sine quā を英語で表すと without which となる。quā（女性・単数・奪格）は指示代名詞 eā（女性・単数・奪格）とともに virtūtem（単数・主格は virtūs）を指す。eā exceptā は「絶対的奪格」。amīcitiā は「比較の奪格」。

3　接続法の複文での用法（2）副詞節での用法

目的文
ut（utī）（〜するために）/ **nē**（しないために）/ **quō＋比較級**（いっそう〜するように）

　ut は「〜するために」を意味する目的文を導きます。否定の目的文は nē が導きます。ut や nē 以下の動詞は必ず接続法になります。quō は ut eō（それによって〜するように）のことで、比較級を伴うと「いっそう〜するように」と訳せます。

確認問題　括弧内の語を適切な形に直しなさい。

1. Ut (amō), amā. Mart.6.11.10
   あなたが愛されるためには愛しなさい。
2. Accelerat Caesar, ut proeliō (intersum). Caes.B.G.7.87
   カエサルは急ぐ、戦闘に加わるために。
3. Cūr nōn mittō meōs tibi, Pontiliāne, libellōs? Nē mihi tū (mittō), Pontiliāne, tuōs. Mart.7.3.1-2
   ポンティリアーヌスよ、どうして私は君に自分の（書いた）小冊子を送らないのか。それは、君が私に君のものを送らないためにだ、ポンティリアーヌスよ。
4. Lēgum omnēs servī sumus ut līberī esse (possum).
   我々は皆自由であるために法律の奴隷となる。
5. Lēgem brevem esse oportet, quō facilius ab imperītīs (teneō). Sen. Ep.94.38
   法律は短くなければならない、無知な者にいっそう容易に理解されるために。

注
1. 接続法・受動態・現在。
2. 接続法・能動態・現在。
3. 同上。

4．同上。Lēgum は lex の複数・属格。
5．quō＋比較級（いっそう〜するように）。括弧内には接続法・受動態・現在が入る。

解　答
1．amēris または amēre　2．intersit　3．mittās　4．possīmus　5．teneātur

比較文

　ut が「A が B するように C は D する」という構文で用いられる場合、ut AB の節（A が B するように）を比較文と呼びます。ut の内容が現実の事実に基づく場合、直説法が用いられ、想像による比較文においては接続法が使われます。最もよく見られる例が、「まるで〜のように」を意味する接続詞 tamquam や quasi の導く比較文です。

確認問題　括弧内の語を指示に従い適切な形に直しなさい。
1．Faciam ut（moneō）. Ter.Hec.719
　　私はあなたが忠告する通りにしよう。（直説法）
2．Ut initium（sum）, sīc fīnis est. Sall.Jug.2
　　始めがあるように、（そのように）終わりがある。（直説法）
3．Numquam imperātor ita pācī crēdit, ut nōn sē（praeparō）bellō. Sen.Vit.26.2
　　将軍は戦争に対して準備しないほど平和を信用することは決してない。（接続法）
4．Parvī enim prīmō ortū sīc jacent, tamquam omnīnō sine animō（sum）. Cic.Fin.5.42
　　というのも、赤子は生まれたばかりの時は、まるで一切精神を持たないかのように横になっているからである。（接続法）
5．Ita vīta est hominum quasi cum（lūdō）tesserīs. Ter.Ad.739
　　人生は（あなたが）さいころで遊ぶ時のようなものだ。（接続法）

注
1．Faciam は faciō の接続法・能動態・現在、1人称単数（意志）。

275

2．sīc（そのように）は Ut の導く従属文の内容を指す。
3．ita（それほど）は ut の導く従属文の内容を指す。
4．tamquam の導く比較文では事実に反する内容も原則的に時称のルールに従う。
5．括弧内の語は 2 人称単数。一般論を述べる用法（普遍的 2 人称単数）。tesserīs は「手段の奪格」。

解 答
1．monēs　　2．est　　3．praeparet　　4．sint　　5．lūdās

理由文（～のために、～なので）
　理由文には直説法を用いるのが原則ですが、そこに何らかの主観が織り込まれる場合、理由を表す従属文に接続法が用いられます。

確認問題　括弧内の語を適切な形に直しなさい。

1．Noctū ambulābat in pūblicō Themistoclēs quod somnum capere nōn (possum). Cic.Tusc.4.44
テミストクレースは眠りにつけないからと言って、夜中に公の場所を散歩していた。
2．Cum legere nōn (possum) quantum habueris, satis est habēre quantum legās. Sen.Ep.1.2
持てるだけの量（＝蔵書のすべて）を読むことはできない（と判断される）のだから、読めるだけ（の本）を持つだけで十分である。
3．Haeduī, cum sē suaque ab eīs dēfendere nōn (possum), lēgātōs ad Caesarem mittunt rogātum auxilium. Caes.B.G.1.11
ハエドゥイー族は、自分たちと自分たちのもの（財産）を守ることができない（と判断された）ので、助けを求めるため使節をカエサルのもとに送る。

注
1．quod は理由文を導く。主文の動詞 ambulābat は第 2 時称（未完了過去）。quod 以下の従属文は主文と同時ゆえ、接続法・未完了過去。

2．主文の動詞 est は第1時称（現在）。括弧内の動詞は主文と同時ゆえ、接続法・現在。
3．主文の動詞 mittunt は現在だが、歴史的現在なので第2時称（完了）。cum 以下の従属文における動詞は主文と同時ゆえ、接続法・未完了過去。

解 答
1．posset　　2．possīs　　3．possent

時間文（〜の時、〜する前に）・譲歩文（たとえ〜しても、かりに〜だとしても）

　ラテン語の時間文は、原則的に直説法を用います。ただし、接続詞 cum は接続法・未完了過去と過去完了とともに、「〜した時に」という意味の従属文を作ります。cum はまた接続法とともに譲歩文を導くことができます。

確認問題　括弧内の語を適切な形に直しなさい。

1. Zēnōnem cum Athēnīs (sum) audiēbam frequenter. Cic.N.D.1.59
　私はアテーナエにいた時、ゼーノーン（の講義）をよく聞いた。
2. Nōn sumus in ullīus potestāte, cum mors in nostrā potestāte (sum).
　死が私たちの力の中（力の及ぶ範囲）にある時、私たちは誰の力の中にもいない。
3. Ut cubitum (discēdō) artior somnus complexus est. Cic.Rep.6.10
　私たちが眠るために退いた時、（いつも）より深い眠りがとらえた。
4. Nec vātēs Helenus, cum multa horrenda (moneō), hōs mihi praedixit luctūs, nōn dīra Celaenō. Verg.Aen.3.712-713
　予言者ヘレヌスは、多くの恐ろしい出来事を警告したが、彼も不吉なケラエノーも、これらの悲しみは私に予言してくれなかった。
5. Vērum (sum) sānē, ut vultis, deus effigiēs hominis et imāgō, quod ējus est domicilium, quae sēdēs, quī locus, quae deinde actiō vītae, quibus rēbus, id quod vultis, beātus est? Cic.N.D.1.103
　だが確かに、あなたがたの望むように、神々が人間の姿形をしているにせよ、その住む家や住居はどのようなもので、どのような土地であるか。次に、生活の営みはどのようなもので、どのような物を使ってあなたがたの望むもの、すなわち幸福を手にするのか。

注

1. 主文の動詞 audiēbam は第2時称（未完了過去）。cum の従属文における動詞は主文と同時ゆえ、接続法・未完了過去。
2. 主文の動詞 sumus は第1時称（現在）。cum の従属文における動詞は主文と同時ゆえ、接続法・現在。
3. cubitum は cubō（寝る）の目的分詞（対格）。主文の動詞 complexus est は形式受動態動詞の完了。Ut の導く時間文において動詞は主文と同時ゆえ、直説法・完了。
4. 主文の動詞 praedixit は第2時称（完了）。cum の従属文における動詞は主文と同時ゆえ、接続法・未完了過去。
5. 主文の動詞 est は第1時称（現在）。Vērum から imāgō までの従属文（譲歩文）における動詞は主文と同時ゆえ、接続法・現在。

解 答

1. essem　　2. sit　　3. discessimus　　4. monēret　　5. sit

条件文（もし〜ならば）

(1) 論理的条件文

　従属文の条件が満たされたら主文が成立する、もし満たされなければ成立しない、といった論理関係を示す文です。従属文、主文ともに直説法が用いられます。

(2) 観念的条件文

　現在または未来の出来事について、それが起きる可能性を頭の中で想像して表現するものです。従属文と主文の動詞の内容が「同時」の場合、従属文は接続法・現在になり、「以前」の場合は接続法完了になります。主文には、現在か完了の接続法が用いられますが、直説法・現在や未来になる場合もあります。

(3) 非現実的条件文

　現在の事実に反する仮定を行う場合、従属文、主文ともに接続法・未完

了過去が使われます。過去の事実に反する仮定を行う場合は、接続法・過去完了が用いられます。

確認問題 括弧内の語を適切な形に直しなさい。

1. Sī (lateō), ars prōdest. Ov.A.A.2.313
   もし隠れるなら、技術は役に立つ。
2. Memoria minuitur nisi eam (exerceō). Cic.Sen.21
   記憶力はそれを鍛えなければ弱められる（弱まる）。
3. Magnō mē metū līberābis, dum modo inter mē atque tē mūrus (intersum). Cic.Cat.1.10
   おまえと私との間に城壁がありさえすれば、おまえは私を大いなる恐怖から解き放つだろう。
4. Sānābimur, sī (sepārō) modo ā coetū. Sen.Vit.1.4
   我々はただ大衆から離れているだけで健全にされる（健全になる）だろう。
5. Vīta, sī (sciō) ūtī, longa est. Sen.Brev.2.1
   人生はあなたが使い方を心得れば、長い。
6. Manent ingenia senibus, modo (permaneō) studium et industria. Cic.Sen.22
   熱意と勤勉が残るかぎり、老人に知力はとどまる。
7. Sī (vīvō), verba ējus (audiō). Cic.Rosc.42
   もし彼が生きていたら、あなた方は彼の言葉を聞くことができるのに。
8. Sī ibi tē esse (sciō), ad tē ipse (veniō). Cic.Fin.3.8
   もし君がそこにいると知っていたら、私は自ら君のところに行っただろう。
9. Fēlix, heu nimium fēlix, sī lītora tantum numquam Dardaniae (tangō) nostra carīnae. Verg.Aen.4.657-658
   （私は）幸福であった、ああ、あまりに幸福すぎただろう。もし我が海岸にダルダニアの船がたどり着きさえしなければ。
10. Hectora quis (nōscō), fēlix sī Trōja (sum)? Ov.Tr.4.3.75
    もしトロイヤが（滅ぼされず）栄えていたら、一体誰がヘクトル（の名）を知っているだろうか。

注

1. 論理的条件文。括弧内は直説法・現在。
2. 観念的条件文。括弧内は接続法・現在、2人称単数（普遍的2人称単数）。
3. 観念的条件文。括弧内は接続法・現在。
4. 同上。
5. 同上。
6. 同上。主語は studium と industria をまとめてとらえるため単数扱い。
7. 非現実的条件文。括弧内はどちらも接続法・未完了過去。
8. 非現実的条件文。括弧内はどちらも接続法・過去完了。
9. 非現実的条件文。括弧内は接続法・過去完了。
10. 非現実的条件文。括弧内はどちらも接続法・過去完了。

解　答

1. latet　　　　　　2. exerceās　　　　　3. intersit
4. sēparēmur　　　　5. sciās　　　　　　 6. permaneat
7. vīveret / audīrētis　8. scīvissem / vēnissem　9. tetigissent
10. nōvisset（原文では別形の nosset）/ fuisset

程度・結果文

　ut が sīc（その程度まで）や tantus（それほど大きい）などの語句とともに用いられ、「〜するほどに」という程度を表す構文を作ります（程度文）。この構文は「非常に〜なので、その結果として〜」と訳すこともできます（結果文）。

確認問題　括弧内の語を適切な形に直しなさい。

1. Sīc enim Graecē loquēbātur ut Athēnīs nātus（videō）. Nep.Att.4
　実際、彼はギリシャ語がとても上手に話せたので、アテーナエ生まれかと思われるほどであった。

2. Nihil tam difficile est quīn quaerendō investigārī（possum）. Ter. Heaut.675
　何事も探求して見出せないほど困難なものはない。

3. Hic vērō tantus est tōtīus mundī incitātissimā conversiōne sonitus, ut

eum aurēs hominum capere nōn（possum）. Cic.Rep.6.19
全宇宙の急激な回転によるこの音はとても大きなものなので、それを人間の耳はとらえることができないほどである。

4. Flūmen est Arar, quod per fīnēs Haeduōrum et Sēquanōrum in Rhodanum influit, incrēdibilī lēnitāte, ita ut oculīs in utram partem fluat jūdicārī nōn（possum）. Caes.B.G.1.12
アラル川は、ハエドゥイー族とセークァニー族の領土を通りロダヌス川に流れ込むが、信じられないほどの緩やかさを伴うので（伴って流れるので）、肉眼ではどちらの方向に流れているか判断し得ない（判断できない）ほどである。

5. Adeō nōn est facile consequī beātam vītam, ut eō quisque ab eā longius（recēdō）quō ad illam concitātus fertur, sī viā lapsus est. Sen. Vit.1
幸福な人生を追求することは非常に易しくないため（困難であるため）、もし各人が道から落ちたなら（道を踏み外したなら）、それ（幸福な人生）に急いで向かえば向かうほど、いっそうそれから遠く退く（遠ざかる）。

注

1. 主文の動詞 loquēbātur は第2時称（未完了過去）。ut の導く従属文における動詞は同時ゆえ、接続法・未完了過去。
2. quaerendō は動名詞の奪格。主文の動詞 est は第1時称（現在）。quīn の導く従属文は同時ゆえ、接続法・現在。
3. 主文の動詞 est は第1時称（現在）。ut の導く従属文は同時ゆえ、接続法・現在。
4. 同上。
5. 同上。eō は quō と呼応し、「quō 以下ほど、それほど（eō）～」と訳す。

解 答

1. vidērētur　　2. possit　　3. possint　　4. possit　　5. recēdat

練習問題 76

解答 p.321

和訳しなさい。

1. Frūmentum omne combūrunt, ut parātiōrēs ad omnia perīcula subeunda essent. Caes.B.G.1.5
2. Sī, quotiens hominēs peccant, sua fulmina mittat Juppiter, exiguō tempore inermis erit. Ov.Tr.2.1.33-34
3. Ējus vīta tālis fuit vel fortūnā vel glōriā ut nihil posset accēdere. Cic.Amic.12
4. Quam palmam utinam dī immortālēs, Scīpiō, tibi reservent, ut avī reliquiās persequāre! Cic.Sen.19
5. Ut nōn multa loquī, plūra autem audīre monēret, linguam ūnam nātūra, duās dedit omnibus aurēs.
6. Aristīdēs nōnne ob eam causam expulsus est patriā quod praeter modum justus esset? Cic.Tusc.5.105
7. Sed quō sīs, Āfricāne, alacrior ad tūtandam rem pūblicam, sīc habētō, omnibus, quī patriam conservāverint, adjūverint, auxerint, certum esse in caelō dēfīnītum locum, ubi beātī aevō sempiternō fruantur. Cic.Rep.12.13
8. Quem metuī moritūra? Facēs in castra tulissem implessemque forōs flammīs nātumque patremque cum genere exstinxissem, mēmet super ipsa dedissem. Verg.Aen.4.604-606
9. Hōc proeliō factō, reliquās cōpiās Helvētiōrum ut consequī posset, pontem in Ararī faciendum cūrat atque ita exercitum trādūcit. Caes.B.G.1.13
10. Mārcus Petrōnius, ējusdem legiōnis centuriō, cum portam excīdere cōnātus esset, ā multitūdine oppressus ac sibi despērans multīs jam vulneribus acceptīs manipulāribus suīs, quī illum secūtī erant, "Quoniam," inquit, "mē ūnā vōbīscum servāre nōn possum, vestrae quidem certē vītae prospiciam, quōs cupiditāte glōriae adductus in perīculum dēduxī. Caes.B.G.7.50

注

1. subeunda は perīcula にかかる動形容詞。
2. exiguō tempore は「時間の奪格」。「短期間のうちに」と訳す。
3. tālis（そのような）は ut 以下を指す。tālis fuit で「ut 以下のようなものであった」と訳す。fortūnā と glōriā は「判断の奪格」。「〜の点で」と訳す。posset の主語は nihil、accēdere は受動的な意味を持つ。
4. Quam palmam = Eam palmam（その栄誉を）。ut は目的文を導く。
5. Ut の導く目的文における動詞は monēret（接続法・能動態・未完了過去、3人称単数）。この動詞が2つの不定法（loquī と audīre）を目的語に取る。omnibus = omnibus hominibus（すべての人間に）。
6. ob eam causam は「その理由で」。quod 以下はその説明的同格文。
7. quō＋比較級で「いっそう〜するため」。ad tūtandam rem pūblicam で「国家を守ることに対して」。tūtandam は動形容詞で rem にかかる。habētō（受け取るがよい）は不定法句を目的語に取る。その意味上の主語は locum（単数・対格）。omnibus は形容詞の名詞的用法（男性・複数・与格）。quī の導く形容詞節がこれを修飾。「quī 以下のすべての者のために」。
8. moritūra は morior の未来分詞、女性・単数・主格。metuī の主語である ego（省略）は原文ではカルターゴーの女王ディードー。「私はこれから死ぬ者として（moritūra）誰を（Quem）恐れたのか（metuī）」が直訳。tulissem は ferō の接続法・能動態・過去完了、1人称単数。過去の事実に反する仮定、すなわち後悔の気持ちを表す。
9. Hōc proeliō factō は「絶対的奪格」。pontem ... faciendum cūrat において、faciendum は動形容詞（pontem と性・数・格が一致）、不定法 esse が省略。cūrat は動形容詞を伴う対格不定法の構文を取る（〈不定法句の内容〉を取りはからう）。「橋が作られるべきことを取りはからう（橋が作られるよう取りはからう）」。
10. cum は譲歩文を導く。oppressus（完了分詞）と dēspērans（現在分詞）はともに主格補語。「〜され、〜しながら」と訳す。multīs ... vulneribus acceptīs は「絶対的奪格」。manipulāribus suīs は inquit の間接目的語。vōbīscum は cum vōbīs を意味する。prospiciam は「私は〈与格〉を助けよう」（意志を表す接続法）。quōs（男性・複数・対格）の先行詞は vōbīs、従属文の動詞は dēduxī（導いた）。

第12章 様々な構文

1 非人称構文

自然現象を表す非人称動詞

確認問題 選択肢から空所に入れる適語を選びなさい。

1. (　　　　). 稲妻が光る。
2. (　　　　). 雨が降る。
3. (　　　　). 雷が鳴る。
4. (　　　　). 夜が明ける。
5. (　　　　). 雪が降る。

選択肢

fulminat　　lūcescit　　ningit　　pluit　　tonat

解 答

1. Fulminat　　2. Pluit　　3. Tonat　　4. Lūcescit　　5. Ningit

人間の感情を表す非人称動詞

〈感情を抱く人〉は対格で示され（主格ではない）、〈感情の原因〉は、名詞の属格や不定法、不定法句（対格＋不定法）で表されます。

確認問題 太字に注意して和訳しなさい。

1. Accipere quam facere injūriam **praestat**. Cic.Tusc.5.19.56
2. **Taedet** caelī convexa tuērī. Verg.Aen.4.451
3. Frātris mē quidem **pudet pigetque**. Ter.Ad.391-392
4. Ō genitor, nec tē **miseret** nātaeque tuīque? Nec mātris **miseret**? Verg. Aen.7.360-361

5．Sī **piget**, in prīmō līmine siste pedem. Ov.Rem.80

注
1．praestat A quam B（A と B は不定法）の構文。「B より A がましである（望ましい）」と訳す。injūriam は 2 つの不定法（Accipere と facere）の共通の目的語。
2．tuērī は形式受動態動詞 tueor の不定法・受動態・現在。
3．pudet（恥じる）、piget（不快である）ともに感情を抱く人は対格、感情の原因は属格で示される。
4．miseret（憐れむ）の用法は pudet, piget と同じ。
5．piget の前に tē が省略されている。

解 答
1．不正は行うより受ける方がましである。
2．天の覆いを眺めるのも嫌になる。
3．まったく私は弟のことが恥ずかしい。腹が立つ。
4．おお、父よ、あなたは娘や自分（あなた）を憐れまないのか。母も憐れまないのか。
5．もし（あなたが）不快なら、最初の入り口で足を止めよ。

状況や必要性を表す非人称的表現
　主語が不定法または不定法句で人が与格で表されるのが基本です。oportet（〜すべきである）は接続法を伴う場合もあります。

確認問題　太字に注意して和訳しなさい。
1．**Decet** verēcundum esse adulescentem. Pl.As.833
2．**Licet** tibi lacrimāre.
3．Facite quod vōbīs **libet**. Ter.Ad.991
4．Mendācem memorem esse **oportet**. Quint.4.2.92
5．Philosophiae serviās **oportet**, ut tibi contingat vēra lībertās. Sen.Ep. 8.7

注
1. 不定法句の意味上の主語は adulescentem。
2. Licet は「〈与格〉は〈不定法〉をしてよい」。
3. quod の先行詞 id は省略。
4. 不定法句の意味上の主語は Mendācem で memorem が補語。
5. serviās は serviō の接続法・能動態・現在、2人称単数。ut は目的文を導く。contingat（接続法・能動態・現在）は「〈主語〉が〈与格〉に訪れる」。

解 答
1. 若者は慎み深くあるのがふさわしい。
2. あなたは泣いてもいい。
3. おまえたちは自分の気に入ることをすればよい。
4. 嘘つきは記憶がよくないといけない。
5. あなたは哲学に尽力すべきである、真の自由があなたに訪れるためには。

名詞・形容詞と est を組み合わせた非人称的表現
確認問題 太字に注意して和訳しなさい。
1. Nec scīre **fās est** omnia. Hor.Carm.4.4.22
2. Hominī **necesse** est morī.
3. Auctōritāte tuā nōbīs **opus est**. Cic.Fam.9.25
4. Nunc corpora cūrāre **tempus est**. Liv.21.54
5. **Certum est** ignī circumdare mūrōs. Verg.Aen.9.153

注
1. omnia（中性・複数・対格）は scīre の目的語（名詞的用法）。
2. Hominī は homō の単数・与格。
3. opus est（〈奪格〉が必要である）は「必要とする人」を与格で表す。
4. tempus est は不定法を伴い、「～する時である」。
5. Certum est の次に mihi を補う。「〈与格〉は〈不定法〉の決意である」と訳す。ignī は「手段の奪格」。

解　答
1．すべてを知ることは許されていない。
2．人間にとって死ぬことは必然である（人間は死なねばならない）。
3．私たちには君の権威が必要だ。
4．今は体を世話する時である。
5．私は炎で城壁を取り囲む決意である。

interest と rēfert　重要である

「AにとってBは重要である」という構文を作ります。Aには人を表す名詞の属格か、所有形容詞の女性・単数・奪格が来ます。Bには、代名詞、不定法または不定法句、間接疑問文、ut や nē で導かれる名詞節が来ます。

確認問題　太字に注意して和訳しなさい。
1．Id meā minimē **rēfert**.
2．Quam bene vīvās **rēfert**, nōn quam diū.
3．Tuā et meā maximē **interest**, tē valēre. Cic.Fam.16.4
4．Quid illīus **interest**, ubi sīs? Cic.Att.10.4.10
5．Illud meā magnī **interest**, tē ut videam. Cic.Att.11.22.2

注
1．meā は「私にとって」と訳す。
2．Quam bene vīvās は間接疑問文。「あなたがどれだけよく生きるか」と訳す。quam diū は「（あなたが）どれだけ長く（生きるか）」。
3．interest の主語は不定法句（tē valēre）。
4．Quid は「どうして、なぜ」を意味する。指示代名詞 ille の単数・属格 illīus は「彼にとって」と訳す。
5．仮主語 Illud は ut 以下の内容が説明する。tē ut videam は「私があなたに会うこと」と訳す。magnī は「価値の属格」。

解　答
1．それは私にとって少しも重要ではない。
2．どれほど長く生きるかではなく、どれくらいよく生きるかが大事である。

3．君が元気でいることは、君と私にとって大切である。
4．あなたがどこにいるのかは、どうして彼にとって重要なのか。
5．それは私にとって大いに大事である、私があなたに会うことは。

自動詞の受動態

　自動詞の受動態は非人称的表現になります。「その動詞の行為が一般的な人々によってなされる」という具合に理解します。

(確認問題)　太字に注意して和訳しなさい。
1．Nōn statim **pervenītur** ad summum.
2．Quid prōdest forīs esse strēnuum, sī domī male **vīvitur**?
3．Diū atque ācriter **pugnātum est**. Caes.B.G.1.26
4．Sīc ītur ad astra. Verg.Aen.9.641
5．Ubi eō **ventum est**, Caesar sua senātūsque beneficia commemorāvit. Caes.B.G.1.43

注
1．ad summum は「頂上に」。
2．Quid prōdest は「どうして役に立とうか」。
3．pugnātum est は pugnō の直説法・受動態・完了、3人称単数。
4．ītur は eō の直説法・受動態・現在、3人称単数。
5．senātūs は単数・属格。

解　答
1．（人は）ただちに頂上に到達することはない。
2．もし家の中でよく生きられないなら、どうして家の外で精力的であることが役に立とうか。
3．長く激しく戦いが行われた。
4．こうして人は天に行く（昇る）。
5．そこに着くと（そこに来ることが行われた時）、カエサルは自分と元老院の好意を思い出させた。

練習問題 77

括弧内の語を適切な形に直しなさい。

1. Miseret tē（alius）, tuī nōn miseret. Pl.Trin.431
   あなたは他人のこと（複数）を気にかけるが、自分のことを気にかけない。
2. Num senectūtis（is）suae paenitēbat? Cic.Sen.19
   彼は自分の老年を悔いていただろうか。
3. （Morior）praestitit quam haec patī. Cic.Att.14.9
   こういう目にあうよりは死んだ方がましだった。
4. Taedet（tuus sermō）. Pl.Cas.143
   君の話はうんざりだ。
5. Plūs oportet（sciō）servum quam（loquō）. Pl.Mil.477
   奴隷は語ることよりいっそう多く知るべきだ。
6. Quod ego et meā et reī pūblicae et maximē tuā（intersum）arbitror. Cic.Fam.2.19
   そのことは私にとっても、国家にとっても、何よりあなたにとって大事なことであると私は考える。
7. Quid（verbum）opus est? Ter.Ph.75
   どうして言葉（複数）が必要だろう。
8. Quid（meus）rēfert, hae Athēnīs nātae an Thēbīs sint. Pl.Rud.746
   ここにいる娘たちがアテーナエ生まれかテーバエ生まれかなんて、なんでわしに関係するものか。
9. Neque rēfert（videō）quid dīcendum sit, nisi id queās solūtē et suāviter dīcere. Cic.Brut.110
   もしよどみなく、そして心地よく語ることができなければ、何を言うべきかを理解することは重要ではない。
10. Oportet ferrum（tundō）, dum rubet.
    鉄は赤いうちに打つべきである（鉄は熱いうちに打て）。

注

1. Miseret は〈感情を抱く人〉を対格で、〈感情の原因〉を名詞の属格で表す。括弧内の形（複数・属格）と tuī（単数・属格）はこの文で名詞

的に用いられる。
2. paenitet の用法は miseret と同じ。括弧内の〈感情を抱く人〉は対格になる。
3. praestitit は praestō の直説法・能動態・完了、3人称単数。praestat A quam B（A と B は不定法）の構文で、「B より A がましである（望ましい）」。haec は hic の中性・複数・対格、patī は patior の不定法・受動態・現在。「これらを経験すること」。
4. Taedet の用例において〈感情の原因〉は属格で示される。
5. servum は不定法の意味上の主語としての対格。
6. Quod は代名詞 Id（中性・単数・対格）の代わりとして用いられている。arbitror は不定法句（対格不定法）を取る。Quod は意味上の主語、括弧内は不定法になる。
7. opus est の用例において、〈必要とされるもの〉は奪格で示される。
8. rēfert は「A にとって B は重要である」という構文を取る。A には所有形容詞の女性・単数・奪格が入る。
9. rēfert の主語として間接疑問文（quid dīcendum sit）が来る例。
10. Oportet は不定法を取る。

練習問題 78　　　　　　　　　　　　　　　　　　　解答 p.322

和訳しなさい。

1. Praestat tacēre quam stultē loquī.
2. Pecūniae imperāre oportet, nōn servīre.
3. Abolēre nefandī cuncta virī monumenta juvat. Verg.Aen.4.497-498
4. In cane sagācitās prīma est sī investīgāre dēbet ferās. Sen.Ep.76.8
5. Suīs tē oportet illecebrīs ipsa virtūs trahat ad vērum decus. Cic.Rep. 12.25
6. Jūvit mē tibi tuās litterās prōfuisse. Cic.Fam.5.21
7. Sī vīs vacāre animō, aut pauper sīs oportet aut pauperī similis. Sen. Ep.17.5
8. Nōn rēfert quam multōs librōs sed quam bonōs habeās.
9. Nec Trōjam Ausoniōs gremiō excēpisse pigēbit. Verg.Aen.7.233
10. Hīc tū, Āfricāne, ostendās oportēbit patriae lūmen animī, ingeniī

consiliīque tuī. Cic.Rep.6.12

注

1. Praestat A quam B（A、B ともに不定法）は、「B するより A するほうがましである」。
2. Pecūniae は単数・与格。imperāre と servīre はこの与格を目的語に取る。
3. nefandī ... virī（男性・単数・属格）は cuncta...monumenta（中性・複数・対格）にかかる。Abolēre は monumenta を目的語に取る。
4. 前半の主語は sagācitās、補語は prīma、動詞は est。
5. 主語は virtūs、動詞は trahat、目的語は tē。
6. 不定法句が主語。Jūvit の目的語は mē。Jūvit は juvō の直説法・能動態・完了、3 人称単数。
7. vīs は volō の直説法・能動態・現在、2 人称単数。animō は「場所の奪格」。
8. rēfert の主語は間接疑問文。
9. pigēbit の主語は不定法句。excēpisse の意味上の主語は Ausoniōs（複数・対格）。
10. patriae は「祖国のために」（利害関係の与格）。tuī は animī, ingeniī, consiliī の3つにかかる。

2 絶対的奪格

　奪格に置かれた名詞 A とそれを修飾する語句 B（現在分詞、完了分詞、形容詞など）との組み合わせで絶対的奪格と呼ばれる表現を作ります。A と B は主語と述語の関係に置かれます。

(確認問題)　括弧内の語を適切な形に直しなさい。
1. Caesar,（accipiō）litterīs, nuntium mittit. Caes.B.G.5.46
   カエサルは手紙を受け取ると使者を送る。
2. Quid rīdēs?（Mūtō）nōmine dē tē fābula narrātur. Hor.Sat.1.1.69-70
   なぜおまえは笑うのか。名前が変えられる（名前を変える）と、その話はおまえについて語られている。
3. Nātūrā（dux）numquam aberrābimus.
   自然を導き手にすれば、我々は決してさまようことがないだろう。
4. Quibus rēbus（cognoscō）Caesar mātūrandum sibi cēnsuit. Caes.B.G.7.56
   これらのことが知られるとカエサルは自分は急ぐべきであると判断した。
5. Maximās vērō virtūtēs jacēre omnīs necesse est voluptāte（dominō）. Cic.Fin.2.117
   だが快楽が支配する時、主立った美徳のすべてが地に伏すのは必然である。

注
1. accipiō の完了分詞は acceptus, -a, -um。
2. Mūtō の完了分詞は mūtātus, -a, -um。
3. 第3変化名詞 dux の単数・属格は ducis。
4. Quibus は代名詞的に用いられている。cognoscō の完了分詞は cognitus, -a, -um。
5. necesse est の主語は不定法句（対格不定法）。意味上の主語は Maximās ... virtūtēs ... omnīs（女性・複数・対格）。dominō の現在分詞は dominans。

> 解 答
1. acceptīs   2. Mūtātō   3. duce   4. cognitīs   5. dominante

練習問題 79

解答 p.322

括弧内の語を適切な形に直しなさい。

1. (Recipiō) dulce mihi furere est amīcō. Hor.Carm.2.7.28
   友を迎え羽目を外すのは私にとって楽しいことだ。
2. Hīc Helenus (caedō) prīmum dē mōre juvencīs exōrat pācem dīvum. Verg.Aen.3.369-370
   ここでヘレヌスは、まず慣習に従って若牛を屠った後、神々の加護を祈り訴える。
3. Cāritāte enim benevolentiāque (tollō) omnis est ā vītā sublāta jūcunditās. Cic.Amic.102
   というのも、愛情や親切が失われたなら、愛すべきものがことごとく人生から失われてしまうからだ。
4. Nātus est Augustus M. Tulliō Cicerōne C. Antōniō (consul). Suet.Aug.5
   アウグストゥスはマルクス・トゥッリウス・キケローとガーイユス・アントーニウスが執政官の時（紀元前63年）に生まれた。
5. Nōn vōbīs (rex) Latīnō dīvitis ūber agrī Trōjaeve opulentia dēerit. Verg.Aen.7.261-262
   このラティーヌスが王であるかぎり、汝らに肥えた田畑の豊穣（な実り）、あるいはトロイヤの富も欠けることはないだろう。

注

1. 括弧内の語は amīcō とともに絶対的奪格を作る。Recipiō の完了分詞は Receptus, -a, -um。dulce は文の補語、主語は不定法 furere。
2. 括弧内の語は juvencīs とともに絶対的奪格を作る。caedō の完了分詞は caesus, -a, -um。dīvum は deōrum の別形（複数・属格）。
3. tollō の完了分詞は sublātus, -a, -um。Cāritāte と benevolentia(que) はひとまとまりの概念としてとらえられるため単数扱い。
4. 括弧内の語は複数・奪格になる。2人の執政官名の奪格とともに絶対的

奪格を作り、年を表す。
5．括弧内の語は Latīnō（Latīnus の奪格）とともに絶対的奪格を作る。

練習問題 80
解答 p.323

和訳しなさい。

1. Tum Numitor jaculō frātris dē corpore raptō Aenēan petiit. Verg.Aen. 10.342-343
2. Rōmānī veterēs regnārī omnēs volēbant lībertātis dulcēdine nōndum expertā. Liv.1.17
3. Nōs, tua prōgeniēs, caelī quibus annuis arcem, nāvibus (infandum!) āmissīs, ūnīus ob īram prōdimur atque Italīs longē disjungimur ōrīs. Verg.Aen.1.250-252
4. Is M. Messālā M. Pīsōne consulibus regnī cupiditāte inductus conjūrātiōnem nōbilitātis fēcit et cīvitātī persuāsit ut dē fīnibus suīs exīrent. Caes.B.G.1.2
5. 'Ego vērō,' inquam, 'Āfricāne, sī quidem bene meritīs dē patriā quasi līmes ad caelī aditūs patet, quamquam ā pueritiā vestīgiīs ingressus patris et tuīs decorī vestrō nōn dēfuī, nunc tamen tantō praemiō expositō ēnītar multō vigilantius.' Cic.Rep.6.26
6. Hāc ōrātiōne adductī inter sē fidem et jusjūrandum dant et regnō occupātō per trēs potentissimōs ac firmissimōs populōs tōtīus Galliae sēsē potīrī posse spērant. Caes.B.G.1.3
7. Ipsī confertissimā aciē, rējectō nostrō equitātū, phalange factā sub prīmam nostram aciem successērunt. Caes.B.G.1.24
8. Quā rē nuntiātā Caesar, intermissā profectiōne atque omnibus rēbus postpositīs, magnam partem equitātūs ad eum insequendum mittit retrahīque imperat. Caes.B.G.5.7
9. Hīs rēbus cognitīs ā captīvīs perfugīsque Caesar praemissō equitātū confestim legiōnēs subsequī jussit. Caes.B.G.5.18
10. Quod sī ea quae in longinquīs nātiōnibus geruntur ignōrātis, respicite fīnitimam Galliam, quae in prōvinciam redacta jūre et lēgibus commūtātīs secūribus subjecta perpetuā premitur servitūte. Caes.

B.G.7.77

注

1. jaculō ... raptō の部分が絶対的奪格。petiit は petō の直説法・能動態・完了、3人称単数。
2. lībertātis dulcēdine nōndum expertā の直訳は、「自由の（lībertātis）魅力が（dulcēdine）決して経験されなかったため（nōndum expertā）」。理由を表す副詞句と理解する。
3. quibus（男性・複数・与格）の先行詞は Nōs。
4. conjūrātiōnem nōbilitātis fēcit は「彼は貴族たちとのはかりごとを行った（貴族たちとはかりごとをした）」。
5. bene meritīs dē patriā は「祖国のために尽くした者に」。vestīgiīs ... patris et tuīs は vestīgiīs ... patris et vestīgiīs ... tuīs と理解する。
6. potīrī は potior の不定法・受動態・現在。属格を目的語に取る。sēsē（= sē）は不定法句の意味上の主語。
7. 文の主語は Ipsī（彼ら自身は）、動詞は successērunt。
8. Quā rē は Eā rē を意味する（関係代名詞の代名詞的用法）。equitātūs は単数・属格。ad eum insequendum は「彼を追跡するため」。insequendum（男性・単数・対格）は目的語 eum を伴うので動名詞でなく動形容詞（eum と性・数・格が一致）。
9. Hīs rēbus cognitīs（これらの事柄が知られると）、praemissō equitātū（騎兵隊が先発させられて）はともに絶対的奪格。
10. 2つ目の関係代名詞 quae（女性・単数・主格）は先行詞 Galliam を指す代名詞として用いられる（非制限用法）。2つの完了分詞 redacta と subjecta によって説明を加えられ、premitur の主語となる。jūre et lēgibus commūtātīs は「法も掟も変えられ」。perpetuā ... servitūte は「行為者の奪格」。

3 疑問文

一般疑問文

「〜か？」と問う場合、文頭の語に -ne をつけます。肯定の答えを期待する場合は Nōnne を、否定の答えを期待する場合は Num や Numquid を文頭につけます。Quīn は「どうして〜しないか」を意味します。

確認問題 和訳しなさい。
1. Esne beātus?
2. Tantaene animīs caelestibus īrae? Verg.Aen.1.11
3. Nōnne lībertātem amāmus?
4. Num, tibi cum faucēs ūrit sitis, aurea quaeris pōcula? Hor.Sat.1.2. 114-115
5. Numquid apud Parthōs Armeniōsque latet? Mart.5.58.4
6. Quīn ad vōs venīre properō? Cic.Rep.6.15

注
1. Es(ne) は sum の2人称単数。-ne は「〜か？」を意味する。
2. 主語は īrae、動詞は sunt。animīs（心に）は「場所の奪格」。文末に sunt が省かれている。
3. 肯定の答えを期待する場合は文頭に Nōnne をつける。
4. 否定の答えを期待する場合は文頭に Num をつける。tibi は「共感の与格」。「あなたの」と訳し faucēs にかける。
5. Numquid は否定の答えを期待する表現。「まさか〜ではないだろうね」と訳す。
6. Quīn は「どうして〜しないか」。

解 答
1. あなたは幸福か。
2. 神々の心にこれだけ大きな怒りがあるものなのか。
3. 我々は自由を愛さないだろうか。

4. 渇きがあなたの喉を焦がす時、果たしてあなたは黄金の杯を求めるだろうか。
5. まさか、それはパルティア人やアルメニア人のところに隠れているのではあるまいね。
6. どうして私はあなたがたのところへ急がないのか。

場所や時を問う疑問文

　場所に関する疑問副詞には ubi（どこで）、unde（どこから）、quō（どこへ）があります。時に関する疑問副詞は、quandō（いつ）、quamdiū（どれだけ長く）、quousque（いつまで）があります。

[確認問題] 空所に適切な疑問副詞を入れなさい。

1. (　　　　) vādis, domine? Ev.Jo.13.36
　主よ、あなたはどこへ行くのか。
2. (　　　　) haec, ō Palinūre, tibī tam dīra cupīdō? Verg.Aen.6.373
　おおパリヌールスよ、どこからそのような恐ろしい願望が生じたのか。
3. Hector (　　　　) est? Verg.Aen.3.312
　ヘクトルはどこにいるのか。
4. (　　　　) apud vōs erō?
　私はどれだけ長くあなた方のところにいるだろうか。
5. (　　　　) humī dēfixa tua mens erit? Cic.Rep.6.17
　おまえの心はいつまで地上に釘付けになっているのか。
6. (　　　　) dēnique nihil agēs? Cic.D.O.2.24
　結局あなたはいつ何もしないのか。

※2. の tibī は韻律の関係で語末が長い。

[解　答]

1. Quō　　　2. Unde　　　3. ubi
4. Quamdiū　5. Quousque　6. Quandō

理由を問う疑問文

　「なぜ？」を問う疑問副詞には cūr, quārē, quid があります。

確認問題　太字に注意して和訳しなさい。
1. **Quid** rīdēs? Mūtātō nōmine dē tē fābula narrātur. Hor.Sat.1.1.69-70
2. Ōdī et amō. **Quārē** id faciam, fortasse requīris. Catul.85.1
3. Vērum **cūr** nōn audīmus? Quia nōn dīcimus.
4. **Cūr** ante tubam tremor occupat artūs? Verg.Aen.11.424
5. **Quid** ego tē āthlētās putem dēsīderāre? Cic.Fam.7.1

注
1. Mūtātō nōmine は「絶対的奪格」。
2. Ōdī の形は完了だが現在の行いとして訳す。Quārē id faciam は間接疑問文。
3. dīcimus の前に vērum（真実）を補う。
4. artūs は複数・対格。
5. putem の目的語は不定法句（対格不定法）。tē はその意味上の主語。

解　答
1. なぜおまえは笑うのか。名前を変えると、その話はおまえについて語っているのに。
2. 私は憎み、愛す。なぜ私はそれをしてしまうのか、君はたぶん聞くだろう。
3. 我々は真実をなぜ聞かないのか。なぜなら我々が（真実を）言わないからだ。
4. ラッパが鳴る前に、どうして恐怖が体をとらえるのか。
5. なぜあなたが運動家に熱を上げると私が考えようか。

様子、数、程度などを問う疑問文
　　quī, quōmodo, quemadmodum　どのように
　　quot　どれほど多くの
　　quam　どれほど
　　quam multī, -ae, -a　どれだけ多くの
　　quantus, -a, -um　どれだけ大きな
　　quantum　どれほど、どの程度大きく
　　quālis　どのような

確認問題 太字に注意して和訳しなさい。

1. **Quī** potuī melius facere? Ter.Ad.215
2. Quaerō deus **quō modo** beātus sit, quō modo aeternus. Cic.N.D.1.104
3. **Quam multa** sub undās scūta virum galeāsque et fortia corpora volvēs! Verg.Aen.8.538-540
4. **Quantum** mūtātus est ab illō Hectore! Verg.Aen.2.274-275
5. Heu **quantae** miserīs caedēs Laurentibus instant! Verg.Aen.8.537
6. Mūnera **quanta** dedī vel **quālia** carmina fēcī! Prop.2.8.11
7. **Quālis** artifex pereō! Suet.Nero.49
8. Cernis profectō, **quantīs** in angustiīs vestra sē glōria dīlātārī velit. Cic.Rep.6.22
9. Ipsī autem quī dē nōbīs loquuntur, **quam** loquentur diū? Cic.Rep.6.22
10. **Quot** diēs erimus in Tusculānō? Cic.Tusc.1.49.119

注

1. melius は副詞。
2. Quaerō は間接疑問文を導く。
3. multa は scūta にかかる。virum は vir の複数・属格。volvēs の目的語は scūta, galeās, corpora の 3 つ。
4. mūtātus est は mūtō（変える）の直説法・受動態・完了、3 人称単数。主語として ille（彼は）を補う。原文では主人公アエネーアースの夢枕に立つヘクトルを指す。
5. instant は与格を取る。
6. quālia は「どれほど優れた」を意味する。
7. Quālis は感嘆文を導く。この文では「何と偉大な」あるいは「何と素晴らしい」。
8. Cernis は間接疑問文を導く。従属文の主語は glōria、動詞は velit。sē（対格）は不定法句（対格不定法）の意味上の主語。dīlātārī は不定法・受動態・現在。
9. quī の先行詞は Ipsī（彼ら自身）。loquentur は直説法・受動態・未来、3 人称複数。
10. diēs は複数・対格。時間や空間の広がりを表す「広がりの対格」。

解答

1. どうすればもっとうまく行えたのか。
2. 私は問う、神はどのように（どのような仕方で）幸福であり永遠であるかと。
3. あなたは流れの下へ、どれだけ多くの勇士らの盾や兜や屈強な体を転がし運ぶことか！
4. 彼はあのヘクトルからどれほど変わり果てたことか！
5. ああ、哀れなラウレンテース軍にはどれだけ大きな殺戮が差し迫るのか！
6. 私はどれだけ多くの贈り物を与えたか、あるいは、どれほど優れた詩を作ったか！
7. 何と素晴らしい芸術家として私は死ぬことか！
8. あなたは確かに見る、あなたの名声はどれだけ狭いところで自らが広げられる（広がる）のを望むかを。
9. さらに私たちについて語る人々自身、どれだけ長く語り続けるだろうか。
10. 私たちはどれほど多くの日数トゥスクルムの別荘にいるだろうか。

練習問題 81

解答 p.323

和訳しなさい。

1. Quid loquor? Aut ubi sum? Quae mentem insānia mūtat? Verg.Aen. 4.595
2. Quid repetam exustās Erycīnō in lītore classīs? Verg.Aen.10.36-37
3. Quid mē ēreptō, saevissime, nātō terrēs? Verg.Aen.10.878-879
4. Quot humī morientia corpora fundis? Verg.Aen.11.665
5. Vidēsne illam urbem, quae pārēre populō Rōmānō coacta per mē renovat pristīna bella nec potest quiescere? Cic.Rep.6.11
6. Quīn tū aspicis ad tē venientem Paulum patrem? Cic.Rep.6.14
7. Turpe est nōn īre sed ferrī, et subitō in mediō turbine rērum stupentem quaerere, 'hūc ego quemadmodum vēnī?' Sen.Ep.37.5
8. Quoniam haec est vīta, ut Āfricānum audiō dīcere, quid moror in terrīs? Cic.Rep.6.15

9. Nōnne aspicis, quae in templa vēneris? Cic.Rep.6.17
10. Quōcircā sī reditum in hunc locum desperāveris, in quō omnia sunt magnīs et praestantibus virīs, quantī tandem est ista hominum glōria, quae pertinēre vix ad ūnīus annī partem exiguam potest? Cic.Rep. 6.25

注

1. Quid は疑問代名詞として「何を」と訳しても、疑問副詞として「なぜ」と訳しても可。
2. Quid は疑問副詞。repetam は接続法・能動態・現在、1人称単数（意志）。
3. Quid は疑問副詞。ēreptō ... nātō は「絶対的奪格」。直訳すると意味が取りづらいが、息子（nātus）を奪った主語がこの文の主語と同じと解すると意味が通る。
4. humī は地格。「大地に」と訳す。
5. 関係代名詞 quae は urbem を先行詞とする。従属文の動詞は renovat と potest の2つ。coacta は不定法（pārēre）を伴う主格補語。
6. 現在分詞 venientem は属性的にも述語的にも訳し得る。
7. 文の主語は3つの不定法 īre（進むこと）、ferrī（運ばれること）、quaerere（尋ねること）。ferrī は文脈をくむと「周囲に流されること」。stupentem は quaerere の意味上の主語（対格不定法）。
8. Āfricānum は dīcere の意味上の主語（対格不定法）。quid は疑問副詞。
9. 主文の動詞 aspicis は第1時称（現在）。従属文の動詞 vēneris はそれ「以前」の行為ゆえ接続法・能動態・完了。この文の主語（2人称単数）は「今」聖域（templa）の中に入ってくるのではなく、「すでに」入ってしまっている。
10. quō の先行詞は hunc locum。in quō omnia sunt とあわせた直訳は「その中にすべてがあるところのこの場所」。「すべてがある」とは「すべてがかかっている」と意訳できる。virīs は複数・与格（判断者の与格）。quantī は「価値の属格」。ista（女性・単数・主格）は glōria にかかり、「おまえにかかわるその栄光」と訳し得る（ista は対話相手の意識に近いものを指す指示代名詞）。quae の先行詞は glōria。従属文の動詞 potest は不定法（pertinēre）を取る。

練習問題の解答

解答1
1. ラウドー　ほめる　　2. ゼピュルス　西風　　3. エクセルケオー　鍛える
4. リーベル　自由な　　5. アミークス　友、親しい
6. ホモー　人間　　7. プロクシムス　最も近い　　8. プエッラ　少女
9. ペクーニア　金銭　　10. ユスティティア　正義

解答2
1. ペリークルム　　2. サピエンティア　　3. マルス　　4. マールス
5. ユース　　6. オース　　7. ウィータ　　8. モース
9. マクシムス　　10. ウィデオー

解答3
1. カエサル　Cae-sar（2音節ゆえ Cae にアクセント）
2. キケロー　Ci-ce-rō（ce は短いので Ci にアクセント）
3. ホラーティウス　Ho-rā-ti-us（ti は短いので rā にアクセント）
4. リーウィウス　Lī-vi-us（vi は短いので Lī にアクセント）
5. マルティアーリス　Mar-ti-ā-lis（ā は長いのでここにアクセント）
6. オウィディウス　O-vi-di-us（di は短いので vi にアクセント）
7. ペトローニウス　Pe-trō-ni-us（ni は短いので trō にアクセント）
8. プラウトゥス　Plau-tus（2音節ゆえ Plau にアクセント）
9. テレンティウス　Te-ren-ti-us（ti は短いので ren にアクセント）
10. ウェルギリウス　Ver-gi-li-us（li は短いので gi にアクセント）

解答4
1. シキリア　Si-ci-li-a（li は短いので ci にアクセント）
2. カルターゴー　Car-thā-gō（thā は長いのでここにアクセント）
3. アテーナエ　A-thē-nae（thē は長いのでここにアクセント）
4. グラエキア　Grae-ci-a（ci は短いので Grae にアクセント）
5. シュリア　Sy-ri-a（ri は短いので Sy にアクセント）
6. ゲルマーニア　Ger-mā-ni-a（ni は短いので mā にアクセント）
7. ヒスパーニア　His-pā-ni-a（ni は短いので pā にアクセント）
8. ラティウム　La-ti-um（ti は短いので La にアクセント）
9. タレントゥム　Ta-ren-tum（ren は位置によって長いのでここにアクセント）
10. テーバエ　Thē-bae（2音節ゆえ Thē にアクセント）

解答5
1. stellās（複数・対格）
2. Rōmae（単数・属格）
3. cūram（単数・対格）
4. victōriae（単数・属格）

5. concordiā（単数・奪格）
6. Stellae（複数・主格）/ poētae（複数・主格）
7. silvā（単数・奪格）
8. tēgulīs（複数・奪格）
9. cūrās（複数・対格）
10. insāniam（単数・対格）

解答6
1. 私の魂の半分（を占める人）。
2. 詩人は栄光の原因を歌う。
3. 正義はしばしば栄光の原因である。
4. ワシはハエを捕まえない。
5. 金銭でなく良心が人生の道を明らかにする。
6. 我々は学校のためでなく人生のために学ぶ。
7. 経験は教える。
8. セミはセミに親しく、アリはアリに親しい。
9. あけぼのはムーサら（ムーサの姉妹）にとって友である。
10. 話の中のオオカミ。

解答7
1. vitia（複数・対格）
2. philosophum（単数・対格）
3. Exempla（複数・主格）
4. animī（単数・属格）
5. verba（複数・主格）
6. animī（単数・属格）
7. angusta（複数・対格）
8. populī（単数・属格）/ deī（単数・属格）
9. Fāta（複数・主格）
10. pilum（単数・対格）

解答8
1. 医者は治療し、自然は癒やす。
2. 書物は無口な教師である。
3. 財産は不幸の原因である。
4. 怒りは心を害する。
5. 幸運は友を集め、欠乏は友を試す。
6. 熱意は熱意を生む。
7. 目に心が宿る。
8. 死者は悲しまない。
9. 私は風と喧嘩する。

10．そして私はアスクラの歌をローマの町々を通じて歌う。

解答9
1．mediō　中性・単数・奪格（flūmine を修飾）
2．Inīqua　中性・複数・主格（regna を修飾）
3．bonī　男性・複数・主格（amīcī を修飾）
4．formōsa　女性・単数・主格（Quintia の補語）/ multīs　男性・複数・与格（名詞的用法）
5．Jūcunda　女性・単数・主格（memoria の補語）

解答10
1．suam（女性・単数・対格）
2．meārum（女性・複数・属格）
3．suae（女性・単数・属格）
4．tua（中性・複数・主格）/ mea（中性・複数・主格）
5．suās（女性・複数・対格）

解答11
1．大きなものを避けよ。
2．分別は真っ先に惨めな者たちを見捨てる。
3．難破した者は静かな海にさえ脅える。
4．珍しいものは喜ばせる。
5．多くの者は他人のものを熱心に求める間、自分のものを失う。
6．深い川は静かである。
7．最良の医術は自制である。/ 自制は最良の医術である。
8．財産と容姿の栄光は流動的でもろいものである。
9．剣への愛、戦争への罪深い狂気が荒れ狂う。
10．愚か者は過ちを避ける間（避けようとして）、反対の過ちに走って行く。

解答12
1．generat（3人称単数）
2．dant（3人称複数）
3．volat（3人称単数）
4．discunt（3人称複数）
5．latet（3人称単数）
6．Amat（3人称単数）
7．jubent（3人称複数）
8．manent（3人称複数）
9．clāmant（3人称複数）
10．quaeris（2人称単数）

解答13
1．ワシはハエを捕まえない。

2．絶え間ない滴は岩に穴を開ける。
3．無知は害を与える。
4．我々は不確かなものを求める間、確かなものを見失う。
5．熱意は熱意を、怠惰は怠惰を生む。
6．富は心配を生む。
7．追いはぎは裸の者を無視する。
8．私は持たない、不足を感じない、気をもまない。
9．ポンティリアーヌスよ、どうして私は君に自分の（書いた）小冊子を送らないのか。
10．ただちにすべての者たちは、忌まわしい戦争を求める、予兆に逆らい、神々の運命に逆らい、神意を歪めた形で。

解答14
1．est　　2．estis / sumus　　3．sunt　　4．es　　5．est

解答15
1．私は人間である。
2．イタリアはエウローパ（ヨーロッパ）にある。グラエキア（ギリシャ）もまたエウローパにある。
3．怠け者にとっては常に祝日がある（毎日が祝日である）。
4．彼らはどこにいるのか。
5．知識は力である。
6．真の友はまれである。
7．歴史は人生の教師である。
8．怒りは狂気の始まりである。
9．我々は灰であり影である。
10．愛することは人間的なことである。一方（それを）許すことも人間的なことである。

解答16
1．Ōrā（2人称単数）
2．Audī（2人称単数）
3．Rīdē（2人称単数）
4．imperā（2人称単数）
5．crēdite（2人称複数）
6．vīvite（2人称複数）
7．Nōlī（2人称単数）
8．Nōlīte（2人称複数）
9．Collige（2人称単数）
10．Disce / discēde（ともに2人称単数）

解答17
1．心を支配せよ。
2．ムーサよ、私に理由を語れ。

3．認められた書物を常に読め。
4．大きなものを避けよ。
5．困難な状況で平静な心を保つことを忘れるな。
6．惨めな者に右手を与えよ。
7．我がルーキーリウスよ、このことをすべての前に（何よりも先に）なせ。楽しむことを学べ。
8．（おまえたちは）勇気を呼び戻せ。そして悲痛な恐怖を追い払うがよい。
9．あけぼのが輝く間、若者たちよ、花を集めよ。
10．（おまえたちは）行け、急いで火を持って来い。武器を与えよ、櫂を動かせ！

解答18
1．dolōrem（単数・対格）
2．Labōrēs（複数・主格）
3．lēgem（単数・対格）
4．vēr（単数・対格）
5．amantum（複数・属格）
6．honōrem（単数・対格）
7．lībertātem（単数・対格）
8．mōlem（単数・対格）
9．mentis（単数・属格）
10．capitum（複数・属格）

解答19
1．cinis　　2．anguis　　3．paupertās　　4．Sermō　　5．Venter
6．Calamitās　7．famēs　　8．Brevitās　　9．Honōs　　10．Imāgō

解答20
1．終わりが作品を飾る。
2．市民たちの内紛は敵の好機である。
3．すべての優れた芸術の母は知恵である。／知恵はすべての優れた芸術の母である。
4．人間は教える間に学ぶ。
5．恋人たちの怒りは恋の修復である。
6．パンが胃を養うように、読書は精神を養う。
7．技術は技術を隠すことである。／技術を隠すことが技術である。
8．習慣の力は大きい。
9．我々は城門を切り開き、都の城壁を開け放つ。
10．美徳ただ一つが永遠の安らかな喜びを与える。

解答21
1．metū　2．exercitum　3．equitātūs / sumptū　4．domum　5．ortūs
6．ictū　7．portum　8．versum　　　　　　9．saltū　10．Cornū

解答22
1．結果は行為を是認する。
2．損なわれたことのない幸福は1つの打撃にも耐えられない。
3．顔は心の似姿である。/ 心の似姿は顔である。
4．衝動を管理できないことは若者の欠点である。
5．悲嘆や呻き声、女の叫びで（とともに）館がとどろく。
6．閑暇の実りは精神の緊張でなく、（精神の）休息である。
7．美徳には、多くの段階がある。
8．大地は呻き声を上げる。続いて彼らは剣で多数の打撃を重ねる。
9．視界の中には、噂によってたいへん名の知られたテネドス島がある。
10．だが田舎の生活が楽しいのは、畑や草地、葡萄畑や植林地によるばかりでなく、庭や果樹園、さらには羊の放牧や蜜蜂の群れ、すべての花々の多様性（あらゆる種類の花々）のためでもある。

解答23
1．fidem　　2．rērum　　3．Spem　　4．rēbus　　5．diem
6．rērum　　7．diē　　8．glaciem　　9．rērum　　10．diē

解答24
1．命のあるかぎり、希望はある。
2．酩酊はあなたから道徳と財産と名声を奪う。
3．調和によって小さいものも大きくなる。
4．1日が春を連れ戻すのではない。1羽のツバメが春を連れ戻すのではない。
5．すべての物事の始まりは小さい。
6．あらゆる姿に自分自身を変えよ（変身せよ）。
7．少年たちの（心の）中ではきわめて多くのことへの希望が輝いている。
8．彼は表情では希望を装い、心では深い悲しみを押し殺す。
9．カエサルは自軍を最寄りの丘に引き上げ、戦列を整える。
10．セクストゥス・ペドゥーカエウスは、自らの教養と高潔さを象徴するものとして息子を残した。

解答25
1．omnēs (omnīs)　　2．tenuī (tenue)　　3．Praesentem　　4．Vulgāre
5．omnia　　6．fēlīcī　　7．sapientī　　8．omnium
9．mortālia　　10．sapientem

解答26
1．我々皆が、すべてのことができるのではない。
2．私は昔の炎の名残を認める。
3．怒りは短い狂気である。
4．労苦はすべてを克服した。
5．すべての者たちを1つの夜が待ち受ける。

6．太陽は万人のために（万物のために）輝く。
7．節度があり気むずかしくも不人情でもない老人は、耐えられる老年を送る。
8．火は黄金を証明する。不幸は強い人間たちを証明する。
9．私たちは（取り組む対象が）困難なために挑戦しないのではない。むしろ挑戦しないため困難になる。
10．思慮に僅かの愚かさを混ぜよ。ふさわしい時に分別を失うことは心地よい。

解答27
1．agitābat　　2．erat　　3．rumpēbat　　4．quaerēbam　　5．fundēbat / ciēbat
6．vincēbant　7．Stābat　8．transībant　9．subigēbant　10．bibēbat

解答28
1．ローマの民族を興すことは、これほど大きな困難を伴うものであった。
2．一方で彼は、高く、星々に満ち、明るく輝くある場所から、カルターゴーを示していた。
3．彼は国内だけでなく外国のすべての戦争を記憶にとどめていた。
4．このように父アエネーアースは、1人で神々の運命を物語り、航路を教えた。
5．ギリシャは学問や教養のすべての分野において我々を凌駕していた。
6．アッピウスを奴隷たちは畏れ、子どもたちは敬い、すべての者たちが大切な人と受け止めていた。その家の中では父祖の風習と規律が活力を持っていた。
7．若者たちは、ラティーニ人のそびえ立つ館を目にし、城壁に近づいていた。
8．鳥ト官クィントゥス・ムーキウス（・スカエウォラ）は、自分の岳父ガーイウス・ラエリウスについて多くの事柄を正確にそして楽しげに語るのが常であったし、すべての話の中で彼を賢者と呼ぶのをためらわないのも常であった。
9．神官はプリュギアの武具をまとい、際立つ姿で遠くまで輝いて見えた。
10．万人の視界の中で（見守る中で）物事が行われていたため、誉れへの熱望と恥辱への恐怖が彼らを勇気へと駆り立てていた。

解答29
1．imperābit / serviet　　2．Carpent　　3．frangēs　　4．dabit
5．flōrēbit　　　　　　　6．eris / eris　7．sēparābit　8．līberābit
9．exspectābit.　　　　10．invenient

解答30
1．（天上の）神々の心を動かすことができないなら、アケローン（冥界）を動かそう。
2．明日になれば我々は再び大きな海を訪れるだろう。
3．あなたは自分の運命に満足して（or 満足すれば）賢明に生きるだろう。
4．もしあなたが侮辱を言えば、あなたも（侮辱の言葉を）聞くだろう。
5．あなたはコルクなしに泳ぐだろう。
6．僅かなものに僅かなものを加えよ。大きな堆積（山）ができるだろう。／ それは大きな山になるだろう。
7．偉大な人物は、法律や、制度、国家の種まきをしないだろうか。

8．恐ろしい松明が輝くのをあなたは目にするだろう。
9．おお、あまりに晴れ渡った天と海を信じた者、パリヌールスよ、あなたは裸のまま見知らぬ砂浜に横たわるだろう。
10．スキーピオーは生きているし、永遠に生きるだろう。

解答31
1．Estō　　2．damus　　3．dās / dās　　4．feret　　5．fit
6．aufert　　7．praeterit　　8．Ī　　9．Estō　　10．suntō

解答32
1．理性は万物の女主人であり女王である。
2．熱意は習慣に変わる。
3．私たちは自分の欠点もその治療も我慢することができない。
4．私はプラトーンとともに間違うことをむしろ望む。
5．あなたは必然（死）から逃れることはできないが、打ち勝つことはできる。
6．心においてあれ（落ち着け）、そして恐れを捨てよ。
7．正義は知恵を伴わなくても大いに力を発揮するであろうが、正義を伴わなければ知恵はまったく力を持たないだろう。
8．若者たちからは暴力が命を奪うが、老人からは円熟が（命を）奪う。
9．運命は財産を奪うことはできても、精神を奪うことはできない。
10．それゆえ金銭よ、不安に満ちた人生の原因よ（不安に満ちた人生の原因たる金銭よ）。汝のために我々は時期尚早の死の道（早死の道）に近づくのである。

解答33
1．Tū / ego（いずれも主格）
2．mē（対格）
3．mihi / tibi / nōbīs（いずれも与格）
4．Eōrum（男性・複数・属格）
5．ējus / eum（男性・単数・属格 / 男性・単数・対格）
6．eō（男性・単数・奪格）
7．Eam（女性・単数・対格）
8．nōs（対格）
9．suī / ējus（いずれも属格）
10．Vōs（呼格）

解答34
1．私は自分と一緒に自分の財産を運ぶ。
2．蜜蜂は自分たちのために蜜を作らない。
3．自分のためでなく祖国のために。
4．教養ある人間は自らの中に常に富を持つ。
5．賢人は、他人の試み（or 危険）から己を正し、改善する。
6．賢者は自らに命令する。

7．翌日彼らはその場所から陣営を移動する。
8．渇きがあなたの喉を焦がす時、果たして黄金の杯をあなたは求めるだろうか。
9．あなたをあなたのものが、私を私のものが喜ばせる。
10．その町からヘルウェーティイー族の（領土）まで橋が及んでいる（かかっている）。

解答35
1．Quae　　2．Hoc / hic　　3．istud　　　4．haec　　5．ipse
6．huīc　　7．Hōrum　　8．Quis / ipsōs　9．Ille　　10．illīus

解答36
1．彼は唸り声を出し、胸の奥底からこのような（次のような）声を炸裂させた。
2．私は何を（or なぜ）語っているのか。あるいは私はどこにいるのか。何という狂気が心を動かすのか。
3．神が（あなたの）その肉体の牢獄からあなたを解放しなければ、こちらへの入り口があなたのために開くことはあり得ない。
4．収穫だけでなく大地そのものの力と本性が私を喜ばせる。
5．豊富な葡萄酒は誰を雄弁にしないか。
6．これらすべて（の部族）は言語、習慣、法律の点で互いに異なっている。
7．同じものを私たちは是認し、同じものを非難する。
8．この時代においては、追従が友を、真理が憎しみを生む。
9．おまえはこの天界（の光景）をいつも眺め、あの人間世界のもの（光景）を軽蔑するようにせよ。
10．一人一人に終わりの日が定まっている。人生の短く取り戻せない時間が皆にある。だが、名声を事績によって広げること、これが武勇の仕事だ。

解答37
1．aliīs　　2．alterīus　　3．Nullī　　　4．ullīus　　5．ūnum / tōta
6．Uter　　7．sōlus / utrum　8．nēminem　9．neutrum　10．Nōnnullī

解答38
1．勤勉にとって不可能なものは何もない。
2．誰も祖国が偉大だから愛すのでない。（祖国は）自分のものだから（自分の祖国だから）愛すのである。
3．実際私には、自由ではないと思われる、時々何もしないということをしないような人は。
4．我々は皆人生の部分について考察し、全体については誰も考察しない。
5．他人の損失なしに利益は生まれ得ない。
6．友情の中には偽りのもの、見せかけのものは何もない。
7．父はしばしば言った、「なぜおまえは役に立たない学問を志すのか。ホメーロス自身何の財産も残さなかったのに」と。
8．私には少数の人々で十分、1人でも十分、誰もいなくても十分である。
9．酩酊は自発的な狂気以外の別の何ものでもない。

10．食べよ、飲め、遊べ。死後には何の楽しみもない。

解答39
1．quisque（名詞）男性・単数・主格
2．quaedam（形容詞）女性・単数・主格
3．aliquid（名詞）中性・単数・主格
4．Cūjusvīs（形容詞）男性・単数・属格
5．quisquam（名詞）男性・単数・主格
6．quis（名詞）男性・単数・主格
7．aliquid（名詞）中性・単数・対格
8．aliquō（名詞）中性・単数・奪格
9．Cuīvīs（形容詞）男性・単数・与格
10．quoddam（形容詞）中性・単数・対格

解答40
1．理性は人生のいわば光、光明のようなものである。
2．もし臆病な誰かがいるとすれば、私がその人である。
3．そしてこれほど多くの群衆の中から誰一人、あえてその男に立ち向かおうとする者はない。
4．ある時間は我々から奪われ、盗まれ、そして流れ去る。
5．集められた金銭は、各人に命令するか、仕えるかどちらかである。
6．それゆえ老年における鍛錬と節制は、かつての頑強さの幾ばくかを保つことができる。
7．貧乏は大きな恥辱として、どんなことでも行うように、あるいは耐えるように命じる。
8．いかなる英雄も神の啓示がなければ、決して偉大にはなり得なかった。
9．農夫らのうち誰が自然現象の原因について何かを探求しないだろうか。
10．あらゆる学問はある共通の絆を持っている。

解答41
1．posuit　　2．periī　　3．excitāvit　　4．invēnēre（invēnērunt）
5．prōfuit　　6．didicī　　7．contremuit / insonuēre（insonuērunt）
8．Intonuēre（Intonuērunt）　　9．Constitit / corripuit　　10．confirmāvit

解答42
1．スキーピオーには何も悪いことが起きなかった、と私は考える。
2．ソークラテースは初めて哲学を天から呼び寄せ、それを諸都市に据え置き、家の中にさえ招き入れ、人生や習慣、よいこと、悪いことについて問うように促した。
3．人生は大きな努力なしに何も人間に与えない。
4．事物の本性に相談しなさい。それはあなたに言うでしょう、自分は昼とともに夜も作ったと。
5．多くの人間の中傷が一人の人間の美徳を打ち負かした。

6．都市ローマを当初から王たちが支配した。自由と執政官職をルーキウス・ブルートゥスが定めた。
7．ソポクレースはきわめて高齢になって悲劇を書いた。
8．アリオウィストゥスはカエサルの要求には僅かしか返答せず、自分の功績については多くの自賛を行った。
9．最後の1日と避けることのできない時がダルダニアに来た。我々はトロイヤ人であった（今はそうではない）。イーリウムとテウクリア人の大いなる栄光があった（今はない）。
10．パリヌールスよ、神々の誰がおまえを我々から奪い、海の真ん中に沈めたのか。

解答43
1．fūgerit　　2．strinxerit　　3．vēnerit　　4．dempseris　　5．līberāverit

解答44
1．あなたたちは信じてしまわないかぎり、理解することはないだろう。
2．あなたは多くを所有する人を正しく幸福であると呼ぶことはできないだろう。
3．自由が崩れ落ちてしまう時、あえて自由に語ることを誰もしなくなるだろう。
4．あなたが私たちのところに来るなら、私たちはその問題全体に対する決定を行うだろう。
5．あなたがカルターゴーを滅ぼしてしまったら、あなたは最大の戦いを終えるだろう。
6．我々は暇になってしまうと希望を持ちたいと願う。
7．あなたは無駄にその欠点を避けることになるだろう、もし歪んだまま自分を別の欠点に向けるならば。
8．あなたが幸福である間は、多くの友人を数えることができるだろう。もし時が雲に覆われる時、あなたは1人になるだろう。
9．私が愚かに間違いを犯しても、友は許してくれるだろう。
10．それゆえ、もしあなたが（天）高く眺め、この住居と永遠の館を観察することを欲するなら、あなたは自分を民衆の噂話の中に与えることのないように、また、自分の業績についての希望を人間の褒賞の中に置くことのないようにせよ。

解答45
1．trāduxerant　　2．steterant　　3．mūtāverat　　4．inclūserat　　5．fuerat

解答46
1．彼らはこれほど大きな都を悲しみと嘆きで満たしてしまっていた。
2．ドゥムノリクスはその国からオルゲトリクスの娘を嫁にもらっていた。
3．ハエドゥイー族は援軍として騎兵隊をカエサルに送っていた。
4．マッシリア人は城門をカエサルに閉ざしていた。
5．他の者たちを勤勉が駆り立てる（た）ように、この者は怠惰が名声へと駆り立てていた。
6．あなたは心のない肉体ではなかった。神々はあなたに美しい姿と富を授けていた。
7．カエサルはこの軍団には（以前から）とくに好意を持っており、その武勇のため

最も信頼を寄せてもいた。
8．ここにカエサルはガッリアの人質全員、穀物、公の資金、自分と軍の荷物の大部分をすでに集めていた。
9．ここに彼はこの戦争のためにイタリアとヒスパニアで買い集めた馬の多くの数（多数の馬）を送っていた。
10．それゆえ、そのような男たちにとって労苦は不慣れではなく、いかなる場所も過酷で厳しいものではなく、武装した敵は恐るべきものではなかった。勇気がすべてを征服していた。

解答47
1．ferentēs（現在分詞、男性・複数・対格）
2．dīvīsa（完了分詞、女性・単数・主格）
3．ōrātum（目的分詞、中性・単数・対格）
4．moritūre（未来分詞、男性・単数・呼格）
5．referens（現在分詞、男性・単数・主格）
6．laudāta（完了分詞、女性・単数・主格）
7．victūrus / moritūrus（ともに未来分詞、男性・単数・主格）
8．amantī（現在分詞、男性・単数・与格）
9．actam（完了分詞、女性・単数・対格）
10．victūrum（未来分詞、男性・単数・対格）

解答48
1．だがその時不幸なディードーは運命に震え上がり死を祈る（祈った）。
2．狩りをするのにやる気のない犬を連れて行くことは愚かである。
3．ここから、（ある）国民が広く世界の王として、また戦いで勝ち誇る者として、リビュアの破滅のために出てくる（生まれてくる）ことを彼女（ユーノー）は聞いていた。
4．彼女はあなたにイタリアの人民について、来るべき戦争について解き明かすだろう。
5．国の心、精神、思慮、考えは法の中に置かれている。
6．あなたはどうして自分に向かって近づく父パウルスを（or 父パウルスが近づくのを）見ないか（見てはどうか）。
7．岸に打ち上げられ、裸同然の男を私は受け入れ、狂気に駆られて王国の任務に置いた（王国の運営に参画させた）。
8．あなたたちは確かにわかるでしょう、これほどの老年が惨めであったことは言うも不敬であることが（惨めであったと口にするのは不敬であることが）。
9．アポッローは、おまえが海の上で無事であるだろうこと、また、アウソニアの土地に着くだろうことを予言していた。
10．ノウィオドゥーヌムはリゲル川の岸辺にあるハエドゥイー族の町で、便利のよい場所に置かれていた。

解答49
1. parendō（奪格）
2. metuendō（奪格）
3. discendum（対格）
4. agendō（奪格）
5. Scrībendī（属格）
6. cadendō（奪格）
7. audiendī（属格）
8. Audendō（奪格）
9. carendī（属格）
10. Dēlīberandō（奪格）

解答50
1. 大胆に振る舞うことで勇気は増し、躊躇することで恐怖が（増す）。
2. 彼は使者たちに返答する、自分は熟考するために1日費やすだろう、と。
3. 貧しい者には思索したり休息を取る場所が（この）都市にはない。
4. 賢者が自足しているのは、幸福に生きるためであり、（単に）生きるためではない。
5. 今やアエネーアースは高い船の上にいて出航を心に決め、すでに物事を適切に準備して（あらゆる準備を滞りなく終えて）眠りを楽しんでいた。
6. 従ってこれは友情ではない、一方が真実を聞きたがらず、他方が嘘をつく準備をしているのだから。
7. 従って、時には私も、自分の意志によって（自分の思いのままに）生きるすべての理由を探すのだ。
8. 生きていて目の前にいる人たちだけが、学ぶ熱意のある者を教え、教育するのではなく、この同じことを（教える者の）死後にも文字の記録（著作物）によって達成する。
9. 祖国に対し武器を手に取ることの理由は、誰にとっても正当であり得ない。
10. 反対する者には譲歩せよ。譲歩することであなたは勝者として去るだろう。

解答51
1. mittendum（中性・単数・主格）
2. incipiendum（中性・単数・主格）
3. Superanda（女性・単数・主格）
4. Quaerenda（女性・単数・主格）
5. Dēlīberandum / statuendum（ともに中性・単数・主格）
6. despērandum（中性・単数・主格）
7. generandī（中性・単数・属格）
8. vīvendum（中性・単数・主格）
9. serendum（中性・単数・主格）
10. discendum（中性・単数・主格）

解答52
1. 万事はそれにふさわしい時になされるべきである。
2. それゆえ、いかなるものも無から生じ得ない、と認めなければならない。
3. これらの事柄を成し遂げるのに自分たちには2年あれば十分、と彼らは判断した。
4. いかなる財産も、黄金や銀の力も、美徳よりいっそう重要であると判断されるべきではない。
5. 友情を解消する際、時にはある種の損失が不可避である。
6. 少年たちの才能を磨く上で無益ではない遊びが少なからずある。
7. 彼らは街を築くための場所を選んだ。
8. 老年には立ち向かわねばならない。その欠点は注意深さによって相殺されねばならない。
9. 彼らは、（木馬の）像が神殿まで導かれるべき、女神の神意が祈られるべきだと大声で叫ぶ（叫んだ）。
10. 長生きすることについて考え過ぎたり、多くの執政官（何度も執政官を務めること）を大きな幸せの中に数えたりするような者には誰にも、平穏な人生は訪れない。

解答53
1. offertur / āmittitur
2. Premēbantur / prohibēbantur
3. retinēbar
4. solvuntur
5. aperiētur
6. jūdicābiminī
7. Nūtrītur / restinguitur
8. Panduntur
9. Dabitur
10. praecipitābantur

解答54
1. 美徳だけは贈り物として与えられたり、受け取られたりしない。
2. 危険は危険なしに克服されない。
3. 確かな友は不確かな状況の中で確かめられる。
4. 手本なしには、いかなるものも正しく教えられることも学ばれることもない。
5. 人間界の出来事のうちいかなるものも、神の意志なしになされることはない。
6. 精神は自らが他の力でなく自分の力によって動かされるのを感じる。
7. これらの事柄を成し遂げるためにオルゲトリクスが選ばれる。
8. 肉体は鍛錬による疲労で重くなるが、精神は鍛えることで軽くなる。
9. 肉体の力や速さ、機敏さによってでなく、思慮と権威と思想によって大きな事業はなされる。
10. 鳥は飛ぶために、馬は駆けるために、野獣はどう猛になるために生まれるように、精神の活発さと鋭敏さは我々（人間）に固有なものである。

解答55
1. nātī 2. Factus 3. mortuus 4. ēreptus 5. ēnuntiāta

解答56
1. partum 2. perterritus 3. erat 4. pācātī 5. confecta

解答57
1．企ての一部が残っている。仕事の一部は終えられた。
2．悪い習慣からよい法律が生まれた。
3．彼は立ち去った。私は眠りから解かれた（目覚めた）。
4．彼の到着についてヘルウェーティイー族が知らされた時、彼らは使節を彼のところに送った。
5．そこで（or その時）オルゲトリクスの娘と息子たちの1人が捕まえられた。
6．クセルクセースがグラエキア（ギリシャ）に降りてきた時、すなわち彼が追放されてからおよそ6年目に、彼は民会決議によって祖国に連れ戻された。
7．デーモステネースは他の者たちとともに、民会決議によって流刑地に追放されていた。
8．彼の父はセークァニー族の中で長年王権を保持していたし、元老院からはローマ国民の友と呼ばれてもいた。
9．同様の元老院の決議によって、国家（の運営）は執政官ガーイユス・マリウスとルーキウス・ウァレリウスにゆだねられた。
10．あなたが凱旋車でカピトーリウムに乗り入れる時、私の孫の計略によって混乱した国家に出くわすことだろう。

解答58
1．lābuntur　　2．fruantur　　3．nascitur　　4．persequitur
5．Orīmur / morimur　　6．nascētur　　7．imitātur　　8．sequitur
9．moriuntur　　10．intuēbuntur

解答59
1．カエサルは与え、支え、許すことによって、カトーは何も分け与えないことによって栄光を得た。
2．図書館の中では亡びた者たちの不滅の魂が語る。
3．我々は偉大な人物を運によってでなく、武勇の徳によって評価する。
4．私は天で輝く星と同じだけの不幸に耐えた。
5．ベルガエ族はガッリアの最果ての領土から始まり、レーヌス川の下流の部分に達し、北と昇る太陽（東）に向いている。
6．我々は常に禁じられたものを追求してやまず、拒絶されたものを追い求める。
7．人間の数の多さ、戦争と勇気の栄光の割に、自分たちは狭い領土を持っていると彼らは考えていた。
8．ディーウィキアークスは多くの涙とともにカエサルにすがりつき、嘆願を始める。
9．頭を置き（横にし）、疲れた目を仕事から遠ざけよ。
10．この（文学の）研究は若者を育成し、老年を楽しませ、順境を飾り、逆境においては避難所や慰めを与え、家にあっては喜びを与え、外にあっては邪魔にならず、我々とともに夜を明かし、外国を旅し、田舎暮らしをする。

解答60
1. efficī　　2. Scīre / solvere　　3. morī　　4. mūtārī
5. imitārī　　6. loquī / tacēre　　7. Flectere　　8. esse
9. trādī / prōdūcī　　10. disputārī / disputārī

解答61
1. 神は人間に気高い顔を与え、天を見るように命じた。
2. それでもなお我々はためらうのか、行為によって美徳を広めることを。
3. 喜劇の主題は悲劇の詩行で語られることを望まない。
4. 私はあなたに昔の人たちの教えを語ることができる。
5. すべての者たちは私がユピテルの息子であると誓って断言するが、この傷は私が人間であると叫んでいる。
6. エパミーノーンダースは竪琴によって（を使って）見事に演奏したと言われる。
7. だが、神々の運命は、私たちがあなた方の土地を求めるよう、自らの命令によって駆り立てた。
8. 倹約への配慮なしに研究は実りあるものになり得ない。
9. 彼は言う、「私は感づいている、おまえが今もまだ人間の住居と住まいに心を寄せていることに」と。
10. きわめて多くの事柄への希望が子どもたちの中で輝いている。それ（希望）が年齢によって消え失せるなら、素質でなく（教育上の）配慮が欠けていたということが明らかである。

解答62
1. quī　　2. quō　　3. quōs　　4. quod　　5. quem
6. quae　　7. quōrum　　8. cuī　　9. quārum　　10. Quae

解答63
1. 不十分に持つ（わずかしか持たない）者でなく、より多く望む者が貧しい。
2. 罪を否定する者は2度罪を犯す。
3. 調和のあるところ、そこには常に勝利がある。
4. あなたがたは、大衆に喜ばれるものは何であれ、避けよ。
5. それゆえ、私が初めに述べたことが真実となる。すなわち、友情は立派な人間の間以外ではあり得ない、と。
6. （都会の）仕事を離れ、父祖伝来の田舎の土地を自分の牛を使って耕す者は幸いである。
7. 「感謝を」と彼は言う、「あなたに捧げる、至高の太陽よ、そしてあなた方、天に住む他の神々よ。というのは、私がこの人生から立ち去る前に、自分の王国とこの屋敷の中に、プーブリウス・コルネーリウス・スキーピオーを見ているのだから。私は彼の名前そのもの（を耳にすること）によって、生き返る思いがする。」
8. あなたは国の安全が頼みとする唯一の人になるだろう。
9. だがスキーピオーよ、（おまえは）ここにいるおまえの祖父のように、またおまえ

を生んだ私のように、正義と敬虔を大切にせよ、それは両親や近親の者に対して大きな意味を持つだけでなく、とりわけ祖国に対して最大の意味を持つ。
10. ガッリアの全体は3つの部分に分かれている。その1つにベルガエ族が住む。2つ目にアクィーターニー族が住み、3つ目に彼ら自身の言語でケルタエ族、我々の言語でガッリー族と呼ばれる者たちが住む。

解答64
1. Frustrā 2. Cottīdiē 3. Nusquam 4. Bis 5. falsō
6. Haud 7. jūrē 8. vix 9. perpetuō 10. Tardē

解答65
1. 年老いた愚者は長く生きたのではなく、長くいた（だけ）である。
2. 今国民は家の中ではライオン、家の外では狐である。
3. 貧しい者に恩恵を素早く与える者は（恩恵を）2度与えることになる。
4. 我々の肉体はゆっくりと成長し、すぐに滅ぼされる。
5. 復讐の女神はゆっくりと、しかし静かな足で訪れる。
6. このように人生は少しずつ知覚なしに（知らぬ間に）終わりに近づき、突然壊されるのではなく、長い時間をかけて消されていく（消え去るのである）。
7. 穏やかに清らかに優雅に過ごされた人生の静かで温和な老年というものがある。
8. 彼女はこれだけ言うと口を閉ざす。ただちに蒼白が顔面をとらえる（顔面は蒼白になる）。
9. いつも同じ弦で間違うキタラ弾きは笑われる。
10. 彼らは金銭だけでなく命まで祖国のために惜しみなく捧げた。

解答66
1. ā 2. sine 3. apud 4. prope 5. trans
6. cōram 7. sub 8. Cum 9. prō 10. Ē

解答67
1. 月の上はすべてが不滅である。
2. 勇気は逆境の中で大きくなる。
3. 調和から幸福が生まれますように。
4. 向こう見ずが勇気の名の下に隠れている。
5. アッロブロゲース族は多大な配慮と注意とともに自らの領土を守る。
6. 支配権あるいは富が原因で、人間の間には戦争とすべての（あらゆる種類の）争いがある。
7. 様々な苦難を通じ、これほど多くの危機を通じ、我々はラティウムを目指すのだ。
8. 欲望は思慮の邪魔をし、理性と対立し、精神の目を閉ざし、美徳といかなる交わりも持たない。
9. その理由から、ヘルウェーティイー族もまた残りのガッリー族を武勇の点で凌駕している。
10. 若者たちは徳への熱意に導かれるような老人の教訓を喜ぶ。

解答68
1. mollius　　2. Melior　　3. dulcius　　4. perennius　　5. Mājorī
6. jūcundius　7. facilius　8. dulcior　　9. gravior　　10. satius

解答69
1. 遅かれ早かれ我々は一つの住処に急ぐ。
2. この時代においてすべての人物の中で最も影響力のあったのがアンティオクス王であった。/ すべて（の王）の中で最も影響力のあった王がアンティオクスであった。
3. 人間は耳より目をより強く信じる。
4. 確かな平和は希望された勝利より優れており安全である。前者はあなたの、後者は神々の手の中にある。
5. かくしてあの最高にして決して負けることのない英雄の記憶は、私の心から消え去ることはない。
6. 友情は順境をより輝かしいものにし、逆境に耐え、分かち合うことによってそれをより軽いものにする。
7. もし老人が研究や学問といういわば（生きる）糧のようなものを持つなら、閑暇ある老年以上に快いものはない。
8. 彼らより恐ろしい怪物も、（彼らより）残酷な悪疫や神々の怒りも、ステュクスの流れから姿を見せたことはない。
9. 浜辺に貝殻があるほど、それだけ多くの悩みが恋にはある。
10. というのも、全世界を支配するあの最高の神にとって、少なくとも地上で起きることで、法によって結ばれた「国」と呼ばれる人間の結合と集まり以上に好ましいものはないからである。

解答70
1. octōgēsimum（octōgensimum）
2. mille
3. ter
4. vīcēsimam（vīcensimam）
5. nōnō
6. decimā
7. septēnōs
8. mīlibus
9. octōgēsimum（octōgensimum）
10. Quartō

解答71
1. 彼らは100年の間さまよい、この岸のまわりを飛び回る。
2. 高潔さは次の4つの部分に分類されるのが常である。すなわち、分別・正義・勇気・節度（の4つである）。
3. 若年の兵として私はカプアに、その5年後にはタレントゥムに出発した。

4．イーソクラテースはその本を94歳で書いたと言っている。
5．ゴルギアースは107年を完了し（107歳を過ぎても）、自分の研究と仕事を怠らなかった。
6．ポルクスの子どもたち、数にして7人が、7本の槍をアエネーアースに向けて投げつける（投げつけた）。
7．しかし彼らは、人間の数の多さ、戦争と武力の栄光に比べて、自分たちは狭い領土を持っていると考えていた。それは（その領土は）長さにして240ローママイル、幅にして180ローママイル広がっていた。
8．彼らはすでに自分たちがその計画に対し準備ができたと考えた時、数にしておよそ12ある自分たちのすべての町々、およそ400の村落、その他の個人の建物を焼く（焼いた）。
9．この戦闘によって士気の上がったヘルウェーティイー族は、というのも500の騎兵でこれだけ大きな騎兵の数（これだけ多くの騎兵）を駆逐したからであるが、いっそう大胆に一度ならず踏みとどまり、後衛で我が軍を戦闘によって挑発し始めた。
10．（我々を）最も苦しめ、我々の世代を不安なものにすると思われる4番目の原因、すなわち死の接近（の問題）が残っている。それは確かに老年から遠くあることは可能ではない（遠くあり得ない）。

解答72
1．taceat　　2．dūcat　　3．Spērēmus　　4．faciant　　5．metuās / optēs
6．laudēs　　7．faciās　　8．querar　　9．Dīligās　　10．nesciat

解答73
1．あなたにとって土が軽くありますように。
2．私は深紅の花をまき散らそう。
3．君だけが私のお気に入りだ。キュンティアよ、私だけが君のお気に入りになるようにしよう。
4．楽しいことを摘み取ろう。死んだらあなたも灰と噂になるだけだから。
5．愛したことのない者は明日愛すように（せよ）。愛したことのある者は明日愛すように。
6．私は（彼の）きわめて親切な心ばえ、母への孝心、姉妹への率直な態度、身内の者たちへの善意、万人への公正さについて、何を語ろうか（語る必要があろうか）。
7．（君の言う）その追従は、どれだけ害あるものであっても、それを受け入れる者やそれによって喜ばされる者を除き、誰にも害を与えることができない。
8．神と残酷な運命の女神が呼ぶところに我々は従おう。
9．ああ、過ぎ去った歳月をユッピテルが私に取り戻してくれたなら。
10．私は偽りを論駁するのと同じくらい容易に真実を見つけられたらいいのだが！

解答74
1．sustinēret　　2．petat　　3．sit　　4．adiciant　　5．dispiciantur

6．pugnent　　7．patiāminī　　8．sim　　9．sit　　10．agerent

解答75
1．哲学がどこから（何に基づいて）そう呼ばれるかは明白である。というのも、その名前自体によって、それが何を愛するのかを表しているからだ。
2．ここで私は尋ねた、私たちが死んだと思っている彼自身や父パウルスやその他の者たちが生きているのかと。
3．私には自分の良心で（良心があれば）十分である。私について（他の）人々が何を言うかは気にかけない。
4．アリオウィストゥスは答える。もし何かが自分自身にとってカエサルから必要であるなら（もし自分にカエサルに対する何らかの要求があるなら）、自分が彼のところに行くだろうし、もし彼が自分に何かを求めるなら、彼が自分のところに出向くべきであると。
5．アゲシラウスはラケダエモニイー人を説得した、アシアに軍隊を派遣し、王に戦争を仕掛けるようにと。
6．実際時間や日、月や年は進みゆく。過ぎ去った時は決して戻らない。何が後に続くかは知られることができない（を知ることはできない）。
7．続いて、私たちが眠るために退いた時、旅のために疲れ、夜遅くまで寝ずにいた私を、いつもより深い眠りがとらえた。
8．彼は、部族の者たちに、自分たちの領土からすべての財産とともに出て行くよう説得した。
9．それゆえ、あらゆる善きものの母は知恵ということになる。ギリシャの言葉ではこれ（知恵）への愛から哲学はその名を手に入れたが、いかなるものもそれ（哲学）以上に豊かで、輝かしく、素晴らしいものとして不死なる神々から人間の生に与えられたものはない。
10．私は君たちに、それなしには友情が成り立たない美徳を次のように（高く）位置づけるよう励ます。すなわち、それが除外されると、何ものも友情よりすぐれたものはないと君たちが考えるほどに。

解答76
1．彼らは耐えられるべきあらゆる危険に対しいっそう覚悟するため（あらゆる危険に耐える覚悟をいっそう固めるため）すべての穀物を焼き尽くす。
2．もし、人間が過ちを犯すたびユッピテルが自分の雷を投げるなら、短期間のうちに彼（ユッピテル）は丸腰になるだろう。
3．彼の生涯は、幸運の点でも栄光の点でも、（それ以上）何一つ付け加えられないほどであった。
4．願わくは、その栄誉を、スキーピオーよ、不死なる神々がおまえのために残しておかれんことを、おまえが、祖父のやり残した仕事を成し遂げるために！
5．我々が多くを語らず、他方、より多くを聞くべしと警告するため、自然はすべての人間に1つの舌と2つの耳を与えた。

321

6. アリスティーデースは、度を超えて正しいという理由で祖国から追放されたのではなかったか。
7. だがアーフリカーヌスよ、あなたが国家を守ることにより熱心になるため、このように受け取るがよい、すなわち、祖国を守り、助け、大きくしたすべての者のために、天には特定の場所が定められており、そこで彼らは幸福な者となって永遠の生涯（永遠の命）を享受できるのだと。
8. 死を覚悟しながら私は誰を恐れたのか。松明を陣営に投げ込み、甲板を炎で満たし、父も息子も一族もろとも根絶やしにし、その上に私自身が身を投じればよかったのだ。
9. この戦いが行われた後、ヘルウェーティイー族の残りの軍勢を追撃できるように、彼はアラル川に橋を架けるよう取り計らい、そのようにして軍隊を導く（橋によって軍隊を渡らせる）。
10. マルクス・ペトローニウスは、同じ軍団の百人隊長であったが、城門を破ろうと努めたものの、（敵軍の）大多数に圧倒され、すでに多くの傷を受けて自ら（の命）をあきらめ、自分に従った兵士たちに対し、「私は自分自身を諸君とともに一緒に救済できない以上、ともかく少なくとも諸君の命（だけ）は助けたい。私は名誉への願望に駆り立てられ、諸君を危険の中に導いてしまったのだ」と言う。

解答77
1. aliōrum　2. eum　3. Morī　4. tuī sermōnis　5. scīre / loquī
6. interesse　7. verbīs　8. meā　9. vidēre　10. tundere

解答78
1. 愚かに語るよりも黙っているほうがましである。
2. 金銭には命じるべきで、従うべきではない。
3. 恥ずべき男の形見全部を破棄することは我が喜びだ。
4. もし獣を探し出す必要があるなら、（猟）犬に関しては（嗅覚の）鋭さが一番（大事）である。
5. 徳そのものがその魅力によって、あなたを真の名誉に導くべきである。
6. 私はあなたの学識があなたの役に立ったことを喜んだ。
7. もしあなたが心において空になりたければ（心を空っぽにしたければ）、貧乏人になるか貧乏人に似る（をまねる）必要がある。
8. あなたがどれだけ多くの本を持っているかではなく、どれだけよい本を持っているかが重要である。
9. アウソニア人がトロイヤを懐に迎え入れたことについて後悔することはないだろう。
10. ここでアーフリカーヌスよ、あなたは自分の精神と才能と思慮の光を祖国のために示さねばならぬだろう。

解答79
1. Receptō　2. caesīs　3. sublātā　4. consulibus　5. rēge

解答80

1. この時、ヌミトルが兄弟の体から槍を奪い取り（抜き取り）、アエネーアースを攻撃した（アエネーアースに投げつけた）。
2. 古代ローマ人は皆、自由の魅力を経験したことがないため、支配されることを望んでいた。
3. あなたの子孫である私たちは、その私たちにあなたは天の城塞を約束しているのだが、船が失われ（船を失い）――ああ恐ろしい！――、あの1人の怒りのために裏切られ、イタリアの海岸から、遠く引き離されたままである。
4. 彼はマルクス・メッサーラとマルクス・ピーソーが執政官だった年、王権への欲望に導かれ、貴族たちとはかりごとをし、自分たちの領土から出るよう部族の者たちを説得した。
5. 「確かに」と私は言う、「アーフリカーヌスよ、もし本当に祖国のために尽くした者に天界の入り口へのいわば道のようなものが開かれるなら、私は少年時代から父とあなたの足跡をたどり、あなた方の名誉をなおざりにしたことはなかったとはいえ、今はしかし、かくも大きな褒賞が与えられたので、はるかにいっそう注意深く努力しましょう」。
6. この言葉に導かれ、彼らは互いに信義と誓いを与え（交わし）、王権が手に入ると、3つの最も力のある強い部族を通じ、全ガッリアを自分たちが手に入れることが可能になる、と希望を持つ。
7. 彼ら自身はきわめて密集した戦列によって、我々の（我が軍の）騎兵隊が押し返され（騎兵隊を押し返し）、方陣が作られると（方陣を作ると）、我々の第一の戦列の下に迫った。
8. そのことが知らされるとカエサルは、出発を中断し、すべての事柄を延期し、彼を追跡するため騎兵隊の大部分を送り、（彼が）連れ戻されることを命じる。
9. これらの事柄が捕虜と脱走兵によって知られると（知らされると）、カエサルは騎兵隊を先発させ、速やかに後を追うよう軍団に命じた。
10. だがもし遠く離れた民族のもとで行われる事柄を諸君が知らないのなら、隣のガッリアを見よ。それは法も掟も変えられ属州に（姿を）変えられ、（ローマの権威の）斧に従属させられ、永遠の隷属に苦しめられている。

解答81

1. 私は何を（orなぜ）語るのか。あるいは私はどこにいるのか。いかなる狂気が心を動かしているのか。
2. なぜ私は繰り返す（繰り返し語る）のか、エリュクスの岸辺で焼き尽くされた艦隊のことを。
3. 残忍きわまりない者よ、（私の）息子（の命）が奪われ（を奪い）、なぜおまえは私を脅すのか。
4. おまえはどれだけ多くの死につつある体（死体）を大地に投げつけるのか。
5. おまえにはあの都市が見えるか、私によってローマ国民に服従するよう強いられ

ながら、以前の戦争を再び始め、静かにしていることができないあの都市が。
6. どうしておまえは自分の方に来る父パウルス（父パウルスが来るのが）見えないのか。
7. 恥ずべきは、進むのでなく運ばれる（周囲に流される）ことだ。そして突然事件の渦の中で、呆然としながら尋ねることだ、「私はどのようにしてここにやって来たのか？」と。
8. アーフリカーヌスが（そう）語るのを聞いたように、これが（本当の）生であるなら、なぜ私は地上でぐずぐずするのか。
9. おまえはどのような聖域の中に入ったか、気づかないのか。
10. それゆえ、偉大で卓越した英雄たちにとってすべてがある（かかっている）この場所への帰還をもしおまえが断念するなら、（天界の）ほとんど1年の僅かな部分に達することのできないその（おまえにかかわる）人間の栄光は、結局どれだけの値打ちがあるのか。

単語集

単語

A

ab, abs, ā 〈奪格支配〉～から、～によって
abdō, -ere, -didī, -ditum 隠す
abeō (ab + eō), -īre, -iī (-īvī), -itum 退く、（立ち）去る、過ぎ去る、～に変わる
aberrō, -āre, -āvī, -ātum さまよう
abluō, -ere, -luī, -lūtum 洗う
aboleō, -ēre, -olēvī, -olitum 破棄する
abs = ab
absum, abesse, āfuī（未来分詞 āfutūrus, -a, -um）いない、不在である、ない、離れている
ac = atque
accēdō, -ere, -cessī, -cessum 付け加えられる
accelerō, -āre, -āvī, -ātum 急ぐ
acceptus, -a, -um 好ましい
accidō, -ere, -cidī 起きる、ut 以下のことがたまたま起きる
accipiō, -pere, -cēpī, -ceptum 受ける、受け取る、受け入れる
accommodātus, -a, -um ふさわしい
accūsō, -āre, -āvī, -ātum 非難する
ācer, -cris, -cre 鋭い
acerbitās, -ātis f. 苛酷さ
acervus, -ī m. 堆積
Acherōn, -ontis m. アケローン（冥界の川）、冥界
aciēs, -ēī f. 戦列
ācriter 激しく
actiō, -ōnis f. 営み
actum, -ī n. 行為
acuō, -ere, -uī, -ūtum 刺激する、磨く
ad 〈対格とともに〉～に向かって、～のために、～に関して、～のところに、および numerō ad duodecim 数にしておよそ12の
addō, -ere, -didī, -ditum 加える
addūcō, -ere, -duxī, -ductum 導く、促す、駆り立てる、心を動かし～する気にさせる
adeō, -īre, -iī, -itum 攻撃する、立ち向かう、近づく
adhūc 今なお、依然として
adiciō, -icere, -jēcī, -jectum 加える
adipiscor, -ipiscī, adeptus sum 手に入れる
aditus, -ūs m. 入り口
adjungō, -ere, -junxī, -junctum 味方につける
adjuvō, -āre, -jūvī, -jūtum 助ける、助力する
adsum → assum
adulescens, -entis c. 若者（形容詞として）若い
adulescentia, -ae f. 青春時代
adulescentulus, -a, -um 若年の
adveniō, -īre, -vēnī, -ventum 着く
adventus, -ūs m. 到着
adversum, -ī n. 反対方向、（複数）逆境
adversus 〈対格〉に対して
aedificium, -ī n. 建物
aedificō, -āre, -āvī, -ātum 建設する
aeger, -gra, -grum 病気の
aegrē やっとのことで
Aeneadēs, -ae m. アエネーアースの血を引く者たち
Aenēās, -ae m. アエネーアース（ローマ建国の祖）
aequō, -āre, -āvī, -ātum 等しくする、同じにする
aequor, -oris n. 海
aequus, -a, -um 平静な aequō animō 平静な心で
aes, aeris n. 青銅
aestimō, -āre, -āvī, -ātum 判断する、評価する
aetās, -ātis f. 歳月、時、人生、世代、年齢
aeternitās, -ātis f. 永遠
aeternus, -a, -um 永遠の
aethēr, -eris m. 天、天空
aevum, -ī n. 生涯
afferō, afferre, attulī, allātum もたらす
afficiō, -cere, -fēcī, -fectum 苦しめる

affirmātiō, -ōnis f. 断言
afflātus, -ūs m. 啓示
Āfrica, -ae f. アフリカ
Agedincum, -ī n. アゲディンクム（都市名）
ager, -grī m. 畑、田畑
agitātiō, -ōnis f. 活発さ
agitō, -āre, -āvī, -ātum 動かす
agmen, -minis n. 群衆、行軍中の軍隊　nōvissimum agmen 後衛
agnoscō, -ere, agnōvī, agnitum 識別する、認める
agō, -ere, ēgī, actum 行う、成し遂げる、追いかける、駆り立てる、営む
agricola, -ae m. 農夫
agricultūra, -ae f. 農業
āiō 言う
āla, -ae f. 腋
alacer, -cris, -cre 熱心な
Alcinous, -ī m. アルキノウス（パエアーキア王）
ālea, -ae f. 賽（さい）
aliēnus, -a, -um 他人の
aliquandō 時には
aliquī, aliqua, aliquod（不定形容詞）ある、若干の、何らかの
aliquis, aliquis, aliquid（不定代名詞）誰か、誰かある人、何か、あるもの
alius, alia, aliud 他の
Allobrogēs, -um m.pl. アッロブロゲース族
alō, -ere, aluī, altum 育てる、養う
altē 高く
alter, -era, -erum（2つのうち）他方の、もう一方の
altum, -ī n. 天の高み
altus, -a, -um 高い、深い、そびえる
amans, -antis c. 恋人
Amaryllis, -idis f. アマリュッリス（女性名）
ambulō, -āre, -āvī, -ātum 散歩する
āmens, -entis 正気でない
amīca, -ae f.（女の）恋人
amīcitia, -ae f. 友情
amīcus, -ī m. 友、友人

amīcus, -a, -um 親しい、親切な
āmittō, -ere, -mīsī, -missum 失う
amnis, -is c. 川
amō, -āre, -āvī, -ātum 愛する、恋する
amor, -ōris m. 愛
amplius より多く、より長く、よりはなはだしく
amplus, -a, -um 大きな
an （間接疑問文において）～かどうか
Andriī, -ōrum m.pl. アンドロス島の住人
anfractus, -ūs m. 循環
angō, -ere, anxī, anctum 苦しめる
anguis, -is c. 蛇
angustiae, -ārum f.pl. 狭い場所、狭さ、隘路
angustum, -ī n. 困難、苦境
angustus, -a, -um 狭い、困難な
anima, -ae f. 魂、命
animal, -ālis n. 生き物
animus, -ī m. 心、精神、勇気
annōsus, -a, -um 年老いた
annuō, -ere, -nuī, -nūtum 約束する、〈与格〉に同意する
annus, -ī m. 年、歳月　multōs annōs 長年
anquīrō, -ere, -quīsīvī, -quīsītum 探し求める
ante〈対格より〉先に、以前に　ante omnia 何より先に
anteā それまで、今まで
anteferō, -ferre, -tulī, -lātum〈対格〉を〈与格〉より優先させる
antequam ～する前に
Antiochus, -ī m. アンティオクス（王の名）
antīquus, -a, -um 古い
Antōnius, -ī m. アントーニウス（ローマの氏族名）
anxius, -a, -um 熱心な
aper, -prī m. イノシシ
aperiō, -īre, aperuī, apertum 開く
apis, -is f. 蜜蜂
Apollō, -inis m. アポッロー（神の名）
appāreō, -ēre, -pāruī, -pāritum 現れる、明白である

appellō, -āre, -āvī, -ātum 呼ぶ
appetō, -ere, -petīvī, -petītum 求める
Appius, -ī m. アッピウス（ローマの個人名）
appropinquātiō, -ōnis f. 接近
apud〈対格〉のもとで、の間で
aqua, -ae f. 水、真水、川
aquila, -ae f. ワシ
Aquītānī, -ōrum m.pl. アクィーターニー族
āra, -ae f. 祭壇
Arar, -aris m. アラル川
arbitrātus, -ūs m. 思い、判断
arbitrium, -ī n. 思惑
arbitror, -ārī, -ātus sum 考える、思う
arbor, -oris f. 樹木、木
arbustum, -ī n. 植林地
architectus, -ī m. 建築家
arcus, -ūs m. 弓
arduus, -a, -um 厳しい、困難な、そびえ立つ
Arganthōnius アルガントーニウス（王の名）
argentum, -ī n. 銀
Ariovistus, -ī m. アリオウィストゥス（王の名）
Aristīdēs アリスティーデース（アテーナエの政治家の名）
arma, -ōrum n.pl. 武器、戦争
armātus, -a, -um 武装した
Armeniī, -ōrum m.pl. アルメニア人
ars, artis f. 技術、芸術
artifex, -ficis c. 芸術家
artus, -a, -um 強い、深い artus somnus 熟睡
artus, -ūs m. 四肢、身体
arvum, -ī n. 田畑
arx, arcis f. 城塞
ascendō, -ere, -scendī, -scensum 登る
ascensus, -ūs m. 坂道、段階
Ascra, -ae f. アスクラ（ギリシャの地名。ヘーシオドスの生地）。
Ascraeus, -a, -um アスクラの
ascrībō, -ere, -scripsī, -scriptum 書き加える
asinus, -ī m. ロバ

asper, -era, -erum 困難な、苦しい、粗い、固い、厳しい、過酷な
aspiciō, -cere, -spexī, -spectum 見る、気づく
assentātiō, -ōnis f. 追従
assequor, -sequī, -secūtus sum 達成する
assiduus, -a, -um 絶え間ない
assum, adesse, affuī（未来分詞 affutūrus, -a, -um）そこにある、居合わせる、現れる
astrum, -ī n. 星
Athēnae, -ārum f.pl. アテーナエ
Athēniensēs, -ium m.pl. アテーナエ人
āthlēta, -ae m. 運動家
atque そして
ātrium, -ī n. 広間
attat おっと
attineō, -ēre, -tinuī, -tentum 関係する
attingō, -ere, -tigī, -tactum 接する
auctōritās, -ātis f. 権威、助言
audāciter 大胆に（比較級は audācius）
audax, -ācis 大胆な
audens, -entis 勇敢な
audeō, audēre, ausus sum 敢えて行う、大胆にも〜する、挑戦する、躊躇せずに行う
audiō, -īre, -īvī(-iī), -ītum 聞く
auferō, auferre, abstulī, ablātum 運び去る、奪う、〈与格〉から〈対格〉を奪う
augeō, -ēre, auxī, auctum 大きくする
augescō, -ere, auxī 成長する
augur, -uris c. 鳥卜官（ちょうぼくかん）
augustus, -a, -um 荘厳な
Augustus, -ī m. アウグストゥス（ローマ皇帝の称号）
aura, -ae f. 風、そよ風
aureus, -a, -um 黄金の
auris, -is f. 耳
aurōra, -ae f. あけぼの
aurum, -ī n. 黄金
Ausonia, -ae f. アウソニア（イタリアの詩的呼称）
Ausoniī, -ōrum m.pl. アウソニア人（イタリア人）

Ausonius, -a, -um アウソニア（イタリア）の
aut あるいは、または（命令文に続き）さもなくば
autem さらに、ところで、一方
Automatia, -ās f. アウトマティア（運命の女神）
auxilium, -ī n. 助け、援助、援軍
avāritia, -ae f. 貪欲
avārus, -a, -um 〈属格〉に対して貪欲な
avidus, -a, -um 〈属格〉に心がはやる
avis, -is f. 鳥
avus, -ī m. 祖父

B

bāca, -ae f. 実
barba, -ae f. ひげ
beātus, -a, -um 幸福な、繁栄した
Belgae, -ārum m.pl. ベルガエ族
bellum, -ī n. 戦争
bellus, -a, -um 美しい
bēlua, -ae f. 怪物
bene よく、立派に
beneficium, -ī n. 恩恵、善行
benevolentia, -ae f. 親切
bestia, -ae f. 獣
bibliothēca, -ae f. 図書館
bibō, -ere, bibī, bibitum 飲む、飲み込む
biennium, -ī n. 2年間
bis 二度
blandus, -a, -um 魅惑的な
Boeōtī, -ōrum m.pl. ボエオーティー人
bonitās, -ātis f. 善意
bonum, -ī n. 幸福、利益　prō bonō pūblicō 公共の利益のために
bonus, -a, -um よい、立派な
bōs, bovis c. 牛（不規則）
brevis, -e 短い、僅かの
brevitās, -ātis f. 簡潔さ
Brūtus, -ī m. ブルートゥス（ローマの家名）

C

C. = Gāius ガイユス（ローマの個人名）

cadō, -ere, cecidī, cāsum 落ちる、倒れる、崩れ落ちる
cadūcus, -a, -um はかない
caecus, -a, -um 盲目の
caedō, -ere, cecīdī, caesum 屠（ほふ）る
caeles, -litis m. 神、（複数）天界の神々
caelestis, -e 天界の
caelum, -ī n. 天
Caere, -itis n. カエレ（エトルーリアの町の名）
Caesar, -aris m. カエサル（ローマの家名）
calamitās, -ātis f. 災難、損失
calamus, -ī m. ペン
calix, -icis m. 葡萄酒
calor, -ōris m. 熱
campus, -ī m. 平地、野原
candor, -ōris m. 輝き
canō, -ere, cecinī, cantum (cantātum) 歌う、演奏する、予言する
cantō, -āre, -āvī, -ātum 歌う
cantus, -ūs m. 歌
capiō, -ere, cēpī, captum 選ぶ、つかむ、捕まえる、征服する
capital, -ālis n. 死罪
Capitōlium, -ī n. カピトーリウム（ローマの7丘の1つ、またはそこにあったユッピテルの神殿）
captīvus, -ī m. 捕虜
captō, -āre, -āvī, -ātum 捕まえる
Capua, -ae f. カプア（イタリアの都市名）
caput, -pitis n. 頭
careō, -ēre, -ruī, -ritum 〈奪格〉を欠く、不足を感じる
carīna, -ae f. 船底、（船の）竜骨、船
cāritās, -ātis f. 愛情
carmen, -minis n. 歌、詩
carpō, -ere, -psī, -ptum 摘む、摘み取る、楽しむ
Carthāgō, -ginis f. カルターゴー
cārus, -a, -um 大切な、親しい
castellum, -ī n. 城塞
castra, -ōrum n.pl. 陣営

castus, -a, -um 貞潔な
cāsus, -ūs m. 場合、状況、苦難、落下
cathedra, -ae f. 椅子
Catō, -ōnis m. カトー（ローマの家名）
causa, -ae f. 原因、理由、causā＋〈属格〉〈属格〉のために
caveō, -ēre, cāvī, cautum 注意する
cavō, -āre, -āvī, -ātum 穴を開ける
cēdō, -ere, cessī, cessum 進む、〈与格〉に屈する、譲歩する
Celaenō, -ūs f. ケラエノー（乙女の顔をした鳥の怪物ハルピュイアの１人）（不規則）
celer, celeris, celere 早い、素早い
celeritās, -ātis f. 機敏さ
celeriter 素早く（比較級）celerius
cēlō, -āre, -āvī, -ātum 隠す
celsus, -a, -um 高い
Celtae, -ārum m.pl. ケルタエ族
cēnseō, -ēre, -suī, -sum 判断する、戸口調査をする
cēnsor, -ōris m. 監察官
centuriō, -ōnis m. 百人隊長
cernō, -ere, crēvī, crētum 見る、目にする、確かめる
certāmen, -minis n. 争い、論争
certē 確かに、少なくとも、いずれにしても
certus, -a, -um 確かな、〈属格〉を決意している certiōrem facere〈人〉（〈人〉に知らせる）
cessō, -āre, -āvī, -ātum やめる、怠る in＋〈奪格〉＋cessāre〈奪格〉を怠る
cēterus, -a, -um 他の cēterī 他の者たち
Charybdis, -is f. カリュブディス（シキリア島に見られる巨大な渦巻き、またはその擬人化された女の怪物）
chorda, -ae f. 弦
chorus, -ī m. 輪舞、合唱隊
Chrȳsippus, -ī m. クリューシップス（ギリシャの哲学者）
cicāda, -ae f. セミ
Cicerō, -ōnis m. キケロー（ローマの家名）
cieō, -ēre, cīvī, citum（声を）上げる

cinis, -neris c. 灰
circēnsēs, -ium m.pl. 戦車競技
circuitus, -ūs m. 周囲
circum〈対格支配〉〜のまわりを、〜の近くに
circumdō, -are, -dedī, -datum 取り囲む
circumveniō, -īre, -vēnī, -ventum 囲む
citharoedus, -ī m. キタラ弾き
citō 早く、速く、すぐに
citus, -a, -um 急な
cīvis, -is c. 市民
cīvitās, -ātis f. 都市、国、部族、部族の者たち
clāmō, -āre, -āvī, -ātum 叫ぶ
clāmor, -ōris m. 叫び声
clārus, -a, -um 輝いている
classis, -is f. 艦隊
claudō, -ere, clausī, clausum 閉じる、〈与格〉に〈対格〉を閉ざす
Clūsium, -ī n. クルーシウム（エトルーリアの都市）
coemō, -ere, -ēmī, -emptum 買い集める
coepiō, -ere, -epī, -eptum 始める、〈不定法〉を始める
coeptum, -ī n. 企て
coetus, -ūs m. 集まり、集団、大衆
cōgitō, -āre, -āvī, -ātum 考える
cognitiō, -ōnis f. 知ること
cognōmen, -minis n. 添え名、家名
cognōscō, -ere, -gnōvī, -gnitum 知る、調査する、（完了で）知っている
cognōscō, -ere, -gnōvī, -gnitum 調査する
cōgō, -ere, coēgī, coactum 強いる
cohortor, -ārī, -ātus sum 励ます
colligō, -ere, -lēgī, -lectum 集める
collis, -is m. 丘
collocō, -āre, -āvī, -ātum 据え置く
collūceō, -ēre 輝く
colō, -ere, coluī, cultum 耕す、拝む、敬う、大切にする
colōnus, -ī m. 農夫
combūrō, -ere, -ussī, -ustum 焼き尽くす

comes, -mitis c. 友、仲間
cōmicus, -a, -um 喜劇の
cōmitās, -ātis f. 好意、親切
commemorō, -āre, -āvī, -ātum 思い出させる
commercium, -ī n. 交わり
commūnicō, -āre, -āvī, -ātum 分かち合う
commūnis, -e 共通の
commūtō, -āre, -āvī, -ātum 変える
compensō, -āre, -āvī, -ātum 相殺する
complector, -tī, -plexus sum とらえる、すがりつく
compleō, -ēre, -plēvī, -plētum 満たす、完了する
compōnō, -ere, -posuī, -positum 構成する、作る
concha, -ae f. 貝
conciliō, -āre, -āvī, -ātum 集める
concilium, -ī n. 結合
conclāmō, -āre, -āvī, -ātum 大声で叫ぶ
concordia, -ae f. 調和、協調
concurrō, -ere, -(cu)currī, -cursum 戦う
condiciō, -ōnis f. 条件
condītus, -a, -um 味付けされた
condō, -ere, -didī, -ditum 基礎を作る、築く、興す
conferō, conferre, contulī, collātum 集める、一緒にする、〜のせいにする
confertus, -a, -um 密集した
confestim 速やかに
conficiō, -cere, -fēcī, -fectum 完成する、成し遂げる、要約する
confīdō, -ere, -fīsus sum 〈与格〉を信用する、信頼する、過信する
confirmō, -āre, -āvī, -ātum 励ます
confīsus, -a, -um 〈与格〉を信じている
confiteor, -ērī, -fessus sum 認める
congeminō, -āre, -āvī, -ātum 重ねる
congregō, -āre, -āvī, -ātum 集める（受動態で）集まる
conjiciō, -cere, -jēcī, -jectum 投げる
conjūrātiō, -ōnis f. はかりごと conjūrātiō nōbilitātis 貴族たちとのはかりごと
cōnor, -ārī, -ātus sum 〈不定法〉に努める、試みる
conscientia, -ae f. 意識、良心
consciscō, -ere, -scīvī, -scītum 課す mortem sibi consciscere 自殺する
consentiō, -īre, -sensī, -sensum 同意する
consequens, -entis 来るべき
consequor, -quī, -secūtus sum 追い求める、追撃する
conservō, -āre, -āvī, -ātum 守る、保つ
consīdō, -ere, -sēdī, -sessum 野営する
consilium, -ī n. 思慮、助言、忠告、計略、決定 consilium capere 決定を行う
conspectus, -ūs m. 視界
conspiciō, -ere, -spexī, -spectum 見る
constituō, -ere, -stituī, -stitūtum 築く、建てる
constō, -āre, -stitī（未来分詞 -stātūrus）立ち止まる、（非人称）〈与格〉にとって確定している
consuētūdō, -dinis f. 習慣
consul, -sulis m. 執政官
consulātus, -ūs m. 執政官職
consulō, -ere, -suluī, -sultum 相談する、〈与格〉に配慮する
consultum, -ī n. 決議
consummō, -āre, -āvī, -ātum 完了する
contemnō, -ere, -tempsī, -temptum 軽蔑する、軽視する
contemplor, -ārī, -ātus sum 眺める、熟視する
contemptus, -a, -um 軽視された
contentiō, -ōnis f. 緊張
contentus, -a, -um 〈奪格〉に満足している
contingō, -ere, -tigī, -tactum （非人称）〈不定法〉が〈与格〉に起きる、生じる、訪れる
contrā 〈対格支配〉〜に対し、逆らって、背いて
contrā 逆に
contrārius, -a, -um 反対の

contremō, -ere 震える
contueor, -ērī, -tuitus sum 観察する
contumēlia, -ae f. 侮辱
convalescō, -ere, -valuī 元気である
convertō, -ere, -vertī, -versum 回す、回転させる、向きを変える、(受動態で) めぐる
convexum, -ī n. 覆い
convincō, -ere, -vīcī, -victum 論駁する
cōpia 大量、蓄え、豊かさ、(pl.) 財産、軍
coquus, -ī m. 料理人
cor, cordis n. 心
Corinthus, -ī f. コリントゥス（ギリシャの都市名）
cornū, -ūs n. 角
corōnō, -āre, -āvī, -ātum 飾る
corpus, -poris n. 体
corrigō, -ere, -rexī, -rectum まっすぐにする、正す
corripiō, -ere, -ripuī, -reptum つかむ
cortex, -ticis c. コルク
Corydōn, -ōnis m. コリュドーン（人名）
cot(t)īdiē 毎日
crās 明日
crastinus, -a, -um 明日の
crēber, -bra, -brum 多数の、頻繁な
crēdō, -ere, -didī, -ditum〈与格〉を信じる
creō, -āre, -āvī, -ātum 創造する
crescō,-ere,crēvī,crētum 成長する、大きくなる
crīmen, -minis n. 罪、非難
crux, crucis f. 十字架
crystallinum, -ī n. 水晶の器
cubō, -āre, cubuī, cubitum 寝る
culpa, -ae f. 欠点、罪
cultus, -ūs m. 崇拝、世話
cum ～する時、もし～なら cum A tum B（Aのみならずとりわけ Bもまた）
cum〈奪格支配〉～と、～とともに
cunctātiō, -ōnis f. ためらい
cunctus, -a, -um すべての、全部の
cupidē 熱心に
cupiditās, -ātis f. 願望、野心、欲望

cupidus, -a, -um 貪欲な
cupiō, -pere, cupīvī [-iī], cupītum 欲する、望む
cūr どうして、なぜ
cūra, -ae f. 苦悩、注意深さ、配慮、不安
cūrātiō, -ōnis f. 治療
cūrō, -āre, -āvī, -ātum 気をもむ、取り計らう、治療する
currō, -ere, cucurrī, cursum 走る、急ぐ、行く
currus, -ūs m. 凱旋車、馬車
cursus, -ūs m. 駆けること、航路、道のり
custōdia, -ae f. 牢獄
custōdiō, -īre, -īvī [-iī], -ītum 見張る
custōs, -ōdis c. 見張り人
Cynicus, -ī m. 犬儒学派の哲学者
Cynthia, -ae f. キュンティア（女性名）

D

damnō, -āre, -āvī, -ātum 断罪する、非難する
Danaī, -ōrum m.pl. ダナイー人（ギリシャ人）
Daphnis, -idis m. ダプニス（人名）
Dardania, -ae f. ダルダニア（トロイヤの別名）
Dardanius, -a, -um ダルダニアの
dē〈奪格支配〉～から、～について
dea, -ae f. 女神
dēbeō, -ēre, dēbuī, dēbitum〈不定法〉をしなければならない、(受動態で) 主語は〈与格〉に当然与えられるべきである
dēcēdō, -ere, -cessī, -cessum 他界する
deceō, -ēre, decuī〈不定法〉がふさわしい
dēclāmō, -āre, -āvī, -ātum 弁論の練習をする
decus, -coris n. 名誉、誉れ
dēdūcō, -ere, -duxī, -ductum 導く
dēductiō, -ōnis f. 差
dēfatīgātiō, -ōnis f. 疲労
dēficiō, -cere, -fēcī, -fectum 欠ける、離反する

dēfīgō, -ere, -fīxī, -fīxum 釘付けにする
dēfīniō, -īre, -īvī, -ītum 指定する、定める
dēfunctus, -a, -um 死んだ、亡びた
dēfunctus, -ī m. 故人、死者
dēgō, -ere, dēgī 過ごす
deinde 続いて
dēlectō, -āre, -āvī, -ātum 喜ばせる
dēleō, -ēre, -ēvī, -ētum 滅ぼす
dēlīberō, -āre, -āvī, -ātum 考察する、熟考する、相談する
dēligō, -ere, -lēgī, -lectum 選ぶ
Dēmea, -ae m. デーメア（人名）
dēmens, -mentis 狂気に駆られた
dēmetō, -ere, -messuī, -messum 刈り取る
dēmittō, -ere, -mīsī, -missum 遣わす、落とす animum dēmittere 気力を失う
dēmō, -ere, dempsī, demptum 〈対格〉を〈与格〉から取り除く
Dēmosthenēs, -is m. デーモステネース（アテーナエの将軍）
dēmum 結局、ついに
dēscendō, -ere, -scendī, -scensum 降りる
dēsertus, -a, -um 取り残された
dēserviō, -īre 〈与格〉に熱心に仕える
dēsīderō, -āre, -āvī, -ātum あこがれる、熱を上げる
dēsinō, -ere, -siī [-sīvī] , -situm やめる
dēsipiō, -pere 分別を失う
dēspērō, -āre, -āvī, -ātum 絶望する、断念する sibi dēspērans 〈与格〉を絶望する
dēsum, -esse, -fuī 欠く、助力しない、〈与格〉をなおざりにする
dēterreō, -ēre, -terruī, -territum 遠ざける、妨げる
dētorqueō, -ēre, -torsī, -tortum そらす
dētrahō, -ere, -traxī, -tractum 取り去る
deus, -ī m. 神
dēvincō, -ere, -vīcī, -victum 打ち負かす
dēvocō, -āre, -āvī, -ātum 呼び寄せる
dext(e)ra, -ae f. 右手
dīcō, -ere, dixī, dictum 言う miserābile dictū（言うのも惨めな）

dictum, -ī n. 言葉
Dīdō, -ūs f. ディードー（カルターゴーの女王）（不規則）
diēs, -ēī c. 日、月日 sua diēs 自分の日（＝終わりの日）
differō, differre, distulī, dīlātum 異なる
difficilis, -e 難しい、困難な、気むずかしい
dīgestiō, -ōnis f. 消化
dignē ふさわしく
dignitās, -ātis f. 威厳
dījūdicō, -āre, -āvī, -ātum 見分ける
dīlātō, -āre, -āvī, -ātum 広げる
dīligens, -entis 熱心な
dīligentia, -ae f. 注意、注意深さ
dīligō, -ere, -lexī, -lectum 愛する
dīmittō, -ere, -mīsī, -missum 解消する
dīmoveō, -ēre, -mōvī, -mōtum 取り去る
Diōnaeus, -a, -um ディオーネーの Diōnaea māter = Venus
Diōnē, -ēs f. ディオーネー（ウェヌスの母）（不規則）
Dionȳsius, -ī m. ディオニューシウス（人物名）
dīrigō, -ere, -rexī, -rectum 導く
dīrus, -a, -um 恐ろしい、不吉な
dīs = dīves
discēdō, -ere, -cessī, -cessum 退く、去る、消え去る
discernō, -ere, -crēvī, -crētum 判断する
disciplīna, -ae f. しつけ、規律
discipulus, -ī m. 生徒
discō, -ere, didicī 学ぶ
discrībō, -ere, -scripsī, -scriptum 割り当てる
discrīmen, -minis n. 危機
disertus, -a, -um 雄弁な
disjungō, -ere, -junxī, -junctum 隔てる、引き離す
dispiciō, -cere, -spexī, -spectum 観察する
disputō, -āre, -āvī, -ātum 議論する
dissolvō, -ere, -solvī, -solūtum 溶かす
diū 長く

333

diūturnitās, -ātis f. 長時間、永続
dīva, -ae f. 女神
dīves, -vitis 金持ちの、豊かな、肥えた
Dīviciācus, -ī m. ディーウィキアークス（ハエドゥイー族の首領）
dīvidō, -ere, -vīsī, -vīsum 分ける、分割する、切り開く
dīvīnus, -a,-um 神の
dīvīsus, -a, -um 分かれた
dīvitiae, -ārum f.pl. 財産
dīvus, -ī m. 神
dō, dare, dedī, datum 与える
doceō, -ēre, -cuī, -ctum 教える、教育する
doctrīna, -ae f. 学問
doctus, -a, -um 教養ある
doleō, -ēre, doluī, dolitum 悲しむ
dolor, -ōris m. 悲しみ、苦しみ、苦悩、痛み
dolōrōsus, -a, -um 悲しい
domesticus, -a, -um 国内の
domī 家で
domicilium, -ī n. 家、住居
domina, -ae f. 女主人
dominor, -ārī, -ātus sum 支配する
dominus, -ī m. 主、主人
domō, -āre, -muī, -mitum 征服する
domus, -ūs f. 家、館、住まい
dōnec 〜である間
dōnō, -āre, -āvī, -ātum 贈る、与える
dōnum, -ī n. 贈り物、捧げ物
dormiō, -īre, -iī [-īvī], -ītum 眠る、居眠りする
dōs, dōtis f. 持参金
dubitō, -āre, -āvī, -ātum ためらう、躊躇する
dubium, -ī n. 疑い in dubiō esse 疑わしい
dūcō, -ere, duxī, ductum 導く、判断する uxōrem dūcere 妻をめとる
dulcēdō, -dinis f. 魅力
dulcis, -e 甘い、甘美な、楽しい、心地よい、魅力的な
dum 〜する時、〜する間、〜するかぎり
dummodo, dum modo cf. modo
Dumnorix, -īgis m. ドゥムノリクス（ハエドゥイー族の首領）
dūrus, -a, -um 残酷な
dux, ducis c. 指揮官、指導者

E

ēbrietās, -ātis f. 酩酊
ēdīcō, -ere, -dixī, -dictum 言う
edō, esse (edere), ēdī, ēsum 食べる
ēdūcō, -ere, -duxī, -ductum 出発させる、連れ出す
efferō, -ferre, extulī, ēlātum 運び出す、sē efferre 姿を現す
efficax, -ācis 有効な
efficiō, -cere, -fēcī, -fectum 実現する
effigiēs, -ēī f. 姿、象徴
effluō, -ere, -fluxī 流れ去る
effor, -ārī, -fātus sum 言う
effugiō, -ere, -fūgī 逃れる
egeō, -ēre, eguī〈属格または奪格〉を必要とする、欠乏する
egō 私
ējiciō (ēiciō), -icere, -jēcī, -jectum 打ち上げる、退ける
ēleganter 優雅に
ēligō, -ere, -lēgī, -lectum 選ぶ
ēlūceō, -ēre, -luxī 輝く
ēmendō, -āre, -āvī, -ātum 改善する
ēmittō, -ere, -mīsī, -missum 放つ
ēmorior, -morī, -mortuus sum 消え失せる
ēn （対格か主格を伴い）ほら、〜がある
enim というのも、実際
ēnītor, -ī, -nixus (-nīsus) sum 努力する
Ennius, -ī m. エンニウス（ローマの叙事詩人）
ensis, -is m. 剣
ēnuntiō, -āre, -āvī, -ātum 明かす
eō, īre, iī [īvī], itum 行く
Epamīnōndās, -ae m. エパミーノーンダース（テーバエの将軍）
ephippiātus, -a, -um 鞍をつけた
Epidicus, -ī m. エピディクス（人物名）
epistula, -ae f. 手紙
eques, equitis m. 騎兵

equitātus, -ūs m. 騎兵隊
equus, -ī m. 馬
ergō それゆえ
ēripiō, -pere, -ripuī, -reptum〈与格〉から奪う
errō, -āre, -āvī, -ātum さまよう、過ちを犯す、間違う
ērudiō, -īre, -īvī [-iī], -ītum 教える
Erycīnus, -a, -um エリュクスの
Eryx, -ycis m. エリュクス（地名）
et そして、〜も、〜さえ、たとえ〜でも et A et B = A も B も
etiam 〜さえ etiam nunc 今でも
etsī たとえ〜であっても
Eurōpa, -ae f. エウローパ（ヨーロッパ）
eurus, -ī m. 東風
ēvertō, -ere, -vertī, -versum 覆す
ex(ē)〈奪格支配〉〜から、〜のうち
exāmen, -minis n. 群れ
excavō, -āre, -āvī, -ātum 穴を開ける
excēdō, -ere, -cessī, -cessum 出て行く
excelsus, -a, -um 高い
excidium, -ī n. 破滅
excīdō, -ere, -cīdī, -cīsum 破る
excipiō, -ere, -cēpī, -ceptum 受け継ぐ、受け入れる、迎え入れる、除外する
excitō, -āre, -āvī, -ātum 引き起こす、駆り立てる
excūsātiō, -ōnis f. 言い訳
excūsō, -āre, -āvī, -ātum 容赦する
exemplum, -ī n. 例、手本、模範、流儀
exeō, -īre, -iī [-īvī], -itum 外に出る、出発する、死ぬ
exerceō, -ēre, -ercuī, -ercitum 鍛える、耕す
exercitātiō, -ōnis f. 鍛錬
exercitus, -ūs m. 軍、軍隊
exhauriō, -īre, -hausī, -haustum 終える
exigō, -ere -ēgī -actum 完成する
exiguus, -a, -um 小さい、わずかな、短い exiguō tempore 短期間のうちに
exitus, -ūs m. 結果、終わり
exorior, -īrī, -ortus sum 現れ出る

exōrō, -āre, -āvī, -ātum 祈り訴える、説き伏せる
expediō, -īre, -īvī [-iī], -ītum 解き明かす
expellō, -ere, -pulī, -pulsum 追放する
experior, -īrī, -pertus sum 試す、経験する
expertus, -a, -um 経験のある
expōnō, -ere, -posuī, -positum 語る、説明する、与える
expugnō, -āre, -āvī, -ātum 征服する
exquīrō, -ere, -quīsīvī, -quīsītum 求める
exsilium, -ī n. 流刑地
exsolvō, -ere, -solvī, -solūtum 解き放つ
exspectō, -āre, -āvī, -ātum 待つ、待ち受ける、期待する、
exstinguō, -ere, -stinxī, -stinctum 滅ぼす、消す、殺す、根絶やしにする（受動で）死ぬ
exstruō, -ere, -struxī, -structum 築く
extemplō 突然
extendō, -ere, -tendī, -tentum(-tensum) 広げる、広める
externus, -a, -um 外国の
exterreō, -ēre, -terruī, -territum 震え上がらせる
extollō, -ere, extulī 掲げる、上げる sē extollere 姿を見せる
extrēmus, -a, -um 最果ての
exūrō, -ere, -ussī, -ustum 焼き尽くす

F

faber, -brī m. 作者、職人
Fabius, -ī m. ファビウス（ローマの氏族名）
fābula, -ae f. 話、噂、芝居
faciēs, -ēī f. 姿、容貌
facile 容易に
facilis, -e 容易な、簡単な、易しい、親切な
faciō, -cere, fēcī, factum 作る、行う、なす、選ぶ、生む
factum, -ī n. 行為、事績
facultās, -ātis f. 力、資力
fallax, -ācis 偽りに満ちた
fallō, -ere, fefellī, falsum 欺く
falsum, -ī n. 偽り

単語集

335

falsus, -a, -um 偽りの
fāma, -ae f. 噂、名声
famēs, -is f. 飢え、空腹
fās n.〈不変化〉運命、正しいこと　fās est〈不定法〉は正しい、許されている
fateor, -ērī, fassus sum 認める、示す、表す
fātum, -ī n. 運命
faucēs, -ium f.pl. 喉
fax, facis f. 松明
fēcundus, -a, -um 豊富な
fēlīcitās, -ātis f. 幸福
fēlix, -īcis 幸福な
fēmineus, -a, -um 女の
fera, -ae f. 野獣
ferē ほとんど
fēriae, -ārum f.pl. 祝日、祭り
ferō, ferre, tulī, lātum 運ぶ、運び去る、持って来る、生む、耐える
ferrum, -ī n. 鉄、剣
ferus, -a, -um 野蛮な
fessus, -a, -um 疲れた
festīnō, -āre, -āvī, -ātum 急ぐ
fictus, -a, -um 偽りの
fidēlis 誠実な
fidēs, -eī f. 信義、信頼
fidēs, -ium f.pl. 竪琴
fīdō, fīdere, fīsus sum 信頼する
filia, -ae f. 娘
filius, -ī m. 息子
fingō, -ere, finxī, fictum 形作る
fīnis, -is c. 終わり、（複数）領土
fīnitimus, -a, -um 隣の
fīō, fierī, factus sum なる、生じる
firmus, -a, -um 強い
flamma, -ae f. 炎、火
flectō, -ere, flexī, flexum 動かす
fleō, -ēre, flēvī, flētum 涙する
flētus, -ūs m. 嘆きの声
flōrens, -entis 輝かしい
flōreō, -ēre, flōruī 栄える
flōs, -ōris m. 花
flūmen, -minis n. 川

fluō, -ere, fluxī, fluxum 流れる
fluxus, -a, -um 流動的な
foedus, -deris n. 盟約
fons, fontis m. 泉、源泉
fore = futūrus esse（sum の不定法・能動態・未来）
forīs 外で、家の外で
forma, -ae f. 容姿、美しい姿
formīca, -ae f. アリ
formīdolōsus, -a, -um 恐るべき
formōsus, -a, -um 美しい
fors, fortis f. 運
forsan たぶん、おそらく
fortis, -e 強い、屈強な
fortiter 勇敢に
fortitūdō, -dinis f. 勇気、勇敢
fortūna, -ae f. 運命、幸運
Fortūna, -ae f. 運命の女神
fortūnātus, -a, -um 幸福な
forus, -ī m. 甲板
fovea, -ae f. 穴
fragilis, -e もろい
frangō, -ere, frēgī, fractum 壊す、打ち砕く
frāter, -tris m. 兄弟
fraus, fraudis f. 欺瞞
fremō, -ere, fremuī, fremitum とどろく
frequenter しばしば
frīgor, -ōris m. 寒さ
frondōsus, -a, -um 葉の多い
frons, frontis f. 額
fructus, -ūs m. 果実、実り、収穫
frūgālitās, -ātis f. 倹約
frūmentum, -ī n. 穀物
fruor, -ī, fructus sum 享受する
frustrā 無駄に
fugax, -ācis 逃げ足の速い
fugiō, -gere, fūgī 逃げる、避ける
fulgeō, -ēre, fulsī 輝く
fulmen, -minis n. 雷
fulminō, -āre, -āvī, -ātum 稲妻が光る
fūmus, -ī m. 煙
fundāmentum, -ī n. 基礎

fundō, -ere, fūdī, fūsum 注ぐ、投げつける、こぼす、(言葉を)口にする
furō, -ere 羽目を外す、狂乱する
furor, -ōris m. 激情
fūror, -ārī, -ātus sum 〈与格〉から遠ざける

G

Gādēs, -ium f.pl. ガーデース（ヒスパーニアの都市名）
galea, -ae f. 兜
Gallī, -ōrum m.pl. ガッリー族
gaudeō, gaudēre, gāvīsus sum 〈奪格、不定法〉を喜ぶ、楽しむ
gaudium, -ī n. 喜び
gelidus, -a, -um 冷たい
gemitus, -ūs m. 呻き声、唸り声
generō, -āre, -āvī, -ātum 生む、生み出す
genitor, -ōris m. 父
gens, gentis f. 民族、国
genū, -ūs n. 膝
genus, -neris n. 分野、種類、一族、民族
germāna, -ae f. 姉妹
Germānia, -ae f. ゲルマーニア
gerō, -ere, gessī, gestum 行う、なす
gignō, -ere, genuī, genitum 生む、生じる、（受動で）生まれる
glaciēs, -ēī f. 氷
gladiātor, -ōris m. 剣闘士
gladius, -ī m. 剣
globus, -ī m. 球体
glōria, -ae f. 栄光、名誉
Gordius, -ī m. ゴルディウス（ゴルディウムの王）
Gorgiās, -ae m. ゴルギアース（哲学者）
gradus, -ūs m. 歩み、足取り
Graecia, -ae f. ギリシャ
Graecus, -a, -um ギリシャの
Grāī, -ōrum m.pl. ギリシャ人
grātēs, -ium f.pl. 感謝
grātia, -ae f. 感謝
gravitās, -ātis f. 威厳
gremium, -ī n. 懐

gubernātiō, -ōnis f. 運営
gutta, -ae f. 雨粒

H

habeō, -ēre, habuī, habitum 持つ、(A を B と)受け止める
habitō, -āre, -āvī, -ātum 住む、宿る
Haeduī, -ōrum m.pl. ハエドゥイー族
Hamilcar, -aris m. ハミルカル（ハンニバルの父）
Hannibal, -alis m. ハンニバル（カルターゴーの将軍）
harēna, -ae f. 砂浜
hasta, -ae f. 盾
haud まったく～でない
Hector, -oris m. ヘクトル（トロイヤの将軍）
Helenus, -ī m. ヘレヌス（予言者）
Helvētiī, -ōrum m.pl. ヘルウェーティイー族
Helvētius, -a, -um ヘルウェーティイー族の
herba, -ae f. 薬草、草むら
hercle ヘルクレースに誓って
Heu ああ
hic, haec, hoc この、今問題になっている
hīc ここで
hinc ここから
hirundō, -dinis f. ツバメ
Hispānia, -ae f. ヒスパーニア
historia, -ae f. 歴史
hodiē 今日
hodiernus, -a, -um 今日の
homō, -minis c. 人間
honestē 気高く
honestum, -ī n. 高潔さ
honestus, -a, -um 高潔な
honor (honōs), -ōris m. 誉れ、名誉
Horātius, -ī m. ホラーティウス（ローマの氏族名、特にローマの詩人）
horrendus, -a, -um 恐るべき
horreō, -ēre, horruī 脅える
horrescō, -ere, horruī 身震いする
hortor, -ārī, -ātus sum 促す、(ut 以下のように) 励ます

hortus, -ī m. 庭
hostis, -is c. 敵
hūc ここに、こちらに
hūmānitās, -ātis f. 人間の教養
hūmānus, -a, -um 人間の、人間界の、人間的な
humus, -ī f. 大地　humī（地格）大地に、大地で

I

ibī そこで、そこに、その時
ibīdem 同じその場所で（に）
ictus, -ūs m. 打撃
īdem, eadem, idem 同じもの、同じ
igitur それでは、従って
ignāvia, -ae f. 怠惰
ignāvus, -a, -um 怠惰な
ignis, -is m. 火、炎、雷火
ignōminia, -ae f. 恥辱
ignōrantia, -ae f. 無知、不知
ignōrō, -āre, -āvī, -ātum 知らない、わからない
ignōscō, -ere, -gnōvī, -gnōtum〈与格〉を見逃す、許す
ignōtus, -a, -um 見知らぬ、知られていない
īlicet ただちに
Īlium, -ī n. イーリウム（トロイヤの詩的名称）
illaesus, -a, -um 損なわれない、損なわれたことのない
ille, illa, illud あの、その、例の、上述の
illecebra, -ae f. 魅力
illustris, -e 明るい、眩しい
imāgō, -ginis f. 形、似姿
imitor, -ārī, -ātus sum 模倣する
immātūrus, -a, -um 若すぎる、時期尚早の
immodicus, -a, -um 過度の
immolō, -āre, -āvī, -ātum 犠牲を捧げる
immortālis, -e 不死の、不滅の
impedīmenta, -ōrum n.pl. 荷物
impediō, -īre, -īvī, [-iī], -ītum 邪魔する、妨げる、害する

impellō, -ere, -pulī, -pulsum 動かす
imperātor, -ōris m. 支配者
imperītus, -a, -um 無知な
imperium, -ī n. 支配
imperō, -āre, -āvī, -ātum〈与格〉に命じる、統治する
impetus, -ūs m. 攻撃、衝動
impius, -a, -um 不敬な
impleō, -ēre, -plēvī, -plētum 満たす、全うする、完了する
improbus, -a, -um 悪しき
īmus, -a, -um 奥底の
in〈対格〉に向かって〈奪格〉に、の中で　in armīs（武具をまとって）in mātrimōnium dūcere 結婚する
incassum 甲斐なく
incendium, -ī n. 大きな火災
incendō, -ere, -cendī, -cēnsum 焼く
inceptum, -ī n. 試み
incertus, -a, -um 不確かな
incidō, -ere, -cidī, -cāsum 落ちる
inclūdō, -ere, -clūsī, -clūsum 包む
incolō, -ere, -coluī, -cultum 住む
incolumis, -e 無傷の
incommodum, -ī n. 不都合、敗北
indicium, -ī n. 密告
indīcō, -ere, -dīxī, -dictum 布告する　bellum indīcere 宣戦布告する
indignātiō, -ōnis f. 怒り
indōtātus, -a, -um 持参金がない
indūcō, -ere, -dūxī, -ductum 導く
indulgeō, -ēre, -dulsī, -dultum〈与格〉に好意を持つ、親切である
industria, -ae f. 勤勉
inēluctābilis, -e 避けられない
ineō, -īre, -iī, -itum 入る、始める
inermis, -e 丸腰の
infandus, -a, -um 忌まわしい、恐ろしい　infandum! ああ恐ろしい！
infēlix, -īcis 不幸な
inferior, -ius より下の、下流の
inferō, -ferre, intulī, illātum 運び込む、しか

ける
ingenium, -ī n. 才能、知力
ingens, -gentis 大きな、大いなる
ingrātus, -a, -um ありがたくない
ingravescō, -ere 重くなる
ingredior, -dī, -gressus sum 歩く、たどる
inhūmānus, -a, -um 不人情な
inimīcus, -a, -um 〈与格〉と相反する、対立する
inīquus, -a, -um 不正な
initium, -ī n. 開始、始まり
injūria, -ae f. 不正
innocentia, -ae f. 潔白
inopia, -ae f. 欠乏、貧困
inops, -opis 貧しい
inquam 言う
insānia, -ae f. 狂気、熱狂
insānus, -a, -um 狂った
insequor, -quī, -secūtus sum 追跡する
insidiae, -ārum f.pl. 陰謀
insignis, -e 際立った
insipiens, -entis 愚かな
insolitus, -a, -um 不慣れな
insonō, -āre, -sonuī 鳴り響く
instituō, -ere, -stituī, -stitūtum 定める
institūtum, -ī n. 習慣、制度
instō, -āre, -stitī 〈与格〉に迫る、差し迫る
instruō, -ere, -struxī, -structum 整える
insula, -ae f. 島
integrātiō, -ōnis f. 修復
intellegō, -ere, -lexī, -lectum 理解する
intentō, -āre, -āvī, -ātum つきつける
inter 〈対格〉の間に inter sē 互いに
interficiō, -cere, -fēcī, -fectum 殺す
interim その間に
intermittō, -ere, -mīsī, -missum 中断する
intersum, -esse, -fuī 間にある、加わる（非人称）重要である、関係がある
interveniō, -īre, -vēnī, -ventum 入り込む
intonō, -āre, -tonuī, -tonātum とどろく
intrō, -āre, -āvī, -ātum 中に入る
intrōdūcō, -ere, -duxī, -ductum 招き入れる

intueor, -ērī, -tuitus sum 見つめる
inūtilis, -e 無益の、役に立たない
invehō, -ere, -vexī, -vectum 運び込む（受動）乗り入れる
inveniō, -īre, -vēnī, -ventum 見出す、獲得する
investīgō, -āre, -āvī, -ātum 探し出す
invictus, -a, -um 無敵の
invidia, -ae f. 悪意、恨み、羨望
invidus, -a, -um 悪意ある、意地悪な
invītus, -a, -um やる気のない
ipse, -a, -um 自ら、自身
īra, -ae f. 怒り
īrācundia, -ae f. 怒り
īrascor, -scī, īrātus sum 怒る
Īris, -idis f. イーリス（虹の女神）
irreparābilis, -e 取り戻せない
is, ed, id その、彼、彼女（人称代名詞の代用）
irrevocābilis, -e 呼び戻せない
Īsocratēs, -is m. イーソクラテース（アテーナエの雄弁家）
iste, -a, -ud その、あなたが問題としている
ita こうして、このように、それほど（ut とともに用いて）ut 以下のように、ut 以下ほど
Italia, -ae f. イタリア
Italus, -a, -um イタリアの
itaque それゆえ、従って
iter, itineris n. 道、旅、行軍 iter facere per 〈対格〉〈対格〉を通過する
iterō, -āre, -āvī, -ātum 再び訪れる
iterum 再び

J

jaceō, -ēre, jacuī, jacitum 横たわる、横になる、地に伏す
jaciō, -cere, jēcī, jactum 投げる
jaculum, -ī n. 槍、投げ槍
jam 今や
jānua, -ae f. 戸
jocus, -ī m. 冗談
jubeō, -ēre, jussī, jussum 命令する
jūcundē 楽しげに

jūcunditās, -ātis f. 心地よいこと、愛すべきもの
jūcundus, -a, -um 快い、心地よい、喜ばしい
jūdicium, -ī n. 法廷、裁判
jūdicō, -āre, -āvī, -ātum 裁く
Jūlus, -ī m. ユールス（アエネーアースの息子アスカニウスの別名）
junctus, -a, -um つなぎ合わせた
Jūnō, -ōnis f. ユーノー（ユッピテルの妻）
Juppiter, Jovis ユッピテル（ローマ神話の最高神）
jūrō, -āre, -āvī, -ātum 誓って断言する
jūs, jūris n. 法 jūs est＋〈不定法〉〈不定法〉を行うのが正しい
jusjūrandum, jūrisjūrandī n. 誓い
jussum, -ī n. 命令
justitia, -ae f. 正義 in＋〈対格〉〈対格〉への公正さ
justus, -a, -um 正しい、正当な
juvencus, -ī m. 若牛
juvenīlis, -e 若い
juvenis, -is c. 若者
juvō, -āre, jūvī, jūtum,（未来分詞 juvātūrus）助ける、喜ばせる、役立つ

L

L. ＝ Lūcius ルーキウス
Labiēnus, -ī m. ラビエーヌス（ローマの家名）
lābor, -bī, lapsus sum 流れる、過ぎ去る
labor, -ōris m. 仕事、苦労、労苦、努力
labōrō, -āre, -āvī, -ātum 働く
Lacedaemoniī, -ōrum m.pl. ラケダエモニイー人
lacessō, -ere, -īvī [-iī], -ītum 挑発する
lacrima, -ae f. 涙
lacrimō, -āre, -āvī, -ātum 涙を流す
laedō, -ere, laesī, laesum 損なう
Laelius, -ī m. ラエリウス（ローマの氏族名）
laetitia, -ae f. 喜び
laetus, -a, -um 楽しい、喜々とした、〈奪格〉に満足して

lāmenta, -ōrum n.pl. 悲嘆
lapis, -idis m. 石
largior, -īrī, -ītus sum 分け与える
lateō, -ēre, latuī 隠れる
latericius, -a, -um 煉瓦造りの
Latīnī, -ōrum m.pl. ラティーニー人
Latīnus, -ī m. ラティーヌス（ラティウムの神話上の王）
lātitūdō, -dinis f. 幅 in lātitūdinem 幅にして
Latium, -ī n. ラティウム（イタリアの地方名）
latrō, -ōnis m. 追いはぎ、盗賊
laudō, -āre, -āvī, -ātum ほめる、賞賛する
Laurentēs, -ium m.pl. ラウレンテース人
laus, laudis f. 誉れ
lavō, -āre(-ere), lāvī, lavātum (lautum, lōtum) 洗う
lectiō, -ōnis f. 読書
lectus, -a, -um 選ばれた
lēgātus, -ī m. 使者、使節
legiō, -ōnis f. 軍団
legiōnārius, -ī m. 軍団兵
legō, -ere, lēgī, lectum 集める、読む
lēnis, -e 温和な
lentē ゆっくりと
leō, -ōnis m. ライオン
lepidē 見事に
lepus, leporis m. ウサギ
Lesbia, -ae f. レスビア（女性名）
levis, -e 軽い
levō, -āre, -āvī, -ātum 軽くする
lex, lēgis f. 法、法律
libellus, -ī m. 小冊子
liber, -brī m. 本、書物
līber, -era, -erum 自由な
līberālitās, -ātis f. 寛大な態度
līberē 自由に、気前よく
līberī, -ōrum m.pl. 子どもたち
līberō, -āre, -āvī, -ātum 解放する、自由にする
lībertās, -ātis f. 自由 in＋〈対格〉〈対格〉への率直な態度

libet, -ēre, libuit, (libitum est)〈与格〉の気に入る
libīdō, -dinis f. 欲望、放埓
licet, -ēre, licuit, (licitum est)〈与格〉は〈不定法〉をしてもよい
Liger, -eris m. リゲル川
ligō, -āre, -āvī, -ātum 縛る
līmen, -minis n. 入り口
līmes, -mitis m. 道筋
lingua, -ae f. 舌、言語 lingua Latīna ラテン語
linter, -tris c. 小舟
Liscus, -ī m. リスクス（ハエドゥイー族の高官）
lītigō, -āre, -āvī, -ātum 喧嘩する
littera, -ae f. 文字、学識、教養、手紙 litterae Graecae ギリシャ文学
lītus, lītoris n. 岸辺、岸、浜辺
lituus, -ī m. ラッパ
Līvius, -ī m. リーウィウス（ローマの氏族名）
locō, -āre, -āvī, -ātum 位置づける、配置する
locus, -ī m. 機会、主題、場所、土地 in locō ふさわしい時に
longē 遠く、遠くまで、（比較級、最上級とともに）ずば抜けて
longinquus, -a, -um 遠い、遠方の
longitūdō, -dinis f. 長さ in longitūdinem 長さにして
longus, -a, -um 長い
loquor, -quī, locūtus sum 言う、語る、おしゃべりする
lūceō, -ēre, luxī 輝く
lūcescō, -ere, luxī 輝き出す（非人称）夜が明ける
Lūcīlius, -ī m. ルーキーリウス（ローマの氏族名）
Lūcius, -ī m. ルーキウス（ローマの個人名）
luctor, -ārī, -ātus sum 苦闘する
luctus, -ūs m. 悲しみ
lūcus, -ī m. 聖林
lūdō, -ere, lūsī, lūsum 遊ぶ
lūmen, -minis n. 光、光明

lūna, -ae f. 月 lūna plēna 満月
luō, -ere, luī 償う
lupus, -ī m. オオカミ
lūsus, -ūs m. 遊び
lux, lūcis c. 光
lympha, -ae f. 清らかな水

M

M. = Marcus マルクス（ローマの個人名）
Maeonidēs, -ae m. マエオニア（リュディア）人、ホメーロスの呼称
maeror, -ōris m. 嘆き、悲しみ
maestus, -a, -um 悲痛な
magis もっと
magister, -trī m. 教師、先生
magistra, -ae f. 教師（女性形）
magistrātus, -ūs m. 高官
magnitūdō, -dinis f. 大きさ
magnus, -a, -um 大きい、偉大な、多数の
magus, -ī m. 神官
mājor, mājus より大きい、年上の（magnus の比較級）
male 悪く
maleficium, -ī n. 迷惑、犯罪
mālō, malle, māluī〈不定法〉や〈対格〉をむしろ望む
mālum, -ī n. リンゴ
malum, -ī n. 悪、苦しみ、不幸、困難
malus, -a, -um 悪い、忌まわしい
mālus, -ī f. 果樹、リンゴの木
maneō, -ēre, mansī, mansum とどまる、残る、待ち受ける
manifestus, -a, -um 明白な
manip(u)lāris, -is m. 兵士
manus, -ūs f. 手
Marcus, -ī m. マルクス（ローマの個人名）
mare, -is n. 海
Marius, -ī m. マリウス（ローマの氏族名）
marmoreus, -a, -um 大理石の
Martiālis, -is m. マルティアーリス（ローマの詩人）
Massiliensēs, -ium m.pl. マッシリア人

māter, -tris f. 母
mātrimōnium, -ī n. 結婚
mātrōna, -ae f. 妻
mātūritās, -ātis f. 円熟
mātūrō, -āre, -āvī, -ātum 急ぐ
maximē 最も
maximus, -a, -um 最大の、最も重要な、主立った（magnus の最上級）
Mēdēa, -ae f. メーデーア（コルキスの王女）
medicīna, -ae f. 医術
medicus, -ī m. 医者
meditor, -ārī, -ātus sum 考える
medius, -a, -um 真ん中の
meī, -ōrum m.pl.（当該人物にとっての）近親者
mel, mellis n. 蜜
melius よりよく（bene の比較級）
mellificō, -āre 蜜を作る
membrum, -ī n. 部分（複数）四肢
meminī, -isse（完了形で現在の意味を持つ）記憶している、心にとめる
memor, -oris 記憶がよい、〈属格〉を覚えている
memoria, -ae f. 思い出、記憶
memoriter 正確に
memorō, -āre, -āvī, -ātum 語る
mendax, -ācis m. 嘘つき
mens, mentis f. 心、精神
mensa, -ae f. 机
mensis, -is m. 月
mentior, -īrī, -ītus sum 偽る
mercātūra, -ae f. 取引
mercēs, -ēdis f. 報酬、代価 mercēdem solvere 代価を支払う
mereō, -ēre, meruī, -meritum 値する
mereor, -itus ～に値する bene mererī dē abl.〈奪格〉に貢献すること bene meritus 貢献した者
mergō, -ere, mersī, mersum 沈める
Messāla, -ae f. メッサーラ（ローマの家名）
mētior, -īrī, mensus sum 評価する
metuō, -ere, metuī, metūtum 恐れる、脅える、畏怖する
metus, -ūs m. 恐れ
meus, -a, -um 私の
mī meus の男性・単数・呼格
micō, -āre, -uī [-āvī] 輝く
migrō, -āre, -āvī, -ātum 移住する、立ち去る
mīles, -litis c. 兵、兵士
mīlitāris, -e 軍隊の rēs mīlitāris 軍事
Miltiadēs, -is m. ミルティアデース（アテーナエの将軍）
minimē 最も少なく
minuō, -ere, -uī, -ūtum 弱める、和らげる
mīrābilis, -e 驚嘆すべき
mīror, -ārī, -ātus sum 驚く、いぶかしく思う
misceō, -ēre, miscuī, mixtum (mistum) 混ぜる
miser, -era, -erum 惨めな
misereō, -ēre, -ruī, -ritum 気の毒に思う、気にかける（非人称）miseret かわいそうである
miseria, -ae f. 苦悩、不幸
misericordia, -ae f. 人の情け、同情
miseror, -ārī, -ātus sum 憐れむ
mittō, -ere, mīsī, missum 送る、追い払う、遣わす、見失う
moderātus, -a, -um 節度ある
modo (= dum modo) ～する限りは
modo 単に
modus, -ī m. 程、慎み、方法
moenia, -ium n.pl. 城、城壁
mōlēs, -is f. 大塊、困難
molestia, -ae f. 煩い、厄介ごと
mollis, -e 穏やかな、柔らかい
mōmentum, -ī n. 瞬間 mōmentō 一瞬で
moneō, -ēre, monuī, monitum 注意する、〈不定法の内容〉を警告する
mons, montis m. 山
monstrō, -āre, -āvī, -ātum 明らかにする
monstrum, -ī n. 怪物
monumentum, -ī n. 形見、記録、記念碑
morbus, -ī m. 病気
morior, morī, mortuus sum（未来分詞

moritūrus）死ぬ
moror, -ārī, -ātus sum 遅らせる、ぐずぐずする
mors, mortis f. 死
mortālis, -e 死すべき、人間に関わる
mortālis, -is m. 人間
mortuus, -a, -um 死んだ
mortuus, -ī m. 死者
mōs, mōris m. 道徳、心ばえ、風習、習慣、方法、慣習 dē mōre 慣習に従って mōre +〈属格〉〈属格〉のように
moveō, -ēre, mōvī, mōtum 移動する、駆り立てる
Mūcius, -ī m. ムーキウス（ローマの氏族名）
multiplicō, -āre, -āvī, -ātum 掛け合わす
multitūdō, -dinis f. 数、数の多さ、大多数
multō はるかに、大いに
multum, -ī n. 多数、大量
multum 大いに
multus, -a, -um 多くの（時間が）遅い ad multam noctem 夜遅くまで
mundus, -ī m. 世界
mūnus, -neris n. 贈り物
mūrus, -ī m. 城壁、城門
mūs, mūris c. 鼠
Mūsa, -ae f. ムーサ（学問、芸術を司る9人の女神の1人）
musca, -ae f. ハエ
mūsicus, -ī m. 音楽家
mūtō, -āre, -āvī, -ātum 変える、（受動態で）移ろう、変わる
mūtus, -a, -um 無口な

N

nam というのも
narrō, -āre, -āvī, -ātum 語る、物語る
nascor, -scī, nātus sum 生まれる
nāta, -ae f. 娘
nātālis, -is m. 誕生日
nātiō, -ōnis f. 民族、国民、集団
nātūra, -ae f. 自然、性格、素質、天性、特徴、本性

nātūrālis, -e 自然現象の
nātus, -ī m. 息子
naufragus, -a, -um 難破した
naufragus, -ī, m. 難破した者
nāvigō, -āre, -āvī, -ātum 航海する
nāvis, -is f. 船
nē ～するな
-ne ～か？
nec そして～でない nec sōlum A sed etiam B（Aのみならず Bも）nec A nec B Aも Bも～ない
necessārius, -a, -um 不可避の
necesse 必然の necesse est〈不定法〉は必然である.
necessitās, -ātis f. 必要、困窮
necō, -āre, -āvī, -ātum 殺す
nectar, -aris n. ネクタル（神酒）
nefandus, -a, -um 忌まわしい、恥ずべき
nefās, n.（不変化）不敬
negō, -āre, -āvī, -ātum 拒絶する
negōtium, -ī n. 仕事、任務
nēmō 誰も～ない
nemus, nemoris n. 森
nepōs, -ōtis c. 孫
Neptūnus, -ī m. ネプトゥーヌス（ローマ神話の海神）
nequeō, -quīre, -quīvī [-quiī], -quitum〈不定法〉することができない
Nerviī, -ōrum m.pl. ネルウィイー族
nesciō, -īre, -scīvī [-sciī], -scītum わからない、知らない〈不定法〉することができない
neuter, -tra, -trum （2つのうち）どちらも～ない
nexus, -a, -um 絡み合った
nihil まったく～ない
nihil, n. 無
nihilum, -ī n. 無
nīl = nihil
nimis あまりに
nimium = nimis
ning(u)it, -ere, ninxit 雪が降る

343

nisi ～を除き
nisi もし～でないなら、～を除き
niteō, -ēre, -tuī 輝く
nītor, -tī, nixus (nīsus) sum in＋〈奪格〉〈奪格〉を頼みとする in＋〈対格〉〈対格〉を得ようと努める
nō, -āre, -āvī, -ātum 泳ぐ
nōbilis, -e 家柄がよい
noceō, -ēre, -cuī, -citum 害を与える
noctū 夜に
nōlī nōlō の命令法・能動態・現在、2 人称単数〈不定法〉をするな (2 人称単数の禁止)
nōlīte nōlō の命令法・能動態・現在、2 人称複数〈不定法〉をするな (2 人称複数の禁止)
nōlō, nolle, nōluī 望まない
nōmen, -minis n. 名、名称
nōn ～でない nōn A sed B A でなく B nōn tam A quam B A というより B
nōndum まだ～ない
nōnnullus, -a, -um いく人かの、いくつかの
noscō, -ere, nōvī, nōtum 知る
nostrī, -ōrum m.pl. 我が軍
nōtus, -a,-um 知られた、有名な
Noviodūnum ノウィオドゥーヌム（町の名）
novissimus, -a, -um 一番後ろの
novus, -a, -um 新しい
nox, noctis f. 夜 noctū 夜に
nūbilus, -a, -um 雲に覆われた
nūdus, -a,-um 裸の
nullus, -a, -um 誰（何）も～ない
num 果たして～か
nūmen, -minis n. 神性、神の力、神意
numerō, -āre, -āvī, -ātum 数える
numerus, -ī m. 数 septem numerō 数にして7
Numitor, -ōris m. ヌミトル（アルバ・ロンガの王）
nummus, -ī m. 金銭、お金
numquam 決して～ない nōn numquam 時には、一度ならず
numquid （否定の答えを期待して）まさか～ではないだろうね

nuntiō, -āre, -āvī, -ātum 知らせる
nuntius, -ī m. 知らせ
nūper 最近
nūtrīcō, -āre, -āvī, -ātum 飼う、養う

O

ō おお
ob 〈対格〉のため、～の理由で
obdūrō, -āre, -āvī, -ātum 持ちこたえる
obeō, -īre, -iī, -itum 参加する、死ぬ
oberrō, -āre, -āvī, -ātum 間違う
obitus, -ūs m. 死
oblectō, -āre, -āvī, -ātum 楽しませる
oblīviscor, -scī, oblītus sum 〈属格〉を忘れる
obsecrō, -āre, -āvī, -ātum 嘆願する
obsequium, -ī n. 追従
obses, obsidis c. 人質
obstō, -āre, -stitī, (未来分詞 -stātūrus) 妨げる、邪魔をする
obsum, -esse, -fuī 害になる
obtineō, -ēre, -tinuī, -tentum 保つ、保持する
obtrectātiō, -ōnis f. 中傷
occāsiō, -ōnis f. 機会、好機
occīdō, -ere, -cīdī, -cīsum 殺す
occultō, -āre, -āvī, -ātum 隠す
occupō, -āre, -āvī, -ātum とらえる、手に入れる
oculus, -ī m. 目
ōdī, ōdisse, ōsum, (未来分詞 ōsūrus) 憎む
odium, -ī n. 憎しみ
offendō, -ere, -fendī, -fensum 出くわす
offerō, offerre, obtulī, oblātum 与える、差し出す、任せる
officiō, -cere, -fēcī, -fectum 〈与格〉の邪魔をする
officium, -ī n. 務め
ōh おや
oleum, -ī n. 油
ōlim いつか、かつて、将来
Olympus, -ī m. オリュンプス（神々のすむ

山）
ōmen, ōminis n. 予兆
omittō, -ere, -mīsī, -missum 捨てる
omnīnō まったく、一切
omnipotens, -entis 全能の
omnis, -e すべての、全体の
onus, oneris n. 重荷
opera, -ae f. 仕事　operam dare 全力を尽くす、努力する
opīmus, -a, -um 豊かな、見事な
opīniō, -ōnis f. 意見
opīnor, -ārī, -ātus sum 推測する
oportet, -ēre, -tuit〈不定法または接続法〉〜するのが当然である
oppetō, -ere, -petīvī, -petītum（mortem を補って）死ぬ
oppidum, -ī n. 町
opportūnus, -a, -um 便利のよい
opprimō, -ere, -pressī, -pressum 圧倒する
opprobrium, -ī, n. 恥辱
oppugnō, -āre, -āvī, -ātum 攻撃する
ops, opis f. 力（複数）富、財産、権力
optimus, -a, -um 最良の（bonus の最上級）
optō, -āre, -āvī, -ātum 望む
opulentia, -ae f. 富
opulentus, -a, -um 豊かな
opus, operis n. 作品、用事、仕事　opus est 必要である
ōra, -ae f. 海岸、岸辺
ōrātiō, -ōnis f. 言葉、発言、弁舌
Orgetorix, -īgis m. オルゲトリクス（ヘルウェーティイー族の指導者）
orior, -īrī, ortus sum（未来分詞 oritūrus）昇る、生まれる、始まる
ornō, -āre, -āvī, -ātum 飾る
ōrō, -āre, -āvī, -ātum 懇願する、祈る
ortus, -ūs m. 誕生
ōs, ōris n. 口、顔、顔面
ostendō, -ere, -tendī, -tentum(-tensum) 示す、証明する
ōtiōsus, -a, -um 閑暇ある
ōtium, -ī n. 暇、閑暇

Ovidius, -ī m. オウィディウス（ローマの氏族名、特にローマの詩人）
ōvum, -ī n. 卵

P

pābulum, -ī n. 糧
pācō, -āre, -āvī, -ātum 平定する
paeniteō, -ēre, -tuī 残念に思う
pāgus, -ī m. 郷
Palinūrus, -ī m. パリヌールス（人名）
pallor, -ōris m. 蒼白
palma, -ae f. シュロの木、栄誉
pandō, -ere, pandī, passum(pansum) 開く、開け放つ
pānis, -is m. パン
pār, paris cum＋〈奪格〉〈奪格〉と似ている
parātus, -a, -um 準備した、用意のできた、覚悟のできた
parcō, -ere, pepercī(parcuī, parsī)〈与格〉を許す、容赦する
parens, -entis c. 親、（複数）両親
pāreō, -ēre, pāruī, pāritum〈与格〉に従う
pariō, -rere, peperī, partum 生む、獲得する
parō, -āre, -āvī, -ātum 準備する
pars, partis f. 部分、一部、側、任務
Parthī, -ōrum m.pl. パルティア人
particeps, -cipis 関与する
parturiō, -īre, -īvī(-iī) 産気づく
parum 不十分に
parvulus, -ī m. 子ども、幼児
parvus, -a, -um 小さい、僅かな
parvus, -ī m. 赤子、幼児
pascō, -ere, pāvī, pastum 養う、育てる
passer, -eris m. 雀
passus, -ūs m. 歩み
pastus, -ūs m. 放牧
pateō, -ēre, patuī 開いている、広がる
pater, -tris m. 父
paternus, -a, -um 父祖伝来の
patientia, -ae f. 忍耐
patior, -tī, passus sum 受ける、被る
patria, -ae f. 祖国

345

patrius, -a, -um 父祖の
paucus, -a, -um 少数の
paul(l)ō 少し
Paul(l)us, -ī m. パウルス（ローマの家名）
pauper, -eris 貧しい（名詞として）貧乏人
pauperiēs, -ēī f. 貧乏
paupertās, -ātis f. 貧乏、貧困
pax, pācis f. 平和
peccātum, -ī n. 罪
peccō, -āre, -āvī, -ātum 罪（過ち）を犯す
pectus, -toris n. 胸
pecūnia, -ae f. 金銭 pecūnia pūblica 公の資金
pecus, pecudis f. 羊
Pedūcaeus ペドゥーカエウス（ローマの家名）
pējor, pējus より悪い（malus の比較級）
pelagus, -ī n. 海
per〈対格支配〉～を通じ、～のために、～を越えて、～によって per mē 私によって
peragō, -ere, -ēgī, -actum 完了する、終える、やり遂げる
percipiō, -pere, -cēpī, -ceptum 取り入れる、覚える
perdō, -ere, -didī, -ditum 失う、損なう、滅ぼす
peregrīnor, -ārī, -ātus sum 外国を旅する
perennis, -e 永続する
pereō (per + eō), -īre, -iī, -itum 滅びる、消える、死ぬ、滅びる、破滅する
perfectus, -a, -um 完全な
perferō, -ferre, -tulī, -lātum 果たす、耐える
perficiō, -cere, -fēcī, -fectum なし遂げる
perfuga, -ae m. 脱走兵
perfugium, -ī n. 避難所
perīc(u)lum, -ī n. 危険、危機、試み
perjūria, -ae f. 不実、偽りの誓い
permaneō, -ēre, -mansī, -mansum 残る
permittō, -ere, -mīsī, -missum 委ねる
perniciōsus, -a, -um 害ある
pernoctō, -āre, -āvī, -ātum 夜を明かす
perpetior, -tī, -pessus sum 耐え抜く

perpetuō 永遠に
perpetuus, -a, -um 永遠の
persaepe 非常にしばしば
persequor, -quī, -secūtus sum 追う、成し遂げる
persuādeō, -ēre, -suāsī, -suāsum 説得する
perterreō, -ēre, -terruī, -territum ひどく恐れを抱かせる
pertinācia, -ae f. 強情
pertineō, -ēre, -tinuī, -tentum 達する ad〈対格〉に及ぶ
perturbō, -āre, -āvī, -ātum 混乱させる、心を乱す
perveniō, -īre, -vēnī, -ventum 到着する
pervertō, -ere, -vertī, -versum ひっくり返す、歪める
pēs, pedis m. 足
petō, -ere, petīvī(-tiī), petītum 求める、欲する、目指す、攻撃する
Petrōnius, -ī m. ペトローニウス（ローマの氏族名、特にローマの作家）
Phaethōn, -ontis m. パエトーン（太陽神の息子）
phalanx, -angis f. 方陣
philosophia, -ae f. 哲学
philosophus, -ī m. 哲学者
Phorcus, -ī m. ポルクス（人名）
Phrygius, -a, -um プリュギアの
pictūra, -ae f. 絵
pietās, -ātis f. 敬虔、信義〈対格への〉孝心
piger, -gra, -grum 怠惰な
piget, -ēre, piguit (pigitum est) 不快である、腹が立つ
pila, -ae f. ボール
pīnus, -ūs(-ī) f. 松の木
Pīsō, -ōnis m. ピーソー（ローマの家名）
placeō, -ēre, -cuī, -citum 喜ばれる、〈与格〉を喜ばせる
placidus, -a, -um 静かな
plācō, -āre, -āvī, -ātum 宥める、静める
planta, -ae f. 植物
planta, -ae f. 足の裏

Platō(n), -ōnis m. プラトー(プラトーン)(ギリシャの哲学者)
plaudō, -ere, -sī, -sum 拍手する
Plautus, -ī m. プラウトゥス(ローマの家名、特にローマの喜劇作家)
plebs, plēbis f. 民衆
plēnus, -a, -um 満月の、〈属格〉に満ちた
plērusque, plēraque, plērumque 非常に多くの、大部分の
pluō, -ere, pluī 雨が降る
plūrimum 最も
plūrimus, -a, -um 非常に多くの(中性・複数)非常に多くの事柄
plūs より多く
plūs, plūris (multusの比較級) plūris quam いっそう重要な ＋〈属格〉〈属格〉より多くのもの(名詞化)
pōculum, -ī n. 杯
poēma, -atis n. 詩
poena, -ae f. 罰 poenam dare 罪を償う
Poena, -ae f. 復讐の女神
poēta, -ae m. 詩人
polus, -ī m. 天極
pōmārium, -ī n. 果樹園
Pompēius, -ī m. ポンペイユス(ローマの将軍)
pōmum, -ī n. 果実
pondus, -deris n. 重さ
pōnō, -ere, posuī, positum 置く、差し出す
pons, pontis m. 橋
Pontiliānus, -ī m. ポンティリアーヌス(人名)
Pontus, -ī m. ポントゥス(黒海)
populus, -ī m. 国民、部族
porta, -ae f. 門、城門
portō, -āre, -āvī, -ātum 運ぶ
portus, -ūs m. 港
poscō, -ere, poposcī 求める
possessiō, -ōnis f. 財産
possideō, -ēre, -sēdī, -sessum 所有する
possum, posse, potuī ～できる、力を発揮する
posterus, -a, -um 次の posterō diē 翌日に

postpōnō, -ere, -posuī, -positum 延期する
postquam ～した後で
postulātum, -ī n. 要求
postulō, -āre, -āvī, -ātum 得ようとする
Postumus, -ī m. ポストゥムス(ローマの家名)
potens, -entis 力のある
potentia, -ae f. 力、権勢
potestās, -ātis f. 力、支配力
potior, -īrī, potītus sum 〈属格〉または〈奪格〉を手に入れる
praebeō, -ēre, -buī, -bitum 与える
praecēdō, -ere, -cessī, -cessum しのぐ、凌駕する
praeceptum, -ī n. 教え、忠告
praecipiō, -pere, -cēpī, -ceptum 教える
praecipitō, -āre, -āvī, -ātum 投げ落とす
praecipuē とくに
praeclārē 見事に
praeclārus, -a, -um 見事な、優れた、誉れある
praedicō, -āre, -āvī, -ātum 告知する、賞賛する
praedīcō, -ere, -dixī, -dictum 予言する
praemittō, -ere, -mīsī, -missum 先に送る、先発させる
praemium, -ī n. 報酬、褒賞、褒美
praeparō, -āre, -āvī, -ātum 準備する
praescrībō, -ere, -scripsī, -scriptum 指示する
praesens, -entis 目の前にいる、目の前の
praestābilis, -e 素晴らしい
praestō, -āre, -stitī, -stātum(-stitum) 与える、(非人称) praestat＋〈不定法〉〈不定法〉がよりよい
praestringō, -ere, -strinxī, -strictum 閉ざす
praeter 〈対格支配〉～のほかに、～を越えて praeter modum 度を超えて
praetereā その上
praetereō, -īre, -iī [-īvī], -itum 逃れる
praeteritus, -a, -um 過ぎ去った
praevaleō, -ēre, -valuī 強い力を持つ

347

prātum, -ī n. 草地
prāvus, -a, -um 歪んでいる
premō, -ere, pressī, pressum 苦しめる、押し殺す、抑圧する
prīmārius, -a, -um 第一の
prīmum まず、真っ先に
prīmus, -a, -um 最初の、第一の
princeps, -cipis c. 指導者
princeps, -cipis 最高の
principātus, -ūs m. 指導力
principium, -ī n. 始まり、初め in principiō 初めに ā principiō 当初から
prior, prius より先の
pristinus, -a, -um かつての、以前の
prīvātim 個人的に、私人として
prīvātus, -a, -um 個人の
prō〈奪格〉の割に、〈奪格〉のために
probātus, -a, -um 認められた
probitās, -ātis f. 高潔
probō, -āre, -āvī, -ātum 試す、証明する、是認する
probus, -a, -um 心正しい
procer, -eris m. 指揮官
prōdō, -ere, -didī, -ditum 裏切る
prōdūcō, -ere, -duxī, -ductum 差し出す、長くする、長生きする
proelium, -ī n. 戦闘
profectiō, -ōnis f. 出発
profectō 確かに
prōferō, -ferre, -tulī, -lātum 前へ運ぶ、動かす、駆り立てる
proficiscor, -scī, -fectus sum 出発する
prōfluō, -ere -fluxī -fluxum 流れ出る、〜生まれる、発する
profugiō, -gere, -fūgī 逃亡する
profundō, -ere, -fūdī, -fūsum 惜しみなく捧げる
profundus, -a, -um 深い
prōgeniēs, -ēī f. 子、子孫、血統
prohibeō, -ēre, -buī, -bitum 禁じる
prōmoveō, -ēre, -mōvī, -mōtum 前進させる
prōpellō, -ere, -pulī, -pulsum 駆逐する

properō, -āre, -āvī, -ātum 急ぐ
propinquus, -ī m. 近親の者
prōpōnō, -ere, -posuī, -positum 打ち明ける
proprius, -a, -um 固有な
propter〈対格支配〉〜のため、ゆえに
prorsum すっかり
prospiciō, -cere, -spexī, -spectum 助ける
prōsum, prōdesse, prōfuī〈与格〉の役に立つ、助けになる
prōtinus ただちに、絶え間なく
prōvincia, -ae f. 属州
proximus, -a, -um 最も近い、次の
prūdentia, -ae f. 知恵、分別
pūblicum, -ī n. 公共の場
pūblicus, -a, -um 公の
pudeō, -ēre, -duī, (puditum est) 恥ずかしく思わせる〈非人称〉恥ずかしい
pudor, -ōris m. 廉恥心
puella, -ae f. 少女、（女の）恋人
puer, -erī m. 少年
pueritia, -ae f. 少年時代
pugna, -ae f. 戦い
pugnō, -āre, -āvī, -ātum 戦う、戦いを仕掛ける
pulcher, -chra, -chrum 美しい
pulchrē 美しく
pulsō, -āre, -āvī, -ātum 叩く
pulvis, -veris c. 灰
pūmex, -micis c. 軽石
puppis, -is f. 船尾、とも、船
pūrē 清らかに
purpureus, -a, -um 深紅の
pūrus, -a, -um 清廉な
putō, -āre, -āvī, -ātum 考える、思う

Q

Q. = Quintus クィントゥス（ローマの個人名）
quaerō, -ere, -sīvī [-siī], -sītum 求める、尋ねる、探す、探求する
quālis, -e どのような（疑問形容詞）、何と素晴らしい（感嘆）、〜のような（関係形容詞）

quam multī, -ae, -a どれだけ多くの
quam いかに、どれほど、なんと
quamdiū どれだけ長く
quamquam 〜とはいえ、にもかかわらず
quamvīs いかに〜であれ quamvīs paucī いかに少数であれ
quandō 〜する時
quandō いつ
quantum どれほど、どの程度大きく
quantus, -a, -um どれだけ大きな
quārē どんな方法で、なぜ、それゆえ
quasi いわば、まるで〜のように
quattuor 4つの
-que そして
quemadmodum どのようにして
queō, quīre, quīvī(quiī), quītum 〜できる
querimōnia, -ae f. 不平
queror, querī, questus sum 嘆く
questus, -ūs m. 不満
quī, quae, quod（疑問形容詞）どの、何の、どのような（関係代名詞）〜するところの
quī どのように
quia 〜のために
quīcumque(m.), quaecumque(f.), quodcumque(n.) 〜する人（物）は誰（何）でも
quid どうして、なぜ
quīdam, quaedam, quiddam ある人、あるもの
quīdam, quaedam, quoddam ある
quidem 実際、本当に、まったく、ともかく
quiescō, -ere, quiēvī, quiētum 安らかになる、休息を取る、静かにする
quiētē 穏やかに
quiētus, -a, -um 静かな
quīn 〜でないような、〜ことを、どうして〜しないか
Quintia クィンティア（女性名）
quintus 5番目の
quis, quid 誰が、何が
quīs = quibus
quisquam (m.f.) 誰も quidquam (n.) 何も

quisque (m.f.) 各人誰でも quidque (n.) めいめい何でも（形容詞的形態）quisque, quaeque, quodque
quisquis (m.f.)、quidquid（または quicquid）(n.) 〜する人（物）は誰（何）でも
quīvīs, quaevīs, quidvīs 誰でも、何でも（形容詞的形態）quīvīs, quaevīs, quodvīs
quō（＋比較級）いっそう〜するように
quō どこに、〜するところのそこへ
quoad 〜の限り
quōcircā それゆえ
quod 〜なので、〜だからといって
quod sī だがもし
quōminus（妨害の意味を持つ動詞の従属節を導き）〜することを
quōmodo どのように
quondam かつて
quoniam 〜である以上
quoque 〜もまた
quot どれほど多くの、〜だけ多くの
quotiens 何度、〜するたび
quousque いつまで

R

rādix, -īcis f. 根
rapiō, -pere, -puī, -ptum 奪う
rārō めったに〜ない
rārus, -a, -um まれな、珍しい
ratiō, -ōnis f. 理性、考え、学説
ratis, -is f. いかだ
recipiō, -pere, -cēpī, -ceptum 迎える、受け入れる
recreō, -āre, -āvī, -ātum 回復させる、元気づける
rectē 正しく
rectus, -a, -um 正しい
reddō, -ere, -didī, -ditum もたらす、返す、生む
redeō, -īre, -iī [-īvī], -itum 戻る
redigō, -ere, -ēgī, -actum 変える
reditus, -ūs m. 回帰、帰還
redūcō, -ere, -duxī, -ductum 連れ戻す

referō, -ferre, rettulī [retulī], relātum 返す、語る、取り戻す
rēfert, rēferre, rētulit（非人称）大切である、重要である
rēgīna, -ae f. 女王
regnō, -āre, -āvī, -ātum 支配する、統治する
regnum, -ī n. 王権、王国
regō, -ere, rexī, rectum 管理する、支配する
rējiciō (rēiciō), -cere, -jēcī, -jectum 投げ返す、押し返す
relaxātiō, -ōnis f. 休息
relinquō, -ere, -līquī, -lictum 後にする、後回しにする、残す、見捨てる
reliquiae, -ārum f.pl. やり残したこと
reliquus, -a, -um 他の、残りの
remedium, -ī n. 救済、治療
rēmus, -ī m. 櫂（かい）
renarrō, -āre, -āvī, -ātum 物語る
renovō, -āre, -āvī, -ātum 再び始める
reor, rērī, ratus sum 考える
reperiō, -īre, repperī, repertum 発見する
repetō, -ere, -petīvī [-iī], -petītum 再び求める、繰り返す
reprehendō, -ere, -hendī, -hensum 非難する
reprehensiō, -ōnis f. 反駁
repugnō, -āre, -āvī, -ātum 反対する
requīrō, -ere, -quīsīvī(-siī), -quīsītum 問う
rēs, reī f. もの、こと、金銭、財産、行為、計画、事件、出来事、状況、事実、主題、問題、歴史、生活　rēs pūblica 国家
reservō, -āre, -āvī, -ātum 残す、残しておく
resistō, -ere, -stitī 立ち向かう、抵抗する
resolvō, -ere, -solvī, -solūtum 解放する
respectō, -āre, -āvī, -ātum 重んじる
respiciō, -cere, -spexī, -spectum 見る、振り返る、見回す
respondeō, -ēre, -spondī, -sponsum 答える、返答する
responsum, -ī n. 返答
restinguō, -ere, -stinxī, -stinctum 消す
restituō, -ere, -stituī, -stitūtum 取り戻す、連れ戻す

restō, -āre, -stitī 残る
retineō, -ēre, -tinuī, -tentum つかむ、引き留める
retrahō, -ere, -traxī, -tractum 連れ戻す
reverentia, -ae f. 敬意
revertor, -vertī, -versus sum 戻る、引き返す
revocō, -āre, -āvī, -ātum 呼び戻す
rex, rēgis m. 王
Rhēnus, -ī m. レーヌス川
rhētorica, -ae f. 弁論術
Rhodanus, -ī m. ロダヌス川
rīdeō, -ēre, rīsī, rīsum 笑う
rīdiculus, -a, -um 滑稽な
rīpa, -ae f. 岸
rīte 適切に
rōbor, -oris n. 頑強さ
Rōma, -ae f. ローマ　Rōmae（地格）ローマで
Rōmānī, -ōrum m.pl. ローマ人
Rōmānus, -a, -um ローマの
rosa, -ae f. バラ
rubeō, -ēre, -buī 赤くなる
rumpō, -ere, rūpī, ruptum 噴出させる、炸裂させる
ruō, -ere, ruī, rutum（未来分詞 ruitūrus）急ぐ
rūs, rūris n. 田舎、田舎の土地
rusticor, -ārī 田舎暮らしをする
rusticus, -a, -um 田舎の
rusticus, -ī m. 農夫、田舎者

S

sacellum, -ī n. 祠（ほこら）
sacer, -cra, -crum 神聖な
sacerdōs, -ōtis c. 神官
saeculum, -ī n. 世代
saepe 何度も、しばしば
saeviō, -īre, -iī, -ītum 荒れ狂う
saevitia, -ae f. どう猛さ
saevus, -a, -um 恐ろしい、残酷な、残忍な
sagācitās, -ātis f. 鋭さ
sagitta, -ae f. 矢

saltus, -ūs m. 森
saltus, -ūs m. 飛躍
salūs, -ūtis f. 安全、救済、安寧
salūtāris, -e 有益な、実りある
salūtō, -āre, -āvī, -ātum 挨拶する
salvē こんにちは
sānābilis, -e 癒すことのできる
sanciō, -īre, sanxī, sanctum（sancītum）定める
sanctē 厳粛に
sānē 確かに
sanguis, -guinis m. 血
sānō, -āre, -āvī, -ātum 癒やす、健康にする
sānus, -a, -um 健全な、正気の
sapiens, -entis m. 賢者、賢人
sapiens, -entis 賢明な
sapienter 賢明に
sapientia, -ae f. 知、知恵
sapiō, -pere, -pīvī(-piī) 知る、分別がある、知恵を持つ
satis 十分、十分に
Sāturnius, -a, -um サートゥルヌスの
saxum, -ī n. 石、岩
scelerātus, -a, -um 罪深い
schola, -ae f. 学校
scientia, -ae f. 知識、学識
scintilla, -ae f. 小さい火花
sciō, -īre, -īvī(-iī), -ītum 知る
Scīpiō, -ōnis m. スキーピオー（ローマの家名）
scītum, -ī n. 決議 populī scītum 民会決議
scrībō, -ere, scripsī, scriptum 書く
scriptum, -ī n. 文字
scūtum, -ī n. 盾
Scylla, -ae f. スキュッラ（岩礁の名、またはその擬人化された女の怪物）
secō, -āre, secuī, sectum（未来分詞 secātūrus）切る
secundus, -a, -um さい先のよい secundae rēs 順境
secūris, -is f. （ローマの権威の）斧
sēcūritās, -ātis f. 安心

sēcūrus, -a, -um 安らかな、平穏な
sed だが
sēdēs, -is f. 住居、神殿
sēditiō, -ōnis f. 内紛
seges, -etis f. 畑、収穫
semel 一度に、ひとたび
sēmen, -minis n. 種
semper 常に、いつも、毎日、永遠に
sempiternus, -a, -um 永遠の
senātus, -ūs(-ī) m. 元老院
senecta, -ae f. 老年
senectūs, -ūtis f. 老年
senescō, -ere, senuī 終わりに近づく
senex, senis c. 老人
sensim 少しずつ
sensus, -ūs m. 感覚
sententia, -ae f. 考え、意見、思想
sentiō, -īre, sensī, sensum 感じる、感づく、考える
sēparō, -āre, -āvī, -ātum 離す、引き離す
septentriō, -ōnis m. 北
Sēquanī, -ōrum m.pl. セークァニー族
sequor, -quī, secūtus sum 追う、従う、ならう、目指す
serēnus, -a, -um 晴れ渡った
sermō, -ōnis m. 話、言葉、噂話
serō, -ere, sēvī, satum 植える、種まきする
sērō 遅く
sērus, -a, -um 遅い
serviō, -īre, -īvī(-iī), -ītum 〈与格〉に従う
servitūs, -ūtis f. 隷属、隷属状態
servō, -āre, -āvī, -ātum 守る、救済する、保つ
servus, -ī m. 奴隷
sēsē = sē
Sex. = Sextus セクストゥス（ローマの人名）
sextus, -a, -um 6番目の
sī もし sī quid もし何かが sī tantum = if only もし～さえすれば
sīc このように、そのように
Sicilia, -ae f. シキリア（地中海の島）
sīcut ちょうど～するように

351

sīdus, -deris n. 星
signum, -ī n. 印、目印、星座
sileō, -ēre, -luī 黙る、口を閉ざす
silva, -ae f. 森、森林
similis, -e〈属格、与格〉に似た
simul 同時に、ただちに
simulācrum, -ī n. 像
simulātiō, -ōnis f. 見せかけ
simulātus, -a, -um 見せかけの
simulō, -āre, -āvī, -ātum 装う
sincērus, -a, -um 混じりけのない
sine〈奪格〉なしに
singulī, -ae, -a 各々の
sinō, -ere, sīvī, situm 許す
sistō, -ere, stitī(stetī), statum 立ち止まる、止める
sitis, -is f. 渇き
socer, -erī m. 岳父
sociālis, -e 社会的な
sociō, -āre, -āvī, -ātum 結びつける
socius, -ī m. 盟友
Sōcratēs, -is m. ソークラテース（ギリシャの哲学者）
sōl, sōlis m. 太陽
sōlācium, -ī n. 慰め
soleō, solēre, solitus sum 習慣としている、〈不定法〉をするのが常である
sollertia, -ae f. 鋭敏さ
sollicitō, -āre, -āvī, -ātum 苦しめる
sollicitus, -a, -um 不安な
sōlum ただ、単に nōn sōlum A sed etiam B A だけでなく B
sōlus, -a, -um ただ 1 人（1 つ）の、唯一の
solūtē よどみなく
solvō, -ere, solvī, solūtum 解く、支払う、弱める
sonitus, -ūs m. 音
sonus, -ī m. 声
Sophoclēs, -is(-ī) m. ソポクレース（ギリシャの悲劇詩人）
sopor, -ōris m. 眠り
soror, -ōris f. 姉妹

sors, -rtis f. 運命、運
spargō, -ere, -rsī, -rsum まき散らす
speciēs, -ēī f. 外観
spectō, -āre, -āvī, -ātum 眺める、in ＋〈対格〉〈対格〉に向く、面する
spernō, -ere, sprēvī, sprētum 軽蔑する
spērō, -āre, -āvī, -ātum 期待する
spēs, -eī f. 希望
splendidus, -a, -um 輝いている
spolium, -ī n. 戦利品
statim ただちに
statuō, -ere, -uī, -ūtum 決断する、決意する
status, -ūs m. 場所
stella, -ae f. 星
stilla, -ae f. 滴
stīpō, -āre, -āvī, -ātum 取り囲む
stō, -āre, stetī, statum 立つ、定まっている、安泰である
strēnuus, -a, -um 活発な、熱心な
stringō, -ere, strinxī, strictum （剣を）抜く
studiōsus, -a, -um 熱意のある
studium, -ī n. 勉学、学問、研究、熱意
stultē 愚かに
stultitia, -ae f. 愚かさ、愚行
stultus, -a, -um 愚かな
stultus, -ī m. 愚者
stupeō, -ēre, -puī 呆然とする
Stygius, -a, -um ステュクスの
Styx, ygis f. ステュクス、三途の川、黄泉の国
suādeō, -ēre, suāsī, suāsum 勧める
suāvis, -e 甘い
suāviter 心地よく
subdūcō, -ere, -duxī, -ductum 引き上げる、撤退させる、盗む
subeō, -īre, -iī, -itum 耐える、〈与格〉に近づく
sūbiciō(subjiciō), -cere, -jēcī, -jectum 従属させる
subigō, -ere, -ēgī, -actum 耕す
subitō 突然
sublātus, -a, -um 士気の上がった

sublevō, -āre, -āvī, -ātum 支える
sublīmis, -e 気高い
subsequor, -quī, -secūtus sum 後を追う
subsidium, -ī n. 援軍
subsistō, -ere, -stitī 踏みとどまる
succēdō, -ere, -cessī, -cessum 迫る
successus, -ūs m. 連続、成功
sufferō, -ferre, sustulī, sublātum 我慢する
sufficiō, -cere, -fēcī, -fectum 〈与格〉で間に合う、十分である
suī, -ōrum m.pl. 仲間の者たち、身内の者たち
sum, esse, fuī,（未来分詞 futūrus）～である
summa, -ae f. 全体、急所
summum, -ī n. 頂上
summus, -a, -um 最後の、一番上の ad summam senectūtem きわめて高齢で
sūmō, -ere, sumpsī, sumptum 費やす
sumptus, -ūs m. 支払い
superbus, -a, -um 勝ち誇った、傲慢な
superī, -ōrum m.pl.（天上の）神々
superō, -āre, -āvī, -ātum 残る、克服する、凌駕する
superus, -a, -um 天上の
suprā 〈対格〉の上は
sūra, -ae f. ふくらはぎ
surgō, -ere, surrexī, surrectum そびえる
suspiciō, -cere, -spexī, spectum 見上げる
suspīciō, -ōnis f. 疑い、嫌疑
sustineō, -ēre, -tinuī, -tentum 食い止める
suus, -a, -um 自分の、好都合な
symbolus, -ī m. 印、印影
Syria, -ae f. シュリア、シリア
Syrtis, -is f. シュルティス、（複数）シュルテース（航海の難所として知られた２つの浅瀬の名）

T

tabula, -ae f. 石版
taceō, -ēre, -cuī, -citum 黙る、沈黙する
tacitus, -a, -um 静かな
taedeō, -ēre, -duit いやになる、うんざりする（非人称）いやになる
tālis, -e そのような
tam そのような
tamen しかし
tamquam あたかも～のように、いわば～のような
tandem 結局、(疑問詞とともに)いったい(全体)
tangō, -ere, tetigī, tactum 触れる、達する、たどり着く
tantus, -a, -um これほど大きい、これほど多くの
tardē ゆっくりと
tardō, -āre, -āvī, -ātum ためらう
Tarentum, -ī n. タレントゥム
tectum, -ī n. 屋根、館
tegō, -ere, texī, tectum 隠す
tēgula, -ae f. 瓦、（複数）屋根
Telamōn, -ōnis m. テラモーン（アイアコスの子、大アイアースの父）
tellūs, -ūris f. 大地
tēlum, -ī n. 武器、飛び道具
temeritās, -ātis f. 向こう見ず
temperantia, -ae f. 自制、節度
templum, -ī n. 神殿
temptō, -āre, -āvī, -ātum 志す
tempus, -poris n. 時、時間、時代 in omne tempus 始終 in reliquum tempus 今後 suō tempore ふさわしい時に
tendō, -ere tetendī tentum 伸びる in＋〈対格〉〈対格〉を目指す
tenebrae, -ārum f.pl. 暗闇
Tenedos, -ī f. テネドス島（エーゲ海の島）
teneō, -ēre, tenuī, tentum 保つ、とらえる、支える、とどめる、つなぎ止める
tener, -era, -erum 柔らかい
tenuis, -e 細かい
Terentius, -ī m. テレンティウス（ローマの氏族名、特にローマの喜劇作家）
terra, -ae f. 地、大地、地球、
terreō, -ēre, terruī, territum 脅す
tertius, -a, -um 第3の

tessera, -ae f. さいころ
testis, -is c. 証人
testor, -ārī, -ātus sum 誓う
Teucrī, -ōrum m.pl. テウクリー人（テウケルの子孫トロイヤ人）
Thēbae, -ārum f.pl. テーバエ
Themistoclēs, -is m. テミストクレース（アテーナエの将軍）
thermae, -ārum f.pl. 温泉
thēsaurus, -ī m. 宝物
Tigurīnus, -a, -um pagus Tigurīnus ティグリーヌス郷（ごう）
timeō, -ēre, -muī 恐れる
timiditās, -ātis f. 臆病
timor, -ōris m. 恐れ、恐怖
titulus, -ī m. 名、称号
toga, -ae f. トガ
tolerābilis, -e 耐えられる
tolerō, -āre, -āvī, -ātum 我慢する
tollō, -ere, sustulī, sublātum 取り去る、失う、取り下げる、損なう、乗せる、上げる、高める
tonō, -āre, -nuī 雷が鳴る
Torquātus, -ī m. トルクアートゥス（ローマの家名）
tot これだけ（それだけ）多くの、quot 以下ほど多くの
tōtus, -a, -um 全体の
trādō, -ere, -didī, -ditum 引き渡す、委ねる
trādūcō, -ere, -duxī, -ductum 導く
tragicus, -a, -um 悲劇の
tragoedia, -ae f. 悲劇
trahō, -ere, traxī, tractum 引きずる、運ぶ、導く
trājiciō, -cere, -jēcī, -jectum 乗り越える
tranquillitās, -ātis f. 静けさ、静寂
tranquillus, -a, -um 静かな、平穏な
transeō, -īre, -iī(-īvī), -itum 渡る
transferō, -ferre, -tulī, -lātum 移し替える
transfugiō, -gere, -fūgī, -fugitum 寝返る
transmittō, -ere, -mīsī, -missum 無視する
tremor, -ōris m. 恐怖、身震い、揺れ

tribūnus, -ī m. 軍隊の司令官 tribūnus mīlitum 軍団司令官
tristis, -e 悲しい、恐ろしい
Trōes, -um m.pl. トロイヤ人
Trōja, -ae f. トロイヤ
tuba, -ae f. ラッパ
tueor, -ērī, tūtus(tuitus) sum 眺める、守る
Tullius, -ī m. トゥッリウス（ローマの氏族名）
tum その時、続いて、さらに、次に
tumidus, -a, -um ふくれあがった
tundō, -ere, tutudī, tūsum 打つ、叩く
turbō, -binis m. 渦
turpis, -e 恥ずべき
Tusculānus, -a, -um トゥスクルムの
Tusculum, -ī n. トゥスクルム（保養地の名）
tūte あなた自身（tū の強意形）
tūtor, -ārī, -ātus sum 守る
typus, -ī m 典型
tyrannus, -ī m. 僭主

U

ūber, -eris n. 豊穣、多産
ūber, -eris 豊かな
ubī ～する時、～する頃、どこに、どこで
ullus, -a, -um （誰か、何か）ある、いかなる人（もの）も
ultor, -ōris m. 復讐者
ululātus, -ūs m. 叫び
umbra, -ae f. 影
umquam かつて、いつか（否定文で）決して～ない
ūnā 一緒に
unda, -ae f. 波、海、流れ
unde どこから
ūnus, -a, -um 1人（1つ）の
urbs, urbis f. 都、都市
ūrō, -ere, ussī, ustum 焦がす、焼く
usque ずっと ad＋〈対格〉〈対格〉まで
ūsus, -ūs m. 経験、習慣、実践
ut ～のように、～するように
uter, utra, utrum 2人（2つ）のうちのどち

らか
uter, -tris m. 革袋
uterque, utraque, utrumque 2人（2つ）のうちのどちらも（each of two）
utinam （接続法とともに）願わくは～でありますように
utrum ～かまたは、utrum A an B（AかBか）
uxor, -ōris f. 妻 uxōrem dūcere 妻をめとる

V

vacō, -āre, -āvī, -ātum 空になる
vacuus, -a, -um 空の、手ぶらの
vādō, -ere, vāsī, vāsum 行く、進む
valeō, -ēre, -luī, -litum 元気である、力がある
Valerius ウァレリウス（ローマの氏族名）
vallēs, -is f. 谷
varietās, -ātis f. 多様性
variō, -āre, -āvī, -ātum 変える
varius, -a, -um 様々な、多様な
vastus, -a, -um 巨大な
vātēs, -is c. 詩人、予言者
vectīgal, -ālis n. 税
vehementer 大いに
vehiculum, -ī n. 馬車
vehō, -ere, vexī, vectum 運ぶ
vel あるいは、vel A vel B（AでもBでも）
vēlōcitās, -ātis f. 速さ
vēlox, -ōcis 素早い
vēna, -ae f. 血管
vendō, -ere, -didī, -ditum 売る
veneror, -ārī, -ātus 崇める
veniō, -īre, vēnī, ventum 来る、訪れる
vēnor, -ārī, -ātus sum 狩りをする
venter, -tris m. 胃
ventus, -ī m. 風、順風
vēr, vēris n. 春
verberō, -āre, -āvī, -ātum ぶつ、鞭打つ
verbum, -ī n. 言葉
verēcundus, -a, -um 慎み深い
vereor, -ērī, veritus sum 恐れる、敬う

Vergilius, -ī m. ウェルギリウス（ローマの氏族名、特にローマの詩人）
vēritās, -ātis f. 真理
vērō しかし、確かに、実際
versus, -ūs m. 詩、詩句、詩行
vertō, -ere, -ī, versum 変える、覆す
vērum だが
vērum, -ī n. 真実
vērus, -a, -um 真実の、真の
vestīgium, -ī n. 足跡、名残
vestīmentum, -ī n. 衣服
veterēs, -um m.pl. 昔の人々、先人、故人、祖先
vetitum, -ī n. 禁じられたもの
vetus, -teris 年老いた、古い、古代の
via, -ae f. 道
viātor, -ōris m. 旅人
victor, -ōris m. 勝者、勝利者
victōria, -ae f. 勝利
vīcus, -ī m. 村落
videō, -ēre, vīdī, vīsum 見る、見定める、考える
vigeō, -ēre, -guī 活力を持つ
vigilanter 注意深く
vigilō, -āre, -āvī, -ātum 寝ずにいる
vīlis, -e 安い
vincō, -ere, vīcī, victum 克服する、打ち負かす、打ち勝つ、凌駕する
vinculum, -ī n. 綱
vīnea, -ae f. 葡萄畑
vīnum, -ī n. 酒
violābilis, -e 傷つけられる
vīpera, -ae f. マムシ
vir, virī m. 人物、夫、勇士、英雄
Virgō, -ginis f. ウィルゴー（乙女座）
virgō, -ginis f. 乙女
viriditās, -ātis f. 若々しさ
virtūs, -ūtis f. 徳、美徳、武勇、勇気
vīs, vīs f. 力、暴力、力
vīta, -ae f. 人生、生、命、生活
vitium, -ī n. 欠点、悪徳、間違い、過ち
vītō, -āre, -āvī, -ātum 避ける、拒否する

355

vīvō, -ere, vīxī, victum 生きる
vīvus, -a, -um 生きている
vix ほとんど〜ない
vocō, -āre, -āvī, -ātum 呼びかける、導く
Vocontiī, -ōrum m.pl. ウォコンティイー族
volātus, -ūs m. 飛ぶこと
volitō, -āre, -āvī, -ātum 飛び回る
volō, -āre, -āvī, -ātum 飛ぶ、飛び去る
volō, velle, voluī 望む
voluntārius, -a, -um 自発的な
voluptās, -ātis f. 喜び、楽しみ、快楽
volvō, -ere, volvī, volūtum 転がす
vōtum, -ī n. 祈願
vox, vōcis f. 声、言葉

vulgāris, -e ありふれた
vulgus, -ī n.(m.) 大衆、民衆
vulnerō, -āre, -āvī, -ātum 傷つける
vulnus, -neris n. 傷
vulpēs, -pis f. 狐
vultus, -ūs m. 顔、表情

X

Xerxēs, -is m. クセルクセース(ペルシア王)

Z

zephyrus, -ī m. 西風
zōna, -ae f. 帯

出典一覧

Caes.B.C. = Caesar, Dē Bellō Civilī　カエサル『内乱記』
Caes.B.G. = Caesar, Dē Bellō Gallicō　同『ガリア戦記』
Cat.Orig. = Catō, Orīginēs　カトー『起源』
Catul. = Catullus, Carmina　カトゥッルス『カルミナ』
Cic.Acad. = Cicerō, Acadēmica　キケロー『アカデーミカ』
Cic.Amic. = Dē Amīcitiā　同『友情について』
Cic.Arch. = Prō Archiā　同『アルキアース弁護』
Cic.Att. = Epistulae ad Atticum　同『アッティクス宛書簡集』
Cic.Brut. = Brūtus　同『ブルートゥス』
Cic.Cat. = In Catilīnam　同『カティリーナ弾劾』
Cic.Cl. = Prō Cluentiō　同『クルエンティウス弁護』
Cic.D.O. = Dē Ōrātōre　同『弁論家について』
Cic.Fam. = Epistulae ad Familiārēs　同『縁者・友人宛書簡集』
Cic.Fin. = Dē Fīnibus Bonōrum et Malōrum　同『善と悪の究極について』
Cic.Inv. = Dē Inventiōne　同『想案論』
Cic.Leg. = Dē Lēgibus　同『法律について』
Cic.Mur. = Prō Mūrēnā　同『ムーレーナ弁護』
Cic.N.D. = Dē Nātūrā Deōrum　同『神々の本性について』
Cic.Off. = Dē Officiīs　同『義務について』
Cic.Or. = Ōrātor　同『弁論家』
Cic.Par. = Paradoxa Stoicōrum　同『ストア派のパラドックス』
Cic.Plan. = Prō Cn. Planciō　同『グナエウス・プランキウス弁護』
Cic.Phil. = Philippicae　同『ピリッピカ』
Cic.Pomp. = Dē Imperiō Cn. Pompēī　同『ポンペイユスの指揮権について』
Cic.Quint. = Epistulae ad Quintum　同『クィントゥス宛書簡集』
Cic.Rep. = Dē Rē Pūblicā　同『国家について』
Cic.Rosc. = Prō Rosciō Amerīnō　同『ロスキウス・アメリーヌス弁護』
Cic.Sen. = Dē Senectūte　同『老年について』
Cic.Sest. = Prō Sestiō　同『セスティウス弁護』
Cic.Tusc. = Dispūtātiōnēs Tusculānae　同『トゥスクルム荘対談集』
Cic.Verr. = In Verrem　同『ウェッレース弾劾』
Cic.C.P. = Commentāriolum Petītiōnis　キケロー（弟）『選挙備忘録』
Col. = Columella, Dē Rē Rusticā　コルメッラ『農業論』
Curt. = Curtius Rūfus, Dē Rēbus Gestīs Alexandrī Magnī　クルティウス・ルーフス『アレクサンドロス大王伝』
Ev.Jo. = Evangelium secundum Joannem　新約聖書『ヨハネ伝』
Ev.Luc. = Evangelium secundum Lucam　新約聖書『ルカ伝』
Ev.Matt. = Evangelium secundum Mattaeum　新約聖書『マタイ伝』
Hor.A.P. = Horātius, Ars Poetica　ホラーティウス『詩論』

Hor.Carm. = Carmina　同『カルミナ』
Hor.Ep. = Epistulae　同『書簡詩』
Hor.Epod. = Epodī　同『エポディー』
Hor.Sat. = Saturae　同『風刺詩』
Juv. = Juvenālis, Saturae　ユウェナーリス『風刺詩』
Liv. = Līvius, Ab Urbe Conditā　リーウィウス『ローマ建国以来の歴史』
Lucan. = Lūcānus, Pharsālia　ルーカーヌス『パルサーリア』
Lucr. = Lucrētius, Dē Rērum Nātūrā　ルクレーティウス『事物の本性について』
Mart. = Martiālis, Epigrammata　マルティアーリス『エピグランマタ』
Nep.Ages. = Nepōs, Dē Virīs Illustribus, Agesilaus　ネポース『著名な人物について、アゲシラウス』
Nep.Aris. = Aristīdēs　同『アリスティーデース』
Nep.Att. = Atticus　同『アッティクス』
Nep.Cim. = Cimōn　同『キモーン』
Nep.Eum. = Eumenēs　同『エウメネース』
Nep.Ham. = Hamilcar　同『ハミルカル』
Nep.Han. = Hannibal　同『ハンニバル』
Nep.Mil. = Miltiadēs　同『ミルティアデース』
Nep.Phoc. = Phōcion　同『ポーキオン』
Nep.Timo. = Tīmoleōn　同『ティーモレオーン』
Ov.A.A. = Ovidius, Ars Amatōlia　オウィディウス『恋愛術』
Ov.Am. = Amōrēs　同『恋の歌』
Ov.Her. = Hērōidēs　同『名高き女たちの手紙』
Ov.Met. = Metamorphōsēs　同『変身物語』
Ov.Pont. = Ex Pontō　同『黒海からの手紙』
Ov.Rem. = Remedia Amōris　同『恋愛治療』
Ov.Tr. = Tristitia　同『悲しみの歌』
Pers. = Persius, Saturae　ペルシウス『風刺詩集』
Petr. = Petrōnius, Satyricon　ペトローニウス『サテュリコン』
Phaed. = Phaedrus, Fābulae Aesōpīae　パエドルス『アエソープス風寓話』
Pl.Am. = Plautus, Amphitryō　プラウトゥス『アンピトリュオー』
Pl.As. = Asinālia　同『ロバ物語』
Pl.Aul. = Aululāria　同『黄金の壺』
Pl.Cap. = Captīvī　同『捕虜』
Pl.Cas. = Casina　同『カシナ』
Pl.Ep. = Epidicus　同『エピディクス』
Pl.Men. = Menaechmī　同『メナエクムス兄弟』
Pl.Merc. = Mercātor　同『商人』
Pl.Mil. = Mīles Gloriōsus　同『ほら吹き兵士』
Pl.Pers. = Persa　同『ペルシア人』
Pl.Poen. = Poenulus　同『カルタゴ人』

出典一覧

Pl.Ps. = Pseudolus　同『プセウドルス』
Pl.Rud. = Rudens　同『綱曳き』
Pl.St. = Stichus　同『スティクス』
Pl.Trin. = Trinummus　同『三文銭』
Plin.Ep. = Plīnius Minor, Epistulae　小プリーニウス『書簡』
Plin.N.H. = Plīnius Mājor, Nātūrālis Historia　大プリーニウス『博物誌』
Prop. = Propertius, Elegiae　プロペルティウス『詩集』
Quint. = Quintiliānus, Institūtiō Ōrātōria　クィンティリアーヌス『弁論家の教育』
Sall.Cat. = Sallustius, Bellum Catilīnae　サッルスティウス『カティリーナ戦記』
Sall.Jug. = Bellum Jugurthīnum　同『ユグルタ戦記』
Sen.Beat. = Seneca, Dē Vīta Beātā　セネカ『幸福な人生について』
Sen.Ben. = Dē Beneficiīs　同『恩恵について』
Sen.Brev. = Dē Brevitāte Vītae　同『人生の短さについて』
Sen.Ep. = Epistulae Morālēs　同『倫理書簡集』
Sen.Herc. = Herculēs Furens　同『狂えるヘルクレース』
Sen.Marc. = Dē Cōnsōlātiōne ad Marciam　同『マルキアへの慰め』
Sen.Med. = Mēdēa　同『メーデーア』
Sen.Oet. = Herculēs Oetaeus　同『オエタ山上のヘルクレース』
Sen.Prov. = Dē Prōvidentiā　同『摂理について』
Sen.Tr. = Trōadēs　同『トロイヤの女たち』
Sen.Vit. = Dē Vītā Beātā　同『幸福な人生について』
Suet.Aug. = Suētōnius, Dē Vītā Caesārum, Dīvus Augustus　スエートーニウス『皇帝伝、神君アウグストゥス』
Suet.Caes. = Caesar　同『皇帝伝、カエサル』
Suet.Nero. = Nerō　同『皇帝伝、ネロー』
Syr. = Pūblilius Syrus, Sententiae　プーブリリウス・シュルス『格言集』
（本書で典拠としたのは Loeb 版、Minor Latin Poets, Volume 1）
Tac.Ag. = Tacitus, Aglicola　タキトゥス『アグリコラ』
Tac.Ann. = Annālēs　同『年代記』
Tac.H. = Historiae　同『同時代史』
Ter.Ad. = Terentius, Adelphoe　テレンティウス『兄弟』
Ter.And. = Andria　同『アンドロス島の女』
Ter.Eun. = Eunūchus　同『宦官』
Ter.Heaut. = Heauton Timorūmenos　同『自虐者』
Ter.Hec. = Hecyra　同『義母』
Ter.Ph. = Phormiō　同『ポルミオー』
Tib. = Tibullus, Corpus Tibulliānum　ティブッルス『ティブッルス全集』
Verg.Aen. = Vergilius, Aenēis　ウェルギリウス『アエネーイス』
Verg.Ecl. = Eclogae　同『牧歌』
Verg.Geo. = Geōrgica　同『農耕詩』

■ 著者紹介

山下 太郎（やました たろう）

ラテン語愛好家。1961年京都市生まれ。京都大学大学院文学研究科博士課程学修退学。専攻は西洋古典文学。京都大学助手、京都工芸繊維大学助教授を経て、現在学校法人北白川学園理事長。北白川幼稚園園長。私塾「山の学校」代表。1999年よりラテン語メーリングリスト主宰。単著『しっかり学ぶ初級ラテン語』（ベレ出版）、『ローマ人の名言88』（牧野出版）の他、訳書に『キケロー選集〈11〉』（岩波書店）、『ローマ喜劇集〈2〉』（京都大学学術出版会）他。ウェブサイト：山下太郎のラテン語入門（http://www.kitashirakawa.jp/taro/）、ツイッターアカウント：taroyam

●──カバーデザイン	竹内 雄二
●──本文イラスト	末吉 陽子
●──DTP	KDAプリント株式会社

しっかり身につくラテン語トレーニングブック

| 2015年 4月25日 | 初版発行 |
| 2025年 7月 6日 | 第2刷発行 |

著者	山下 太郎（やました たろう）
発行者	内田 真介
発行・発売	ベレ出版 〒162-0832　東京都新宿区岩戸町12 レベッカビル TEL.03-5225-4790　FAX.03-5225-4795 ホームページ　https://www.beret.co.jp/
印刷・製本	株式会社DNP出版プロダクツ

落丁本・乱丁本は小社編集部あてにお送りください。送料小社負担にてお取り替えします。
本書の無断複写は著作権法上での例外を除き禁じられています。購入者以外の第三者による本書のいかなる電子複製も一切認められておりません。

©Taro Yamashita 2015. Printed in Japan
ISBN 978-4-86064-431-4 C2087　　　　　　　　　編集担当　脇山和美